中国文化文学经典文丛

鬼谷子

【战国】王诩/著　　孙建军/主编

吉林文史出版社

图书在版编目（CIP）数据

鬼谷子 /（战国）王诩著．-- 长春 ：吉林文史出版社，2016.12（2024.6重印）
（中国文化文学经典文丛 / 孙建军主编）
ISBN 978-7-5472-3078-7

Ⅰ．①鬼… Ⅱ．①王… Ⅲ．①纵横家 Ⅳ．①B228.01

中国版本图书馆CIP数据核字(2016)第134417号

GUIGUZI
书　　名：鬼谷子

作　　者：（战国）王　诩
主　　编：孙建军
责任编辑：高冰若
封面设计：韩东坡
出版发行：吉林文史出版社
地　　址：长春市福祉大路5788号
邮　　编：130117
电　　话：0431-81629352
网　　址：www.jlws.com.cn
印　　刷：三河市燕春印务有限公司
开　　本：920mm × 1280mm　1/16
印　　张：30
字　　数：380千字
版　　次：2016年12月第1版　2024年6月第5次印刷
书　　号：ISBN 978-7-5472-3078-7

定　　价：78.00元

前　言

《鬼谷子》，又名《捭阖策》。据传是由鬼谷先生后学者根据先生言论整理而成。该书侧重于权谋策略及言谈辩论技巧。《鬼谷子》共有十四篇，其中第十三、十四篇《转丸》《胠乱》已失传。

根据西汉司马迁的记载，鬼谷子是一位隐士，苏秦、张仪师从于他。《史记·苏秦列传》说苏秦“东周洛阳人也，东事师于齐，而习之于鬼谷先生”。《史记·张仪列传》也说张仪“始尝与苏秦俱事鬼谷先生”。扬雄《法言·渊骞篇》也说：“仪、秦学乎鬼谷术，而习乎纵横言，安中国者各十余年。”司马贞《史记索隐》：“鬼谷，地名也。扶风池阳、颍川阳城并有鬼谷墟，盖是其人所居，因为号。”综合这些记载，我们可以知道鬼谷子，姓名里族不详，战国时人。因隐居于鬼谷，故号鬼谷先生。苏秦、张仪拜他为师，有“捭阖”之术，又有阴符七术，为纵横家之鼻祖。

《鬼谷子》一书最早见于《隋书·经籍志》：“《鬼谷子》三卷，皇甫谧注。鬼谷子，周世隐于鬼谷。”一种观点认为《鬼谷子》阐述了战国纵横家所崇尚的权谋策略和言谈辩论技巧，其指导思想与后世流传的仁义道德大相径庭。该书也因此常受人诋毁。另一种观点认为《鬼谷子》一书讲的是术。“道”“术”常常并称。“道”是指天地万物所遵循的规律。符合规律即为德。违背规律即为不肖。“术”是指方法、手段。方法、手段本身并没有对错善恶之分。关键看使用者的目的是善是恶。因此说《鬼谷子》一书论述的只是方法，本身并无正邪之分，关键在于后人如何运用。

《鬼谷子》一书“摩”篇中明确指出：“夫事成必合于数，故曰道数与时相偶者也。”意思是说：道德、谋略、天时三者合一才能成事。还提出“所谓主事日成者，积德也，而民安之，不知其所以利；积善也，而民道之，不知其所以然；而天下比之神明也。主兵日胜者，常战于不争、不费，而民不知所以服，不知所以畏，而天下比之神明”。意思是说：所谓“主事日成”的秘诀在于，君主积累德行，百姓安居乐业，却不知道自己乐在其中；君主积累善行，百姓也遵循善行，而不知为什么要这样做，天下人将这样的君主称为神明。“主兵日胜”的秘诀，常在于不发生冲突，不耗费精力，而百姓不知不觉地就服从，也不恐惧，天下人将这样的主将称为神明。本书的“符言”篇更是拿出专章来论述君主的治国之道，对为政者谆谆教导，先后指出：君主应该具备安详、从容、正直、平和等修养；君主应该明察秋毫；君主应该察纳雅言；君主一定要赏必信，罚必正；君主应该知道天时、地利、人和是什么；君主行事应该遵循天地之大道，方可长久；君主应该通达世间一切事理；君主应该借助民众的眼耳心洞察世间变化；君主必须教伦尽分。从中我们可以看出《鬼谷子》一书的指导思想并没有偏离仁义大道。该书成于战国时期，可谓生于乱世。书中阐述的一些游说之术、处世方法、阴谋阳谋都是应乱世而生的。实际上这是一种教人们如何在乱世中运用圣人之道成就大业的权宜之计。

战国时期，苏秦以合纵之术统领六国，共同抗秦，佩六国相印；张仪以连横之术瓦解合纵，为秦统一六国立下不朽功劳。他们能有这样的成就，或许正是由于悟到了鬼谷子教诲中的游说之术的精髓。

我们阅读，首先应该将这部经典的位置摆正，用积极的眼光来看待其中的阴谋诡道，时刻不要忘记，一切谋略皆以德行为前提。德为本，谋为末。舍弃道德，只运用谋略，以此为成大事的手段，这就是舍本逐末，本末倒置。

本书在《鬼谷子》存世十二篇之外，还附有《本经阴符七术》（简称《本经》）《持枢》《中经》三篇，有学者认为所附三篇非鬼谷子所著，说的是修养身心的方法，可作为前面游说之术的基础。读者可以辅助阅读。

另外，为了方便广大读者阅读，编者在原文的基础上加入了提示、注释、翻译、评析、历史故事等附加内容。要着重指出的是，《鬼谷子》一书成书年代久远，语言古奥艰涩、意蕴深远。不同的读者，乃至同一位读者在不同的人生阶段阅读此书的体会都会有所不同。本书译文作为阅读提示，仅代表一家之言，权且抛砖引玉，欢迎广大读者来信商榷探讨、批评指正。

目　录

上　卷

卷首语 …… 002
捭阖第一 …… 003
反应第二 …… 024
内楗第三 …… 039
抵巇第四 …… 057

中　卷

卷首语 …… 070
飞箝第五 …… 072
忤合第六 …… 086
揣篇第七 …… 098
摩篇第八 …… 108
权篇第九 …… 119
谋篇第十 …… 134

决篇第十一 …………………………………………………… 151
符言第十二 …………………………………………………… 162

下 卷

卷首语 …………………………………………………………… 176
本经阴符七术 ………………………………………………… 177
持 枢 …………………………………………………………… 199
中 经 …………………………………………………………… 209

纵横派人物小传

姜 尚 传 …………………………………………………… 224
范 蠡 传 …………………………………………………… 231
苏 秦 传 …………………………………………………… 253
张 仪 传 …………………………………………………… 307
张 良 传 …………………………………………………… 350
陈 平 传 …………………………………………………… 379
诸葛亮传 …………………………………………………… 404
赵 普 传 …………………………………………………… 425
刘 基 传 …………………………………………………… 455

上　卷

卷首语

《鬼谷子》上卷包括《捭阖》《反应》《内楗》《抵巇》四篇。

《捭阖》篇阐述了捭阖之术，“捭阖”就是放和收。世间万物皆有阴阳两面。捭阖之术便是以阴阳变化规律为依据的游说之术。

《反应》篇讲的是通过试探对方，以及对方的回应，来判断他人的真实意图。做到知己知彼。

《内楗》篇指出臣下向君主、下级向上级游说进谏，进言者与倾听者要做到心灵默契，才能达到预期的效果。

《抵巇》篇指出宇宙万物没有永远的完满，都会出现裂隙。正所谓“物有自然，事有合离”。当裂缝刚刚出现的时候，我们要审时度势，将之大而化小，小而化了，将不利的因素扼杀于摇篮。

捭阖第一

【提示】

“捭阖”是打开、闭合的意思。事物发展都会遵循“开合”这一普遍规律。鬼谷子将“开合”这一规律作为权变的根据运用于游说之术中。“开”是指引导对方公开发言，借此了解对方的想法、性格、爱好，进而洞察对方的真实意图，以便游说更有针对性，有的放矢。“合”是指在引导对方说出想法的同时，隐藏自己的观点，不暴露自己的意图。

【原文】1.1

粤若稽古，圣人之在天地间也，为众生①之先。观阴阳之开阖②以命物，知存亡之门户，筹策③万类之终始，达人心之理，见变化之朕[④]焉，而守司[⑤]其门户。故圣人之在天下也，自古至今，其道一也。变化无穷，各有所归。或阴或阳，或柔或刚，或开或闭，或弛或张。

【注释】1.1

①众生：有生命的万物，这里指人民大众。

②阖：关闭的意思。

③筹策：计算、谋划。

④朕：征兆、迹象。

⑤守司：看守、把握。

【译文】1.1

纵观古今，圣人生存在天地之间，是芸芸众生的先导和楷模。通过观察事物的阴阳开合变化来对事物作出判断，并且进一步了解事物生死存亡的途径，把握万事万物从初始到结束的生灭过程，掌握人们思想变化的规律，揭示事物变化的征兆，从而把握事物变化的关键。所以从古至今，圣人生存在天地之间，言行与天地大道始终是一致的。虽然事物的变化无穷，但万变不离其宗。或者是阴，或者是阳；或者是柔，或者是刚；或者是打开，或者是闭合；或者是松弛，或者是紧张。

【原文】1.2

是故圣人一[①]守司其门户，审察其所先后，度权量能，校其技巧短长。夫贤、不肖、智、愚、勇、怯，有差[②]。乃可捭，乃可阖；乃可进，乃可退；乃可贱，乃可贵，无为以牧之。审定有无与其实虚[③]，随其嗜欲以见其志意，微排其所言，而捭反之，以求其实，实得其指，阖而捭之，以求其利。或开而示之，或阖而闭[④]之。开而示之者，同其情也；阖而闭之者，异其诚也。可与不可，审明其计谋，以原其同异。离合有守，先从其志。

【注释】1.2

①一：始终如一。

②差：差别。

③实虚：真实与虚假。

④闭：隐藏。

【译文】1.2

因此，圣人要始终如一地把握住事物变化的规律，审察事物变化的先后，推测对方的能力，揣度对方的技巧。至于人与人之间的贤、不肖、智慧、愚蠢、勇敢、怯懦，都是有差别的。所以可以开启，可以闭合；可以晋升，可以退隐；可以轻视，可以敬重，还要依靠无为来掌控。考察确定对方虚实有无，通过了解对方的兴趣爱好来判断对方的意志。对方开口说话时，稍微表达一些反对意见。等对方敞开心扉表达之后再加以反驳，以便更好地探查实情。贵在探查出对方的真实意图，然后保持缄默的同时引导对方发言，从而抓住对方的要害。要么敞开予以展示，要么封闭予以隐藏。敞开心扉展示，是因为与对方情投意合；封闭心扉隐藏，是因为彼此诚意不同。判断可行与不可行就是要判断清楚对方的计谋，以便探知其中异同之处。无论双方观点是否一致，都要坚持主见。如果可行，要先顺从对方的意志。

【原文】1.3

即欲捭之贵周，即欲阖之贵密[①]。周密之贵微，而与道相追[②]。捭之者，料其情也；阖之者，结其诚也。皆见其权衡轻重，乃为之度数，圣人因而为之虑[③]。其不中权衡度数，圣人因而自为之虑。故捭者，或捭而出之，或捭而纳之；阖者，或阖而取之，或阖而去之。捭阖者，天地之道。捭阖者，以变动阴阳，四时开闭，以化万物。纵横、反出、反覆[④]、反忤，必由此矣。

【注释】1.3

①密：隐秘。

②相追：相近。

③虑：权衡谋划。

④覆：同“复”。下文同。

【译文】1.3

如果要表达自己，关键是要周详完备。如果要缄默隐藏，关键是保密。由此可见，周详和隐秘贵在微妙，应与天地大道相合。所以要让对方敞开心扉，是为了摸清对方的实情。要让对方缄默不语，是为了彼此互见诚意。这样做的目的，都是为了摸清对方的实力，以权衡比较谋略的得失程度，圣人也是依循这样的方法进行考量思虑。假如计划失败，权衡失策，圣人会为此忧虑。因此，所谓令对方打开心扉，就是要么打开而展示，要么打开而收纳；所谓闭藏，就是要么闭藏之后而得到，要么闭藏之后而丢弃。打开和闭合，是通过天地之间阴阳运行、四季更替来促进万物生长的。不论纵横与反复都必须经过开启和闭合的方式来实现。

【原文】1.4

捭阖者，道之大化，说之变也；必豫审[①]其变化。口者，心之门户也；心者，神[②]之主也。志意、喜欲、思虑、智谋，此皆由门户出入，故关之以捭阖，制[③]之以出入。

捭之者，开也、言也、阳也；阖之者，闭也、默也、阴也。阴阳其和，终始其义[④]。故言长生、安乐、富贵、尊荣、显名、爱好、财利、得意、喜欲为阳，曰“始”。故言死亡、忧患、贫贱、苦辱、弃损、亡利、失意、有害、刑戮、诛罚为阴，曰“终”。诸言[⑤]法阳之类者，皆曰“始”，言善以始其事；诸言法阴之类者，皆曰“终”，言恶以终其谋。

【注释】1.4

①豫审：预先考察。

②神：指精神。

③制：控制。

④义：适当。

⑤诸言：各种言论。

【译文】1.4

打开和闭合是天地运行规律，也是游说变化的依据。游说者必须事先审察它们的变化。口是心灵的门户，心是灵魂的主宰。意志、喜欲、思虑和智谋，这些都要通过门户来表达，所以要通过捭阖之术来把握和控制。开启之术，就是公开的，表达出来的，属于阳；闭合之术，就是闭藏的，沉默的，属于阴。阴阳调和，终始合宜。所以说长生、安乐、富贵、尊荣、显名、爱好、财利、得意、喜欲等，都属于阳，称为“始”。所以说死亡、忧患、贫贱、苦辱、弃损、亡利、失意、有害、刑戮、诛罚等，都属于阴，称为“终”。各种遵循阳的规律的言论，都称作“始”，以谈论“善”开始行事；各种遵循阴的规律的言论，都称作“终”，以谈论“恶”为结果。

【原文】1.5

捭阖之道，以阴阳试之，故与阳言者依崇高[①]，与阴言者依卑小。以下求小，以高求大。由此言之，无所不出，无所不入，无所不可。可以说人，可以说家，可以说国，可以说天下。为小无内，为大无外。益损、去就、倍反[②]，皆以阴阳御其事。阳动而行，阴止而藏；阳动而出，阴隐而入。阳还终阴，阴极反阳。以阳动者，德相生也；以阴静者，形相成也。以阳求阴，苞以德也；以阴结阳，施以力也。阴阳相求，由捭阖也。此天地阴阳之道，而说人之法也，为万事之先，是谓“圆方之门户”。

【注释】1.5

①依崇高：依据崇高的原则。

②倍反：倍是背叛，反是返回。倍通背，反同返。

【译文】1.5

运用开启和闭合的法则，需要从阴阳两个方面来检验。因此，对从阳的方面谈论问题的人，按照崇高的原则引导对方。对从阴的方面谈论问题的人，按照卑下的原则引导对方。以低下来求取卑小的，以崇高来求取博大的。按照这样的方法进行言谈，没有什么事情不能沟通，没有什么事情不能探查，没有什么事情不可能完成。可以用这种道理去游说一人、游说一家、游说一国、游说天下。做小事不存在“内”的限制，做大事不存在“外”的限制。所有有益的和有害的、离去的和靠近的、背叛的和返回的，都可以依据阴阳的规律来驾驭。阳意味着活动、行动，阴意味着停止、闭藏；周遭形势为阳就出来做事，周遭形势为阴就退隐深山。阳气运行最终复归于阴，阴气运行最后返回于阳。阴阳交替，周而复始。遵循阳的规律而行动的人，道德就会增长。遵循阴的规律而静止的人，以物质形式为表现的欲望就会膨胀。以阳探求阴，依靠道德的包容；以阴探求阳，依靠力量达到。阴阳互相转化，是由于遵循开启和闭合的规律变化。这就是天地之间阴阳运行的根本规律，也就是游说的基本方法，是万事万物的先导，这就是所谓的“天地之门户”。

【评析】

本章是《鬼谷子》的首篇。开篇便阐述了捭阖之术。“捭阖”就是放和收。世间万物皆有阴阳两面。捭阖之术便是以阴阳变化规律为依据的游说之术。阴阳的变化依循互相交替、周而复始的规律。捭阖之术便是运用这一规律做到张弛有度，收放自如。古语云“一言兴邦，一言丧邦”。游说者一定要把握好时机，知道什么时候应该开口说话，什么时候应该缄默不语。做到这一点才能达到“乃可以纵，乃可以横”的境界，而无敌于天下！

【延伸阅读】

苏秦从燕之赵始合纵

【原文】

苏秦从燕之赵，始合纵，说赵王曰："天下之卿相人臣，乃至布衣之士，莫不高贤大王之行义，皆愿奉教陈忠于前之日久矣。虽然，奉阳君，大王不得任事，是以外宾客游谈之士，无敢尽忠于前者。今奉阳君捐馆舍，大王乃今然后得与士民相亲，臣故敢献其愚，效愚忠。为大王计，莫若安民无事，请无庸有为也。安民之本，在于择交，择交而得则民安，择交不得则民终身不得安。请言外患：齐、秦为两敌，而民不得安；倚秦攻齐，而民不得安；倚齐攻秦，而民不得安。故夫谋人之主，伐人之国，常苦出辞断绝人之交，愿大王慎无出与口也。

"请屏左右，白言所以异，阴阳而已矣。大王诚能听臣，燕必致毡裘狗马之地，齐必致海隅鱼盐之地，楚必致橘柚云梦之地，韩、魏皆可使致封地汤沐之邑，贵戚父兄皆可以受封侯。夫割地效实，五伯之所以复军禽将而求也；封侯贵戚，汤、武之所以放杀而争也。今大王垂拱而两有之，是臣之所以为大王愿也。大王与秦，则秦必弱韩、魏；与齐，则齐必弱楚、魏。魏弱则割河外，韩弱则效宜阳。宜阳效则上郡绝，河外割则道不通。楚弱则无援。此三策者，不可不熟计也。夫秦下轵道则南阳动，劫韩包周则赵自销铄，据卫取淇则齐必入朝。秦欲已得行于山东，则必举甲而向赵。秦甲涉河逾漳，据番吾，则兵必战于邯郸之下矣。此臣之所以为大王患也。

“当今之时，山东之建国，莫如赵强。赵地方二千里，带甲数十万，车千乘，骑万匹，粟支十年；西有常山，南有河、漳，东有清河，北有燕国。燕固弱国，不足畏也。且秦之所畏害于天下者，莫如赵。然而秦不敢举兵甲而伐赵者，何也？畏韩、魏之议其后也。然则韩、魏，赵之南蔽也。秦之攻韩、魏也，则不然。无有名山大川之限，稍稍蚕食之，傅之国都而止矣。韩、魏不能支秦，必入臣。韩、魏臣于秦，秦无韩、魏之隔，祸中于赵矣。此臣之所以为大王患也。

“臣闻，尧无三夫之分，舜无咫尺之地，以有天下。禹无百人之聚，以王诸侯。汤、武之卒不过三千人，车不过三百乘，立为天子。诚得其道也。是故明主外料其敌国之强弱，内度其士卒之众寡、贤与不肖，不待两军相当，而胜败存亡之机节，固已见于胸中矣，岂掩于众人之言，而以冥冥决事哉！

“臣窃以天下地图案之。诸侯之地五倍于秦，料诸侯之卒，十倍于秦。六国并力为一，西面而攻秦，秦必破矣。今见破于秦，西面而事之，见臣于秦。夫破人之与破于人也，臣人之与臣于人也，岂可同日而言之哉！夫横人者，皆欲割诸侯之地以与秦成。与秦成，则高台，美宫室，听竽瑟之音，察五味之和，前有轩辕，后有长庭，美人巧笑，卒有秦患，而不与其忧。是故横人日夜务以秦权恐绳诸侯，以求割地，愿大王之熟计之也。

“臣闻，明王绝疑去谗，屏流言之迹，塞朋党之门，故尊主广地强兵之计，臣得陈忠于前矣。故窃本大王计，莫如一韩、魏、齐、楚、燕、赵六国从亲，以摈叛秦。令天下之将相，相与会于洹水之上，通质刑白马以盟之。约曰：‘秦攻楚，齐、魏各出锐师以佐之，韩绝食道，赵涉河、漳，燕守常山以北。秦攻韩、魏，则楚绝其后，齐出锐师以佐之，赵涉河、漳，燕守云中。秦攻齐，则楚绝其后，韩守成皋，魏塞午道，赵涉河、漳、博关，燕出锐师以佐之。秦攻燕，则赵守常山，楚军武关，齐涉渤海，韩、魏出锐师以佐之。秦攻赵，则韩军宜阳，楚军武关，魏军河外，齐涉渤海，燕出锐师以佐之。诸侯有先背约者，五国共伐之。’六国从亲以摈秦，秦必不敢出兵函谷关以害山东矣。如是则伯业成矣。”

赵王曰：“寡人年少，莅国之日浅，未尝得闻社稷之长计。今上客有意存天下，安诸侯，寡人敬以国从。”乃封苏秦为武安君，饰车百乘，黄金千镒，白璧百双，锦绣千纯，以约诸侯。

《战国策·苏秦从燕之赵始合纵》

【译解】

苏秦从燕国来到赵国，开始运用联合六国与秦国抗衡的策略。他游说赵肃侯说：“普天之下，从各诸侯国的公卿大臣，到普通的老百姓，没有一个不对大王施行仁义的行为表示尊崇的，都愿接受您的教诲，向大王进献忠心。这种形势也不是一天两天了。然而，奉阳君妒贤嫉能，大王因此无法专理国事，致使宾客疏远，游说之士都不敢前来进献忠言。如今奉阳君死了，大王才能重新恢复和各方面人士的亲近关系。所以我才敢来敬献忠言以报效大王的仁德。从大王的角度考虑，有什么能比让百姓安居乐业、天下太平更好的呢？安民的关键在于与一个好的诸侯国建立良好邦交。两国交好人民就安定，两国没有好的邦交人民就很难得到安定。我再说说外敌入侵的祸患：您的敌国莫过于秦国和齐国。有这两个大国在，赵国人民怎能得到安定？依靠秦国进攻齐国，百姓不能安定；依靠齐国进攻秦国，百姓也不能安定。可见图谋他国国君，进攻他国，常常会口出恶言，并与他国断交，所以我请大王切勿说这样的话。

“大王，请您的左右侍臣回避一下，我说说合纵、连横的差别。大王若真能采纳我的意见，燕国一定会把出产毡、裘、狗、马的好地方献给您，齐国一定会把海边出产鱼盐的地盘献给您，楚国一定会把出产橘柚的云梦之地献给您，韩国、魏国也必然献出很多城池和县邑，大王的父兄外戚都可以得到分封的土地。当年五霸不惜牺牲将士的生命去占领别国土地，得到别国财货；从前，商汤放逐夏桀、周武王讨伐殷纣王才争得天下，使贵戚得以封侯。现在大王不用费力气就可以得到这两种东西，我为大王的英明感到欣慰。大王如果与秦国结盟，秦国必然去进攻韩、魏；大王如果与齐国结盟，齐国必然去进攻楚、魏；魏国国势衰弱，必然将河外之地割让；韩国国势衰弱，必然会献出宜阳。献出了宜阳，通往上郡的路就被切断了；河外被割让了，道路就无法通往上郡；楚国国势衰弱，赵国就面临孤立无援。这三项计策，一定要权衡利弊，慎重考虑。秦国攻下轵道，那么南阳就会动摇；再挟持韩国包围周室，那么赵国就会自行削弱；秦国进一步占领卫都濮阳夺取淇水之地，那么齐国必然会向秦国俯首称臣。假如秦国能在山东得到这些，势必会进攻赵国。秦军渡过黄河，涉过漳水，占据番吾，那么秦兵必将与赵国交战于邯郸城下。想到这些，我真为大王感到担忧啊！

“现在，赵国是山东各国中最强大的。赵国土地方圆两千里，精兵几十万，战车几千辆，战马上万匹。军粮储备十年也用不完。西边有常山，南边有黄河、漳水，东边有清河，北边有燕国。燕国本是一个弱国，不足畏惧。在诸侯国中，对秦国构成最大威胁的是赵国。然而，秦国为什么不敢发兵讨伐赵国呢？是因为秦国担心韩、魏两国在后边威胁它。如此看来，韩、魏两国形成了赵国南边的屏障。秦国攻打韩、魏则情况大不相同。韩、魏没有山川河泽的保护，秦国只要一点点地对它们进行蚕食，直到把国都吞食完为止就可以了。韩、魏没有能力抵抗秦国，必然会向秦称臣。韩、魏臣服于秦后，韩、魏便不再是秦进攻赵国的障碍，那时候赵国就危险了。这也是我为大王担忧的地方。

“我听说尧过去的领地不足三百亩，舜连一尺那么大的地盘都没有，他们竟然拥有了天下。禹的部落不足百人，竟成为诸侯的领袖。商汤、周武王的兵士不足三千，战车不到三百辆，最后统一了天下。这都是因为他们遵循天地之大道治理国家。所以英明的国君，对外要衡量敌国的强弱，对内要掌握士卒的多寡、贤与不贤。不必等到两军战于沙场，胜败存亡之际就已经心中有数了。大王怎么能够被众人之言所蒙蔽，糊里糊涂地做决定呢！”

“我私下查看地图，诸侯的土地相当于秦国的五倍，诸侯的兵力相当于秦国的十倍。假如六国能够团结起来去攻打秦国，秦国必亡无疑。现在各国将要被秦国消灭，却面朝西方共同侍奉秦国，向秦国称臣。灭掉他国或被他国灭掉，让他国臣服或臣服于他国，两者绝不能同日而语。那些主张连横的人，都想通过割让诸侯的土地来与秦国议和。一旦能和秦国议和，他们就可以高筑宫室台榭，日日笙歌燕舞。然而一旦秦国发兵攻打诸侯，他们却不与诸侯共同承担忧患。因此主张连横的人日夜谋求靠秦国的势力来恐吓诸侯，达到割地给秦国的目的。请大王深思熟虑。

“我听说贤明的君主不怀疑他人，不轻信谗言，阻断一切流言蜚语的滋生，杜绝党派的门户之争。这样就能实现君主尊贵、疆域广大和兵力强大的目的了。我也能有机会在大王面前尽忠了。所以我为大王谋划，我们应该团结韩、魏、齐、楚、燕、赵，使六国合纵，互相帮扶，以此抵抗秦国。传令给天下的将相，到洹水之畔集会，交换人质，杀白马缔结盟约。盟约可以这样写：假如秦国进攻楚国，齐、魏都要出精兵救援楚国，韩国负责阻断秦国的粮道，赵国渡过黄河、漳水，燕国派大军在常山以北驻守。假如秦国攻打韩、魏，楚国就阻断秦国的后路，齐国派精兵支援韩、魏，赵国则渡过黄河、漳水，燕国派兵守住云中。秦国如果向齐国进攻，楚国就负责阻断秦国的后路，韩国守住成皋而魏国封锁午道，赵国越过黄河、漳水、博关，燕国派兵援助齐国。假如秦兵向燕国进攻，那赵国就驻守常山，楚国进兵武关，齐军渡过渤海，韩、魏两国各出精兵援救。秦兵如果攻打赵国，那韩国就要镇守宜阳，楚军在武关排兵布阵，魏军屯驻在河外，齐军渡过渤海，燕国发兵救赵。六个诸侯国中如果哪国背弃盟约，那其他五国就共同出兵讨伐它。只要六国合纵，团结力量一起来抵抗秦国，秦国就不敢出兵函谷关侵略山东六国了。这样大王就可以顺利完成霸业了。”

赵肃侯说：“我年纪轻，即位的时间不长，还没有人向我进献过治国的大计。现在您有意匡扶天下、安定诸侯，我非常愿意缔结合纵之盟。”于是赵肃侯就封苏秦为武安君，拨给他战车一百辆，黄金千镒，白璧百双，锦绣一千匹，用这些财物去与诸侯缔结合纵之约。

苏秦首先向赵肃侯指出定国安邦是国家的根本，由此引出合纵他国的主题。接着勾画出合纵之后的有利的形势和连横事秦的不利局面，又分析了赵国的国力及其在地缘政治方面的重要性。接着指出赵王没有必要向秦王称臣，赵国有实力成就霸业。最后苏秦通过对比六国与秦的实力，同时揭露连横派的自私虚伪，拿出了赵国合纵六国的具体方案。

反应第二

【提示】

反应：指多次试探对方，以及对方的回应。意在推测他人的真实意图。谈判时，如果双方的意图不同，就要反复试探，观察对方的反应。要做到自我了解，也了解他人。知己知彼百战百胜。计谋的周详和技巧的娴熟同样重要。二者紧密结合，综合运用，就能最大可能地了解对方的真实意图。

【原文】2.1

古之大化者，乃与无形[①]俱生。反以观往，覆以验来；反以知古，覆以知今；反以知彼，覆以知己。动静[②]虚实之理，不合于今，反古而求之。事有反而得覆者，圣人之意[③]也，不可不察。

人言者，动也；己默者，静也。因其言，听其辞。言有不合者，反而求之，其应必出。言有象，事有比；其有象比，以观其次。象者象其事，比者比其辞也。以无形求有声，其钓语合事，得人实也，若张罝④网而取兽也，多张其会⑤而司之。道合其事，彼自出之，此钓人之网也。常持其网驱之，其言无比，乃为之变。以象动之，以报其心，见其情，随而牧之。己反往，彼覆来，言有象比，因而定基。重之袭⑥之，反之覆之，万事不失其辞。圣人所诱愚智，事皆不疑。

【注释】2.1

①无形：没有形迹。

②动静：动和不动。

③圣人之意：这是圣人的想法意图。

④罝（jū）：捕野兽的网。

⑤会：聚集。

⑥袭：重复的意思。

【译文】2.1

古代以天地的规律教化天下百姓的圣人，是与无形的道共生的。他们回顾以往，展望未来；效法古代，检验现在；熟悉别人，了解自己。动静虚实的道理，假如不能与未来和现在相符合，那么，就要向历史找答案。事情需要再三考察，以求得真相，这是圣人的主张，不能够不认真考察。

对方表述观点，就是所谓的动；自己缄默不语，就是所谓的静。所以，要根据对方所说的话来判断他的真实意图。假如对方所说的话有不合理的地方，就可以反过来试探，对方必然会有应对之辞。语言有形态，事理有可类比的规律；既然有“象”和“比”，那么就可以用来观察深层的含义。象就是模仿事物的外在形貌，比就是类比对方的辞意。以无形无声的奥妙技巧使得对方说出我们要知道的实情。就像张开网捕捉野兽一样，要多安排几张网，等待对方进入。方法合情合理，对方自然就会有所表现，这就是钓人的网。常拿着网逼迫对方，但对方仍旧言辞保守，没有表露，就要改变方法。用象来触动对方，以便使对方吐露心声，暴露实情，从而控制对方。对方就会有所改变。用象这个方法来使敌人受感动，进而探知敌人的思想掌握实情，随后进行调查加以阐述。这样反复试探，所说的想法都从言辞中表现出来。圣人以此诱导愚者和智者，都能获知真实的情况而无例外。

【原文】2.2

故善反听者，乃变鬼神以得其情。其变当[①]也，而牧之审也。牧之不审[②]，得情不明；得情不明，定基不审。变象比，必有反辞，以还听之。欲闻其声反默，欲张反敛，欲高反下，欲取反与。欲开情者，象而比之，以牧其辞，同声相呼，实理同归。或因此，或因彼，或以事上，或以牧下。此听真伪，知同异，得其情诈[③]也。动作言默，与此出入，喜怒由此以见其式，皆以先定为之法则。以反求复，观其所托，故用此者。己欲平静[④]，以听其辞，察其事，论万物，别雄雌。虽非其事，见微知类。若探人[⑤]而居其内，量其能射其意也。符应不失，如螣蛇[⑥]之所指，若羿之引矢。

【注释】2.2

①当：适合，得当。

②审：审慎，清楚。

③情诈：实情和欺诈。

④己欲平静：自己先要心平气和。

⑤探人：打探别人的实情。

⑥螣(téng)蛇：亦作“蛇”。传说中一种能飞的蛇，可预知吉凶。

【译文】2.2

古代那些善于反复审察的人，可以透过隐秘奇妙的手段而获得实情。方法的变化适时得当，就能清楚掌握对手的真实情况。不做详细调查了解，就无法得到明确的情况。不能把握真实情况，做起事来就没有把握和底气。假如运用“象”和“比”，那么对方就一定会有相应的言论，这时就可以通过言辞详细探听真相。欲让对方表达，自己反而保持缄默，欲让对方放开，自己反而收敛，想要提升反而下降，想要得到反而施与。想要获得真实情况，就要通过表象和比拟来掌握对方讲话的含义。这时相同的意愿就会彼此呼应，就能掌握真实情况。或者因为这种道理，或者因为那种道理；或者用来应对上司，或者用来统御下属。这就能听出对方所言真假，了解双方的异同，以便刺探对方的真情或者伪诈。行动、静止、言语、缄默，都通过这些有所表现，喜怒哀乐的情绪变化都可以从这里有所流露，都依循这些人的本性所决定的法则。反问刺探，观察对方心理的动态，以获得真相。所以使用这种办法，自己一定要保持平静，以便听取分析对方的言辞，冷静观察、讨论万物、辨别雄雌。虽然所谈的事不是最想知道的，但从表现的细微之处可以了解同类大概的情况。从对方的语言揣测对方实情，就像刺探敌情而潜入敌境一般，要首先对敌人的能力有所掌握，之后再刺探敌人的意向，像符契一般，屡试不爽，像螣蛇所指一般的神奇，更像后羿拉弓射箭一般的准确。

【原文】2.3

故知之始己，自知而后知人也。其相知也，若比目之鱼[①]。其见形也，若光之与影也。其察言也不失，若磁石之取针，如舌之取燔骨[②]。其与人也微，其见情也疾。如阴与阳，如阳与阴；如圆与方，如方与圆。未见形圆以道之[③]，既见形方以事之。进退左右，以是司之[④]。己不先定，牧人不正。事用不巧[⑤]，是谓“忘情失道”；己审先定以牧人，策而无形容，莫见其门，是谓“天神”。

【注释】2.3

①比目之鱼：只有一只眼睛的鱼。这里比喻人与人相知，就像比目鱼的眼睛一样不可分。

②燔（fán）骨：烧过的骨头。

③道之：掌握它。

④司之：掌管他。

⑤事用不巧：处理事情不灵活。

【译文】2.3

了解别人首先从了解自己开始，了解自己才能了解别人。人与人相知就像比目鱼一样相依相随。掌握对方的情况，就像光与影一般相符合。对自己了解的人，审察别人言论也不会有所疏忽，就像用磁铁吸铁针，用舌头剥取烧过的骨头上的肉一样。自己暴露在对方面前的微乎其微，而发现对方的实情却十分迅速。如阴、阳、圆、方相互转化一样自如。情况未明朗以前要用灵活变通的方法处理。情况明朗以后，要直率地应对。晋升、罢黜、左迁还是右调，一切都要依循上面的方法处理。如果自己不先制定策略，那么就不能公正地进行管理。假如不能熟练地运用技巧，这就叫作“忘怀真情，偏离正道”。自己先熟练地掌握待人接物处世之道，再去管理人才，不露痕迹地落实政策，别人摸不清门道，这就叫作“天神”。

【评析】

本篇主要讲探听的方法：想要听到对方的话，反而应沉默；想要表达，反而应收敛；想要提升，反而应下降；想要得到，反而应给予；想要探知对方的心里话，就要将心比心。正如同老子所说：“将欲歙之，必固张之；将欲弱之，必固强之；将欲废之，必固兴之；将欲取之，必固与之。”这就是利用事物对立统一，互相转化的规律，从反面入手达到正面的效果。

【延伸阅读】

太公钓鱼

【原文】

太公望吕尚者，东海上人。其先祖尝为四岳，佐禹平水土，甚有功。虞夏之际封于吕，或封于申，姓姜氏。夏商之时，申、吕或封枝庶子孙，或为庶人，尚其后苗裔也。本姓姜氏，从其封姓，故曰吕尚。

吕尚盖尝穷困，年老矣，以渔钓奸周西伯。西伯将出猎，卜之，曰："所获非龙非彨，非虎非罴，所获霸王之辅。"于是周西伯猎，果遇太公于渭之阳，与语大悦，曰："自吾先君太公曰'当有圣人适周，周以兴'。子真是邪？吾太公望子久矣。"故号之曰"太公望"。载与俱归，立为师。

或曰，太公博闻，尝事纣，纣无道，去之。游说诸侯，无所遇，而卒西归周西伯。或曰，吕尚处士，隐海滨。周西伯拘羑里，散宜生、闳夭素知而招吕尚。吕尚亦曰："吾闻西伯贤，又善养老，盍往焉。"三人者为西伯求美女奇物，献之于纣，以赎西伯。西伯得以出，反国。言吕尚所以事周虽异，然要之为文武师。

周西伯昌之脱羑里归，与吕尚阴谋修德以倾商政，其事多兵权与奇计，故后世之言兵及周之阴权皆宗太公为本谋。周西伯政平，及断虞芮之讼，而诗人称西伯受命曰文王。伐崇、密须、犬夷，大作丰邑。天下三分，其二归周者，太公之谋计居多。

文王崩，武王即位。九年，欲修文王业，东伐以观诸侯集否。师行，师尚父左杖黄钺，右把白旄以誓，曰："苍兕苍兕，总尔众庶，与尔舟楫，后至者斩！"遂至盟津。诸侯不期而会者八百诸侯。诸侯皆曰："纣可伐也。"武王曰："未可。"还师，与太公作此《太誓》。

居二年，纣杀王子比干，囚箕子。武王将伐纣，卜龟兆，不吉，风雨暴至。群公尽惧，唯太公强之，劝武王，武王于是遂行。十一年正月甲子，誓于牧野，伐商纣。纣师败绩。纣反走，登鹿台，遂追斩纣。明日，武王立于社，群公奉明水，卫康叔封布采席，师尚父牵牲，史佚策祝，以告神讨纣之罪。散鹿台之钱，发巨桥之粟，以振贫民。

封比干墓，释箕子囚。迁九鼎，修周政，与天下更始。师尚父谋居多。

于是武王已平商而王天下，封师尚父于齐营丘。东就国，道宿行迟。逆旅之人曰：“吾闻时难得而易失。客寝甚安，殆非就国者也。”太公闻之，夜衣而行，黎明至国。莱侯来伐，与之争营丘。营丘边莱，莱人，夷也，会纣之乱而周初定，未能集远方，是以与太公争国。

太公至国，修政，因其俗，简其礼，通商工之业，便鱼盐之利，而人民多归齐，齐为大国。及周成王少时，管蔡作乱，淮夷畔周，乃使召康公命太公曰：“东至海，西至河，南至穆陵，北至无棣，五侯九伯，实得征之。”齐由此得征伐，为大国，都营丘。

《史记·齐太公世家》节录

【译解】

商朝最后一代君主纣是个暴君。他只知道自己享乐，和宠姬妲己过着穷奢极欲的生活，根本不管人民的死活，还用各种残酷的刑罚来镇压人民。纣的残暴行为加速了商朝的灭亡。此时，西部的一个部落周正一天天兴盛起来。

周文王见纣王昏庸残暴，丧失民心，就决定讨伐商朝。可是他身边缺少一个有军事才能的人来帮助他指挥作战。他四处物色这种人才。

有个叫吕尚（姜太公）的人得知文王欲伐纣以安天下。于是，他便隐居在文王的辖区——陕西渭水边一个地方，以便引起周文王姬昌对自己的注意，进而得到建立功业的机会。

吕尚经常到渭水河边垂钓。一般人钓鱼，都是用弯钩，上面接着有香味的鱼饵。可吕尚的钓钩却是直的，上面不挂鱼饵，也不沉到水里，并且离水面三尺高。他一边高高举起钓竿，一边自言自语道："愿者上钩！"

有一天，周文王做了一个梦，梦到在渭水河边能找到他要找的人。于是，他到渭水北岸去打猎。在渭水边，他遇见了正在钓鱼的吕尚。文王见老人家用直钩钓鱼，觉得奇怪，便和他攀谈起来。文王近前向老人家施礼道："别人垂钓都使用弯钩和诱饵。先生这般钓法，能钓上鱼吗？”吕尚没说话。文王并不介意，和颜悦色地继续问道：“请贤公指点，愿闻其详。”吕尚见文王为人谦和，便答道：“休道钩离奇，自有负命者。纣王无道，姬昌可伐之。”听此一番话，文王知道他就是那个有雄才大略的能人。于是便说道：“我是西伯侯姬昌，特意到此地打猎，知公大贤，助我伐无道之君如何？”

吕尚又试探文王是否有天子之德，说道：“君非专意举贤，出猎本为游戏，并不是特意来求贤。我不过一个钓鱼翁，并不是您要找的大贤人。”说完就钻到苇叶中不见了。文王见此，后悔不已，感到自己此行确实诚意不够。于是文王回到住处斋戒三日，沐浴更衣之后，再次来找吕尚。

这一次经过叙谈，吕尚看到了文王平天下的大志；文王坚信眼前的老者就是自己要寻访的大贤。西伯大喜，说：“我国先君太公曾说：‘定有圣人来周，周会因此兴旺。’说的就是您吧？太公盼望您已经很久了。”因此称吕尚为“太公望”，二人一同乘车而归，文王将吕尚尊为太师。

姜太公运用语言试探的方法去探求姬昌的真实意图同时考察他的德行，以便确定对方是否值得自己辅佐。就好像钓鱼一样，用半句话去诱导他人说出实情。确定正确方向，从而有的放矢，实现自己的目标。

内楗第三

【提示】

楗，指门闩。这里有紧密结合、亲密无间的意思。本篇说明臣下向君主、下级向上级游说进谏，进言者与倾听者要达到心灵默契，才能达到预期的效果。文中首先指出君臣的关系有远近亲疏之分，又指出进言劝谏应见机行事、掌握分寸、进退有度，这样才能取得君主、上级的信任，进而掌握对方的真实想法和意图。这样谏言才更容易被采纳。

【原文】3.1

君臣上下之事①，有远而亲，近而疏；就②之不用，去③之反求；日进前而不御④，遥闻声而相思。事皆有内⑤楗，素结本始⑥。

或结以道德，或结以党友，或结以财货，或结以采色。用其意[7]，欲入则入，欲出则出，欲亲则亲，欲疏则疏，欲就则就，欲去则去，欲求则求，欲思则思。若蚨母[8]之从子也，出无间，入无朕[9]，独往独来，莫之能止。

【注释】3.1

①之事：指上下之间的关系。

②就：接近、靠近。

③去：离开。

④御：使用。

⑤内：指内心、内情。

⑥本始：本源、根本。

⑦用其意：指君主采纳大臣的意见。

⑧蚨（fú）母：土蜘蛛，每当它出入巢穴时，都要把穴口盖起来以防外敌进入。

⑨朕：迹象、征兆。

【译文】3.1

君主与臣属、上级与下级之间，有的距离远却关系密切，有的距离近却关系疏远。有的投奔而来反而不被重视，有的退隐离去反而到处求取启用。有的每天都围在君主身边，却不受欢迎，有的距离很远，但君主只要听到对方的盛名便会慕名求贤。凡事物内部都有规律，君主与臣子之间相处如果遵循一定的规律，就能达到心灵默契。有的因为道德的关系结交，有的因为朋党的关系结交，有的因为财货的关系结交，有的因为美色的关系结交。要想上级采纳自己的意见，就得做到想进来就进来，想出去就出去，想疏远就疏远，想投靠就投靠，想隐退就隐退，想得到就得到，想让对方惦记对方就得惦记。就像土蜘蛛保护幼虫一样，出入不留痕迹，自由自在，独来独往，没有什么能阻止它。

【原文】3.2

内者，进说辞也，楗者，楗[①]所谋也。欲说者，务隐度；计事者，务循顺。阴虑可否、明言得失，以御其志。方来应时以合其谋。详思来楗往应时当也。夫内有不合者不可施行也。乃揣切时宜从便所为以求其变。以变求内者若管取楗。言往者，先顺辞也；说来者，以变言也。善变者，审知地势乃通于天，以化四时，使鬼神合于阴阳而牧人民。见其谋事知其志意。事有不合者有所未知也。合而不结者阳亲而阴疏，事有不合者圣人不为谋也。故远而亲者，有阴德[②]也；近而疏者，志不合也；就而不用者，策不得也；去而反求者，事中来也；日进前而不御者，施不合[③]也；遥闻声而相思者，合于谋待决事也。故曰：“不见其类[④]而为之者，见逆，不得其情而说之者，见非[⑤]。得其情，乃制其术[⑥]。此用可出可入，可楗可开。”

【注释】3.2

①楗：固守。

②德：相德，相合。

③合：恰当。

④不见其类：不知其性情类别。

⑤见非：被责难，被否定。

⑥术：方法、手段。

【译文】3.2

所谓“内”就是游说进谏，使对方接受。所谓“楗”就是坚持自己的谋略主张，并使之与上级的意愿相合。欲要游说成功，必须要暗中揣测。谋划事情，务必要遵循一个顺畅的途径。暗中分析可否进行，明白知道利益得失，以便影响君主的意愿。依循术的规范进言游说关键是要合时宜。以便自己的想法与君主的谋划相合。经过深思熟虑再来进言，以便适应形势。凡是内情有不合时宜的，就不可以实行。要揣测形势发展，从方便的地方入手，随机改变策略。随意应变以达到建议被采纳的目的，这就像以门管来接纳门闩一样顺当。凡是谈论以前的事情，要用顺畅的言辞，凡是谈论未来的事情要采用变通的言辞。善于变化的，要详细审察地势，这样可以沟通天道，与四时相应，驱使鬼神，符合阴阳，牧养人民。要了解君主谋划的事情，要知道君主的意图。做事凡不合君主之意，是因为不真切了解君主的意图。看似言合实际上并不默契的是表面亲近而背地里疏远。如果与君主想不到一起去，圣人是不会为其出谋划策的。所以距离远反而亲密的人，是因为双方心意相合；距离很近反而疏远的人，是由于貌合神离。虽然在其位却不被重用，是因为计谋得不到采纳；在退隐以后反而又起用，是因为其谋略后来起到了作用；虽然每天都陪在君主身边却不被任用，是由于其行为不得体；君主只要听到对方的盛名便会慕名求贤的，是因为其考虑的事情与决策者的想法不谋而合，因而等待他做决策。所以说：没看见情形如何，就采取行动的人，会事与愿违；没等摸清对方的情况，就进谏的人，意见很难被采纳。所以掌握实情，才是把握了内楗之术。这样才能运用自如，可坚守谋略，又能游说进谏。

【原文】3.3

故圣人立事[①]，以此先知而楗万物。由夫道德、仁义、礼乐[②]、忠信、计谋，先取《诗》《书》，混说损益，议论去就。欲合者，用内，欲去者，用外。外内者，必明道数，揣策来事[③]，见疑决之。策无失计，立功建德。治名入产业，曰楗而内合。上暗不治[④]下乱不寤，楗而反之。内自得而外不留说，而飞[⑤]之。若命自来，已迎而御之。若欲去之，因危与之。环转因化，莫知所为，退为大仪[⑥]。

【注释】3.3

①立事：建功立业。

②礼乐：指社会行为规范以及教化。

③揣策来事：推测未来的事情。

④上暗不治：是说君主昏庸不能推行善政。

⑤飞：表扬、褒奖。

⑥大仪：根本原则。

【译文】3.3

所以，圣人建立功业是依据这个道理来摸清实际情况，从而与天地万物建立和谐亲密的关系。通过道德、仁义、礼乐、忠信、计谋等途径实现自己的理想，先依据《诗经》《尚书》验证自己的学说，然后综合研究利弊，最后决定隐退还是就任。想要合作，就要心灵相契合；想要分离，就在表面下功夫。内情和外情的运用都要以明确理论和方法为前提，预测未来，解决疑难。运用策略能够做到不失误，进而建功立业，推行德政，建立君臣秩序。百姓从事农桑产业，安居乐业，就是君臣上下之情相契合。君主昏庸不行善政，臣子作乱不辨事理，就是上下之情不相契合。君主骄傲自满，不采纳臣属的正确建议，这样就用恭维赞美使其心动，之后有所采纳。如果接到君主的任用诏书，就应该接受任用。如果欲隐退，就趁乱离开，以保全自己。如圆环一样灵活地随机应变，旁观者看不明白你的所作所为。功成身退为上策。

【评析】

内楗的意思是坚持自己的想法、策略，同时做通对方的思想工作，以求得与倾听者思想上的共鸣。从国家的角度来说，就是进谏的臣子与君主达到心心相印的默契。这样臣子的建议就容易被采纳。内楗分几个层次，最高层次是进谏者给出的意见正好能帮君主解决棘手的问题。其次是进谏者审时度势，随机应变，深思熟虑之后再进言。以便自己的想法与君主的谋划相合。最终达到意见被采纳的目的。

【延伸阅读】

谏臣魏徵

【原文】

魏徵，字玄成，魏州曲城人。少孤，落魄，弃赀产不营矫虚诞之弊。文辞精富，为世名论。有大志，通贯书术。隋乱，诡为道士。武阳郡丞元宝藏举兵应李密，以徵典书檄。密得宝藏书，辄称善，既闻徵所为，促召之。徵进十策说密，不能用。王世充攻洛口，徵见长史郑颋曰："魏公虽骤胜，而骁将锐士死伤略尽；又府无见财，战胜不赏。此二者不可以战。若浚池峭垒，旷日持久，贼粮尽且去，我追击之，取胜之道也。"颋曰："老儒常语耳！"徵不谢去。后从密来京师，久之未知名。自请安辑山东，乃擢秘书丞，驰驿至黎阳。时李勣尚为密守，徵与书曰："始魏公起叛徒，振臂大呼，众数十万，威之所被半天下，然而一败不振，卒归唐者，固知天命有所归也。今君处必争之地，不早自图，则大势去矣！"勣得书，遂定计归，而大发粟馈淮安王之军。会窦建德陷黎阳，获徵，伪拜起居舍人。建德败，与裴矩走入关，隐太子引为洗马。徵见秦王功高，阴劝太子早为计。太子败，王责谓曰："尔阋吾兄弟，奈何？"答曰："太子早从徵言，不死今日之祸。"王器其直，无恨意。

即位，拜谏议大夫，封巨鹿县男。当是时，河北州县素事隐、巢者不自安，往往曹伏思乱。徵白太宗曰："不示至公，祸不可解。"帝曰："尔行安喻河北。"道遇太子千牛李志安、齐王护军李思行传送京师，徵与其副谋曰："属有诏，宫府旧人普原之。今复执送志安等，谁不自疑者？吾属虽往，人不信。”即贷而后闻。使还，帝悦，日益亲，或引至卧内，访天下事。徵亦自以不世遇，乃展尽底蕴无所隐，凡二百余奏，无不剀切当帝心者。由是拜尚书右丞，兼谏议大夫。

文德皇后既葬，帝即苑中作层观，以望昭陵，引徵同升，徵孰视曰：“臣眊昏，不能见。”帝指示之，徵曰：“此昭陵邪？”帝曰：“然。”徵曰：“臣以为陛下望献陵，若昭陵，臣固见之。”帝泣，为毁观。寻以定五礼，当封一子县男，徵请封孤兄子叔慈。帝怆然曰：“此可以励俗。”即许之。

赞曰：君臣之际，顾不难哉！以徵之忠，而太宗之睿，身殁未几，猜谮遽行。始，徵之谏，累数十余万言，至君子小人，未尝不反复为帝言之，以佞邪之乱忠也。久犹不免。故曰“皓皓者易污，峣峣者难全”，自古所叹云。唐柳芳称“徵死，知不知莫不恨惜，以为三代遗直”。谅哉！谟之论议挺挺，有祖风烈，《诗》所谓“是以似之”者欤！

《新唐书·魏徵》有删节

上遣使点兵，封德彝奏：“中男虽未十八，其躯干壮大者，亦可并点。”上从之。敕出，魏徵固执以为不可，不肯署敕，至于数四。上怒，召而让之曰：“中男壮大者，乃奸民诈妄以避征役，取之何害，而卿固执至此！”对曰：“夫兵在御之得其道，不在众多。陛下取其壮健，以道御之，足以无敌于天下，何必多取细弱以增虚数乎！且陛下每云：‘吾以诚信御天下，欲使臣民皆无欺诈。’今即位未几，失信者数矣！”上愕然曰：“朕何为失信？”对曰：“陛下初即位，下诏云：‘逋负官物，悉令蠲免。’有司以为负秦府国司者，非官物，征督如故。陛下以秦王升为天子，国司之物，非官物而何！又曰：‘关中免二年租调，关外给复一年。’既而继有敕云：‘已役已输者，以来年为始。’散还之后，方复更征，百姓固已不能无怪。今既征得物，复点为兵，何谓以来年为始乎！又陛下所与共治天下者在于守宰，居常简阅，咸以委之；至于点兵，独疑其诈，岂所谓以诚信为治乎？”上悦曰：“朕以卿固执，疑卿不达政事，今卿论国家大体，诚尽其精要。夫号令不信，则民不知所从，天下何由而治乎！朕过深矣！”乃不点中男，赐徵金瓮一。

长乐公主将出降，上以公主，皇后所生，特爱之，敕有司资送倍于永嘉长公主。魏徵谏曰：“昔汉明帝欲封皇子，曰：‘我子岂得与先帝子比！’皆令半楚、淮阳。今资送公主，倍于长主，得无异于明帝之意乎！”上然其言，入告皇后。后叹曰："妾亟闻陛下称重魏徵，不知其故，今观其引礼义以抑人主之情，乃知真社稷之臣也！妾与陛下结发为夫妇，曲承恩礼，每言必先候颜色，不敢轻犯威严；况以人臣之疏远，乃能抗言如是，陛下不可不从。"因请遣中使赍钱四百缗、绢四百匹以赐徵，且语之曰："闻公正直，乃今见之，故以相赏。公宜常秉此心，勿转移也。"上尝罢朝，怒曰："会须杀此田舍翁。"后问为谁，上曰："魏徵每廷辱我。"后退，具朝服立于廷，上惊问其故。后曰："妾闻主明臣直；今魏徵直，由陛下之明故也，妾敢不贺！"上乃悦。

中牟丞皇甫德参上言："修洛阳宫，劳人；收地租，厚敛；俗好高髻，盖宫中所化。"上怒，谓房玄龄等曰："德参欲国家不役一人，不收斗租，宫人皆无发，乃可其意邪！"欲治其谤讪之罪。魏徵谏曰："贾谊当汉文帝时上书，云'可为痛哭者一，可为流涕者二。'自古上书不激切，不能动人主之心，所谓狂夫之言，圣人择焉，唯陛下裁察！"上曰："朕罪斯人，则谁敢复言！"乃赐绢二十匹。他日，徵奏言："陛下近日不好直言，虽勉强含容，非曩时之豁如。"上乃更加优赐，拜监察御史。

上至显仁宫，官吏以缺储，有被谴者。魏徵谏曰："陛下以储遣官吏，臣恐承风相扇，异日民不聊生，殆非行幸之本意也。昔炀帝讽郡县献食，视其丰俭以为赏罚，故海内叛之。此陛下所亲见，奈何欲效之乎！”上惊曰：“非公不闻此言。”因谓长孙无忌等曰：“朕昔过此，买饭而食，僦舍而宿；今供顿如此，岂得嫌不足乎！”

《资治通鉴·一九二——一九四》有删节

【译解】

魏徵，字玄成。唐朝政治家、思想家、文学家和史学家，辅佐唐太宗共同创建“贞观之治”的大业，以直谏敢言著称，是中国历史上最负盛名的谏臣。他进谏的故事散见于多部史书当中，在此择选几则有代表性的故事介绍给读者。

魏徵少年孤贫，但胸怀大志，好读书，通晓经典书籍和方术。隋末动乱，魏徵历经坎坷，曾经五易其主，最终，以性格刚直、才识超卓、敢于犯颜直谏得到唐太宗李世民的重用。

玄武门之变后，李世民登上帝位，任命魏徵为尚书左丞。李世民有志建立盛世，多次于卧榻召见魏徵询问得失。魏徵直言不讳，前后谏言两百多事，李世民全然接纳。

有一次，唐太宗根据右仆射（掌管奏章文书的官员）封德彝的建议，决定十八岁以上身体强壮还没有服役过的男子都要去当兵，敕令都已拟好。魏徵知道后坚决不在敕令上签字。按照当时的规定，皇帝的敕令，要由谏议大夫签名才能生效。魏徵坚决不签，太宗怒不可遏。

唐太宗问他：“你为什么反对这样做，说说理由！”

魏徵回答：“臣是谏议大夫，当发现陛下有错误的时候，有义务指出。陛下，您的敕令违背了治国安民的方针。我朝开国后即立下‘男子二十岁当兵，六十岁可免’的规定，怎么能随便更改呢？”

唐太宗非常生气，大声斥责道：“你太固执己见！”

魏徵据理力争，语气毋庸置疑：“陛下！抽干河水捕鱼，确实能捕到更多鱼，但第二年就没有鱼可捕了；烧毁森林打猎，确实会打到更多猎物，但第二年就没有野兽可猎了。如果让十八岁以上身体强壮的男子都去服兵役，今后谁来缴纳国家的税赋徭役呢？”

听了这番话，唐太宗幡然醒悟，收回了命令。

贞观六年（632）八月，长乐公主下嫁。因为长乐公主是长孙皇后所生，所以太宗十分喜爱，敕令嫁妆要倍于永嘉长公主。然而魏徵对此表示反对。因为永嘉公主乃是长乐公主的姑姑。此举逾越了礼制。李世民回宫把此事告诉了长孙皇后。长孙皇后得知此事后，十分钦佩魏徵的刚直敢谏，并对他大加赞赏，颇有感触地对太宗说：“尝闻陛下看重魏徵，殊不知其故。今闻其谏，能用礼义之道来抑制君主的私情，可谓正直社稷之臣矣。妾与陛下结发为夫妇，曲蒙礼待，情义深重，每言必候颜色，尚不敢轻犯威严，况在臣下，情疏礼隔，故韩非为之《说难》，东方称其不易，良有以也。”之后，长孙皇后便亲自去魏徵家，赐帛五百匹。

贞观八年（634），中牟丞皇甫德参上书说：“修洛阳宫，劳人；收地租，厚敛。”太宗看后大怒，认为这是毁谤。魏徵马上劝谏说：“从前贾谊在汉文帝时上书，曾说道‘可以为帝王痛哭的事有一件，可以为帝王长叹息的事有六件。’自古上书，都是言辞激切，不然就不能引起皇帝的警醒。激切只为引起您的重视，并不是毁谤。”太宗听后有所悔悟说：“朕若是怪罪责罚此人，那还有谁敢直言劝谏啊！”

贞观十年（636），长孙皇后去世，入葬昭陵。李世民对她日思夜想，为了缓解相思之苦，便在宫中建起了观台，终日向妻子陵墓的方向眺望，还让大臣陪悼。一次李世民让魏徵陪同，并指着昭陵的方向问魏徵是否看得清楚。魏徵假装看不清，李世民顿时急躁地问：“怎么会看不见，那不就是昭陵吗？”魏徵闻言回答说：“臣以为陛下在眺望献陵，原来是昭陵啊！”李世民听后沉吟半晌，他心中明白魏徵是在提醒自己：不要只顾及夫妻之情，而忘了父母之恩。于是便断然下令拆掉了观台。

贞观十一年（637），李世民东巡洛阳，住在显仁宫。州县官吏因供奉不好，大都受到了谴责。魏徵知道后，不失时机地劝谏太宗要体谅民生疾苦，不可铺张浪费。他告诉李世民当初隋炀帝杨广曾在此让附近的百姓上贡，贡品吃不完就扔掉，十分浪费。明君不可靡费，物质享受适可而止。

魏徵劝谏唐太宗，在不同的情况下使用不同的方法。有时动之以情，晓之以理；有时面折廷诤，直言敢谏。太宗常常被问得面红耳赤，哑口无言甚至下不了台。但太宗认识到魏徵是忠心奉国，他的建议都是有利于国家长治久安的。

贞观十七年（643）魏徵去世，李世民非常伤心，下诏厚葬魏徵，并为此废朝五天。魏徵死后，李世民经常对身边的侍臣说：用铜镜可以端正自己的衣冠，以古史作为镜子，可以知晓兴衰更替，以人作为镜子，可以看清得失。我经常用这样的方式防止自己犯错，但现在魏徵去世，我少了一面镜子。

魏徵对朝政失误的批评，对贞观政治纠谬补缺，多所裨益。正是因为有唐太宗这样的明君才能正确认识到魏徵这样的谏臣的可贵。太宗曾把魏徵比作良匠，自己比作金子，金子原在矿石里，它之所以称贵，是由“良冶锻而为器，便为人所宝”。明君与贤臣共同成就了“贞观之治”。

抵巇第四

【提示】

抵，堵塞。巇，裂隙。这里的抵巇是指弥补缺失、堵塞漏洞。本篇指出宇宙万物没有永远的完满，都会出现裂隙。正所谓“物有自然，事有合离”。当裂缝刚刚出现的时候，我们要审时度势，将之大而化小，小而化了，将不利的因素扼杀于摇篮。有希望补救的就采用“抵而塞之”的办法加以弥补；没希望补救的就采取“抵而得之”的办法加以替代。

【原文】4.1

物有自然[①]，事有合离。有近而不可见[②]，有远而可知。近而不可见者，不察其辞也；远而可知者，反往以验来也。

巇者[③]，罅也。罅者，涧[④]也，涧者，成大隙也。巇始有朕，可抵而塞，可抵而却，可抵而息[⑤]，可抵而匿，可抵而得[⑥]，此谓抵巇之理也。

【注释】4.1

①自然：天地万物遵循的规律。

②见：发现、察觉。

③巇（xī）：同“隙”，缝隙，罅（xià）隙。

④涧：夹在两山间的水沟。

⑤息：停止。

⑥得：得到。

【译文】4.1

世间万物都遵循自然的规律，万事都遵循聚合离散的法则。虽然近在咫尺却互不认识，虽然远在天边却能互相了解；离得近却看不见，那是因为没有考察对方言辞；距离远却很熟悉，那是因为能回顾往昔，而察验未来。

巇，也就是罅。罅是指夹在两山间的水沟。这种水沟都是由最初的细小裂缝逐步扩大而成的。在裂隙刚出现时就要察觉，通过“抵”使其堵塞，使其缩小，使其停止扩大，使之消失。通过抵的方法而获得成功，这就是“抵巇”之术的道理。

【原文】4.2

事之危也，圣人知①之，独保其身。因化②说事，通达计谋，以识细微。经③起秋毫之末，挥④之于太山之本。其施外⑤，兆萌芽蘖之谋，皆由抵巇。抵巇之隙，为道术用。

【注释】4.2

①知：察觉。

②因化：顺应变化。

③经：初始。

④挥：挥动。

⑤施外：向他人施教。

【译文】4.2

当事情出现危机的时候，通晓天地大道的圣人会有所察觉，而且能够发挥应有的作用，使其身不受损害。圣人往往能够顺应变化分析事物，灵活运用谋略。在细微的缺损刚刚出现的时候，他就能察觉，并予以预防。危机初起时如秋毫之末那样微小，壮大起来就可以拥有动摇泰山的能量。当圣人以德政治理天下时，都会利用抵巇之术对待细小的危机。抵巇堵塞裂隙，就是一种道术。

【原文】4.3

天下分错，上无明主，公侯无道德[①]，则小人谗贼；贤人不用，圣人窜匿；贪利[②]诈伪者作，君臣相惑，土崩瓦解，而相伐射。父子离散[3]，乖乱反目，是谓“萌芽巇罅”。圣人见萌芽巇罅，则抵之以法。世可以治则抵而塞之；不可治则抵而得之；或抵如此，或抵如彼[4]；或抵反之，或抵覆之。五帝之政，抵而塞之，三王之事，抵而得之。诸侯相抵[5]，不可胜数。当此之时，能抵为右。

【注释】4.3

①道德：遵守天地之间规律的意识。

②贪利：贪图利益。

③父子离散：失去父子之间的伦常。

④抵如彼：指上文中的“抵而得之”。

⑤相抵：相互抵制、制约。

【译文】4.3

天下大乱，国家没有圣明的君主，公侯不遵循天地之大道，这种情况下善于进谗言干坏事的小人就会出现，贤良的人得不到任用，圣人都隐居起来，重利轻义和奸诈虚伪的人为非作歹，君臣之间不再彼此信任，而是互相出现猜疑，以致国家土崩瓦解；民众互相残杀，父子之间失去伦常，甚至反目为仇，这就是国家大乱的征兆。当圣人看见国家出现裂痕之后，就会采取“抵巇”之术弥补裂隙。圣人认为：当世道可以挽救的时候，可以用抵巇方法弥补裂痕；当无法挽救的时候，则可用抵巇的方法取而代之。或者挽救，或者取代。传说中上古五帝之时，是以抵巇之术挽救天下，上古三王之时，是以抵巇之术取代天下。在乱世，很多诸侯用抵巇之术互相征伐。此时，运用抵巇之术是上策。

【原文】4.4

自天地之合离、终始，必有巇隙[①]，不可不察也[②]。察之以捭阖，能用此道，圣人也，圣人者，天地之使[③]也。世无可抵，则深隐而待时；时有可抵，则为之谋。此道可以上合[④]，可以检下[⑤]。能因[⑥]能循[⑦]，为天地守神[⑧]。

【注释】4.4

①巇隙：裂痕。

②本句意谓：与天地有离合一样，万事万物早早晚晚都会出现裂隙，不能不明察。

③天地之使：天地的使者。

④上合：辅佐当权者治理国家。

⑤检下：教化、治理百姓。

⑥因：依据。

⑦循：遵循。

⑧天地守神：顺应天地间大道的人。

【译文】4.4

与天地有离合一样，万事万物早早晚晚都会出现裂隙，不能不明察。要用“捭阖之术”来考察它，只有圣人才能将此道运用自如。圣人，是天地派到人间的使者，假如世间没有裂痕需要弥补，那么就隐居起来以等待时机；当裂隙出现需要弥补时，那么就为此出谋划策。这样，对上辅佐当权者治理国家。对下教化、治理百姓。因循抵巇之法，就是天地的守护神。

【评析】

“抵巇”指的是在裂痕刚刚出现时就予以堵塞，有挽救的可能就通过抵巇使其破镜重圆，这是弥补的方法。没有挽救可能就通过抵巇取而代之，这是征服的方法。在危机初现端倪时，及时予以补救，这就是“防患于未然”的道理。实际就是治国的谋略。五帝时代可以用弥补的方法，三王时代只能用征服的办法。因循抵巇之法，就是天地大道的守护神。

【延伸阅读】

武王伐纣

【原文】

帝辛立，天下谓之纣。帝纣资辨捷疾，闻见甚敏；材力过人，手格猛兽。智足以拒谏，饰是非之端；矜人臣以声，以为皆出己之下。好酒淫乐，嬖于妇人。爱妲己〔有苏氏美女也〕，妲己之言是从。于是使师涓作新淫声，北里之舞，靡靡之乐。厚赋税，以实鹿台之钱〔鹿台，在朝歌城中也〕，而盈巨桥之粟〔巨桥，鹿水之大桥也，有漕粟〕。益收狗马奇物，充仞宫室。益广沙丘苑台〔沙丘，在巨鹿东北〕，多取野兽飞鸟置其中。慢于鬼神。以酒为池，悬肉为林，使男女裸，相逐其间，为长夜之饮。百姓怨望，而诸侯有叛者，于是纣乃重辟刑，有炮烙之法〔膏铜柱，加之炭上，令有罪者行焉，辄堕炭中，妲己笑，名曰炮烙之刑也〕。以西伯昌、九侯〔邺县有九侯城〕、鄂侯为三公。九侯有好女，入之纣。九侯女不憙淫，纣怒，杀之，而醢九侯。鄂侯争之强，并脯鄂侯。西伯昌闻之窃叹，纣囚西伯羑里〔河内汤阴有羑里城〕。西伯之臣闳夭之徒，求美女、奇物、善马以献纣，纣乃赦西伯。用费中为政。费中善谀、好利，殷人弗亲。又用恶来，善毁谗，诸侯以此益疏，多叛纣。微子数谏不听，乃遂去。比干强谏，纣怒，剖比干，观其心。箕子惧，乃佯（佯原作详）狂为奴，纣又囚之。周武王于是遂率诸侯伐纣，纣走，衣其宝玉衣，赴火而死。武王遂斩纣头，悬之白旗，杀妲己，殷民大悦。

《群书治要·史记》

【译解】

商朝的最后一位君主纣天资聪颖，能言善辩，行动敏捷，力大过人，能空手与猛兽格斗。他自以为聪敏，不肯接受臣下的劝告，他巧舌如簧，常常为自己的错误辩解。他向群臣夸耀才能，向天下百姓抬高自己的声威，认为别人都不如自己。他嗜好饮酒，沉迷于靡靡之音，荒淫好色。他特别宠爱妲己，只听她的话。他命令乐师涓创作新奇淫荡的音乐，他所好的无非是粗俗的舞蹈、颓废的音乐。他加重百姓赋税，用以充实鹿台储存的钱币和巨桥储存的粮食。他多方搜集狗马和奇特的玩物，放在宫室。他扩建沙丘的园林楼榭，捕捉很多野兽飞鸟，放养其中。他对鬼神不恭敬。他用酒灌满池子，将肉悬挂成林，命令男女赤裸着在其中追逐嬉戏，通宵狂欢。他的行为招来百官的埋怨责备，有的诸侯甚至背叛了他。为了惩罚那些责备他的人，纣王加重了刑罚，设置了一种名叫炮烙的酷刑。他命西伯昌、九侯、鄂侯担任三公。九侯将美丽的女儿献给了纣。其女讨厌淫荡，纣王一气之下将其处死，并将九侯剁成肉酱。鄂侯来劝阻，态度强硬，言语激烈，触怒了纣。纣将其一并杀死，并将尸体做成肉干。西伯侯姬昌听到此事，私下喟叹。纣听说后，将其关押于羑里。西伯侯的臣子闳夭等人，找到一些美丽的女子、奇异的宝贝、善跑的良马，拿去进献给纣。纣王这才息怒，赦免了西伯侯。于是，纣王任用费仲管理国家政事。费仲贪财，且善于奉承，殷人不喜欢他。纣又重用恶来。恶来善于毁谤人，喜欢进谗言，诸侯因此更加疏远了纣。微子屡次劝诫纣，纣都听不进去，微子便离开了他。比干竭力劝谏，触怒了纣王。纣王为了泄愤，便剖开比干的胸膛，取出他的心脏来观看。箕子害怕自己也遭遇不测，于是假装癫狂，扮成奴隶。纣王又将其关押起来。纣荒淫无度到这种程度，天都不能容他。时机成熟，周武王就率领诸侯讨伐纣王。纣王败走，穿上他的玉石宝衣，自焚而死。周武王砍下纣的头，悬挂在太白旗上，并杀了妲己。殷国的民众感念周武王救百姓于水火之中，对周武王夹道欢迎。

商纣的悲剧就在于，当国家危机刚刚出现的时候，商纣王没有马上意识到，并予以挽救，而是放任这种裂隙越来越大，直到无法补救。这时，只能通过征伐的手段取而代之，继而建立完整的新的朝代。周武王审时度势、顺应天时，适时对商纣发起讨伐，建立起全新的朝代周，施行德政。百姓拥护周的统治，安居乐业。可是，到了周的末代，商纣乱国的悲剧重演，世道混乱，诸侯并起，很多诸侯互相征伐时用的也是抵巇之术。

中 卷

卷 首 语

中卷含《飞箝》《忤合》《揣》《摩》《权》《谋》《决》《符言》八篇。该部分在阴阳捭阖的基础上，阐述了各种权谋的使用方法。另有《转丸》《胠乱》二篇已失传。

《飞箝》篇讲的是说服人的技巧。先以顺耳的语言博得对方的好感和信任。当对方透露实情之后，就以此掌控对方。

《忤合》篇指出任何事情都是辩证存在的，正反、顺逆都存在于统一体中。这是天地间大的谋略。将此谋略运用自如关键在于灵活应变。顺应天意，巧妙谋划，将不利转化为有利。

《揣》篇告诉我们揣度实情，进而游说他人，一定要趁对方高兴时激发他的表达欲望。这样就容易探知实情，进而掌握主动。

《摩》篇探讨在揣摩不出对方实情的情况下，该如何应对。此时应进一步试探对方，观察对方的反应。

《权》篇指出游说时应审时度势。先后阐明十三种言辞的作用；五种语言的特点；以及对待九种交谈对象的策略。强调扬长避短、因人而异、灵活多变。

《谋》篇讲的是谋略。谋略可分为谋政、谋兵、谋交、谋人四个方面。也可分为上谋、中谋、下谋三个层次。各种计谋，相辅相成，可以制定出最佳的方案，也就是奇谋。

《决》篇讲述了六个“可决策”。做决策最难的就是对实情作出判断并给出恰当的解决意见。其中，属为了平定天下，拨乱反正，拿出事关成败的决策最难。

《符言》篇是对天下君主的谆谆教导。先后指出君主应该具备安详、从容、正直、平和等修养。

飞箝第五

【提示】

飞，指褒奖。箝，指箝（钳）制。本篇讲用褒奖、赞美的方法，使对方喜欢、信任自己。从而诱导对方透露实情，进而箝（钳）制对方、控制对方。采用飞箝之术要对对方的权谋、能力有个深入的了解，摸清对方的底细，针对性地使用捭阖之术。

【原文】5.1

凡度权量[①]能，所以征远来近。立势而制事[②]，必先察同异之党，别是非之语，见内外之辞，知有无之数[③]，决安危之计，定亲疏之事，然后乃权量之。其有隐括[④]，乃可征，乃可求，乃可用。引钩箝之辞，飞而箝之。钩箝之语，其说辞也，乍同乍异。其不可善者：或先征[⑤]之，而后重累；或先重以累，而后毁之；或以重累为毁，或以毁为重累。其用，或称财货[⑥]、琦玮、珠玉、璧帛、采色以事之，或量能立势以钩之，或伺候[⑦]见涧而箝之，其事用抵巇。

【注释】5.1

①量：测量。

②制事：管理事务。

③有无之数：指是否具有某种能力。

④隐括：为使竹木成器而加以矫正。此处指纠正人的缺点、不足。

⑤征：征召、征用。

⑥财货：财物货币。

⑦伺候：等待。

【译文】5.1

凡是估量他人的权谋能力，都是为了将远近人才征召到麾下，使之前来效力。建立规章制度管理事务，一定要考察他们之间的异同，以便辨别他们言论的是非。看到言辞的表面意思以及隐含的实情，以便了解他们的能力如何。要先对涉及国家安危的大政方针进行决断，并且确定君臣间的亲疏关系，然后再对长短轻重加以权衡估量。做完上面这些事情以后，就可以通过检验的手段征召、提拔、重用可以纠正时弊的人才。运用言辞中的钩箝之术，诱导他人归顺自己，为自己所用。钩箝是游说辞令，所运用的语言有时相同，有时相异。对于那些不为言辞所动，钩箝之术也无法控制的对手，就要先将他们征召到麾下，之后反复考验试探。或者先对他们反复考验试探，然后再中伤他们。或者在反复考验中，中伤对方，或者用中伤的方法反复考验。准备重用某些人时，用财宝等进行试探，或者衡量、考察对方才能，设立职位来吸引他们，或者等待对方暴露弱点以箝（钳）制对方，这时就可以运用抵巇之术了。

【原文】5.2

将欲用之于天下[①]，必度权量能，见[②]天时之盛衰，制地形之广狭[③]，阻险之难易，人民货财之多少，诸侯之交孰亲孰疏[④]、孰爱孰憎，心意之虑怀[⑤]，审其意，知其所好恶，乃就说其所重，以飞箝之辞钩其所好，以箝求之。

用之于人，则量智能、权材力、料气势，为之枢机以迎之、随之，以箝和之，以意宜之。此飞箝之缀[⑥]也。

【注释】5.2

①用之于天下：在全天下推广运用飞箝之术。

②见：鉴别、观察。

③地形之广狭：地形的广阔与狭窄。

④孰亲孰疏：与谁亲近，与谁疏远。

⑤虑怀：想法和愿望。

⑥缀：联结，这里指飞箝术的运用与发挥。

【译文】5.2

要想将“飞箝之术”推广运用于全天下，一定要做到以下几点，衡量一下权谋与能力，辨识一下天道的盛衰，对地理形势的广阔与狭窄有所了解，摸清山川的险峻与平坦，对百姓财富的多少也要有个掌握。了解诸侯之间谁与谁比较亲近，谁与谁比较疏远，谁与谁友好，谁与谁敌对。洞察国君的想法与愿望：明白对方的意愿，了解对方的好恶，然后针对对方所最重视的问题进行游说。用赞美的方法使对方说出喜好所在，然后再掌握住对方。

将飞箝之术运用于人，就要观察测试他的智慧才能，考察他的能力，估量他的气量声势，把握关键以迎合对方，以箝（钳）制之术使双方协调，以意思的交流使双方融洽。这是飞箝术的运用与发挥。

【原文】5.3

用之于人，则空往①而实来，缀而不失②，以究其辞。可箝而从[3]，可箝而横，可引[4]而东，可引而西，可引而南，可引而北，可引而反，可引而覆[5]。虽覆能复[6]，不失其度。

【注释】5.3

①空往：顺耳的空话。

②缀而不失：把握住而不失去。

③从：通“纵”，与“横”相对。

④引：引导。

⑤覆：覆灭、颠覆。

⑥复：恢复。

【译文】5.3

在人与人交往时我们可以这样运用“飞箝”之术。先用好听的语言套出对方的实情，取得对方信任，成为对方朋友之后，就要常常保持联络，以探究对方会说些什么。飞箝之术可以合纵，可以连横，可引向东，也可引向西；可引向南，也可引向北；可引向反，也可引向覆灭。虽然覆灭也可以恢复，那也要小心，不可丧失其节度。

【评析】

“飞箝”讲的是说服人的技巧。先以顺耳的语言博得对方的好感和信任。当对方透露实情之后，就以此掌控对方；“钩箝”是一种游说辞令，所运用的语言有时相同，有时相异。目的是使他人归顺自己，为自己所用。对于那些不为言辞所动，钩箝之术也无法控制的对手，就要先将他们征召到麾下，之后反复考验试探。或者先对他们反复考验试探，然后再中伤他们。或者在反复考验中，中伤对方，或者用中伤的方法反复考验。鬼谷子先生认为，游说他人，首先要激发他人表达的欲望，同时又能控制住谈话的局面；并且运用技巧使对方一吐真情，这样在无形中就控制了他。

【延伸阅读】

洪承畴归顺大清

【原文】

洪承畴，号亨九，福建南安人。明万历四十四年进士。累迁陕西布政使参政。崇祯初，流贼大起，明庄烈帝以承畴能军，迁延绥巡抚、陕西三边总督，屡击斩贼渠，加太子太保、兵部尚书，兼督河南、山、陕、川、湖军务。时诸贼渠高迎祥最强，号闯王，李自成属焉，承畴与战，败绩。庄烈帝擢卢象升总理河北、河南、山、陕、川、湖军务，令承畴专督关中，复与自成战临潼，大破之，迎祥就俘。自成号闯王，分道入四川，承畴与屡战辄胜。自成还走潼关，承畴使总兵曹变蛟设伏邀击，自成大败，以十八骑走商洛。关中贼略尽。是岁为崇德三年。

太宗伐明，师薄明都，庄烈帝征承畴入卫。明年春，移承畴总督蓟、辽军务，帅秦兵以东，授变蛟东协总兵、王廷臣辽东总兵、白广恩援剿总兵，与山海马科、宁远吴三桂二镇合军；复命宣府杨国柱、大同王朴、密云唐通各以其兵至：凡八总兵，兵十三万，马四万，咸隶承畴。太宗师下大凌河，祖大寿入锦州为明守，松山、杏山、塔山三城相与为犄角。承畴至军，庄烈帝遣职方郎中张若麒趣战，乃进次松山，国柱战死，以山西总兵李辅明代。

六年八月，太宗自将御之。上度松山、杏山间，自乌忻河南山至海，当大道立营。承畴及辽东巡抚邱民仰率诸将驻松山城北乳峰山，步兵分屯乳峰山至松山道中为七营，马兵分屯松山东、西、北三方，战败，移步兵近松山城为营，复战又败。上诫诸将曰："今夕明师其遁！"命诸军当分地为汛以守，敌遁，视其众寡，遣兵追击，至塔山而止；分遣诸将截塔山、杏山道及桑噶尔寨堡，又自小凌河西直抵海滨，绝归路。是夜三桂、朴、通、科、广恩、辅明皆率所部循海引退，为我师掩杀，死者不可胜计。承畴、民仰率将吏入松山城守，上移军松山，议合围。变蛟夜弃乳峰山寨，悉引所部马步兵犯镶黄旗汛地者一，犯正黄旗汛地者四，直攻上营，殊死战，变蛟中创，奔还松山。三桂、朴引余兵入杏山。上遣诸将为伏于高桥及桑噶尔寨堡，明兵自杏山出奔宁远，遇伏，殪强半。三桂、朴仅以身免。承畴师十三万，死五万有奇，诸将溃遁，惟变蛟、廷臣以残兵万余从。

城围既合，上以敕谕承畴降。九月，上还盛京，命贝勒多铎等留护诸军。承畴悉众突围，攻镶黄旗摆牙喇阿礼哈超哈，战败，不能出。十月，命肃郡王豪格、公满达海驻松山。十二月，承畴闻关内援师且至，复遣将以兵六千夜出攻正红旗摆牙喇阿礼哈超哈及正黄旗蒙古营，战败，城闭不得入，强半降我师。余众溃走杏山，道遇伏，死。庄烈帝初以杨绳武督师援承畴，绳武卒，以范志完代，皆畏我师强，宿留不进。承畴被围阅六月，食且尽。明年二月，松山城守副将夏成德使其弟景海通款，以子舒为质。我师夜就所守堞树云梯，阿山部卒班布里、何洛会部卒罗洛科先登，遂克其城，获承畴、民仰、变蛟、廷臣及诸将吏，降残卒三千有奇。时为崇德七年二月壬戌。上命杀民仰、变蛟、廷臣，而送承畴盛京。

上欲收承畴为用，命范文程谕降。承畴方科跣谩骂，文程徐与语，泛及今古事，梁间尘偶落，著承畴衣，承畴拂去之。文程遽归，告上曰："承畴必不死，惜其衣，况其身乎？"上自临视，解所御貂裘衣之，曰："先生得无寒乎？"承畴瞠视久，叹曰："真命世之主也！"乃叩头请降。

《清史稿·洪承畴》节录

【译解】

洪承畴是明清之际的重要历史人物，也是一个有重大争议的历史人物。洪承畴前期因为镇压农民起义军而成为明朝的重臣。他降清以后，在促使清朝统一、缓和民族矛盾等方面做出了巨大贡献，成为清初的开国功臣。

若以中国传统的忠君思想为标准，洪承畴先后侍奉二主，确非忠臣。即使为清初的功臣，最终清朝还是将洪承畴列入《贰臣传》。当年弃明降清，对于饱读诗书的洪承畴来说，他当然明白这意味着什么。起初，洪承畴是坚决不肯降清的。他誓死效忠大明。那又是什么让他改变了初衷？这其中有着十分复杂的过程。

洪承畴于明朝万历年间考中进士，到崇祯帝时已官至兵部尚书，并兼任蓟辽总督等要职。1641年春，为挽救辽东危局，崇祯帝派洪承畴率领精锐十三万、马四万在锦州、松山与清兵会战。三月，皇太极发兵采取长期围困锦州的方针，势在必克。洪承畴主张徐徐逼近锦州，步步立营，且战且守，勿轻浪战。但兵部尚书陈新甲促战，同时崇祯皇帝也希望持重的情况下，采取了速战速决的方针。八月，清军得知明援兵已到，便亲率大军从盛京赶来支援，驻扎在松山、杏山之间，截断松、杏间明军的联系，切断明军粮道，断绝洪承畴归路。洪承畴主张决一死战，因众将想法不一，最后决定背山突围。最后十数万人土崩瓦解。洪承畴兵败被俘，被送到清都城盛京（今辽宁沈阳）。

皇太极为了能够顺利入主中原，一心想争取洪承畴归降。然而洪承畴绝食数日，拒不肯降。皇太极派了很多人前去劝降，均被洪承畴骂了回来。皇太极始终不放弃，命最信任的吏部尚书范文程前去劝降。范文程刚到，洪承畴便破口大骂。范文程和颜悦色地与他谈古论今，并不提招降之事，同时悄悄地察言观色。谈话之间，梁上的一块灰尘掉在洪承畴的衣服上。洪承畴“屡拂拭之”。范文程将这一细节看在眼里，不动声色地告辞出来，向太宗回奏道：“承畴不死矣。承畴对敝袍犹爱惜若此，况其身耶？”（洪承畴不会寻死，他对自己的袍子都如此爱惜，何况性命？）皇太极接受了范文程等的建议，对洪承畴倍加礼遇。太宗让洪承畴住在三官庙，山珍海味、金钱珠宝、美女侍从供奉着，洪承畴都不为之所动。

有一天，皇太极亲自到三官庙看望洪承畴。洪承畴面对太宗，立而不跪。皇太极并不以为意，反而对洪承畴嘘寒问暖，见洪承畴衣服单薄，当即脱下自己身上貂裘，披在洪承畴的身上。太宗此举终于令洪承畴动容，他望着皇太极许久，终于浩叹一声，说："真命天子啊！承畴不能不降！"于是洪承畴归降了清朝。洪承畴起初不是不想投降，他是不能降！后来洪承畴被太宗的一系列举动所感动，认为太宗是明主，自己是良臣，良臣遇到了明主，可以降了。

坊间还流传着另一种洪承畴降清的版本。

对洪承畴屡劝不降之后，清太宗决定改变劝降策略。

一天夜里，洪承畴正独居房中，一位美丽的夫人轻轻地走进洪承畴的房间。洪承畴面壁向内，不予理睬。

夫人款款说道：“洪将军威名远扬，天下谁人不仰慕将军视死如归的英雄气节？如果将军为报国捐躯，明朝失去这样一位忠臣良将是多么让人感到痛惜。”

洪承畴答道：“能为国捐躯我死而无憾。”

夫人感叹道：“将军，您对明朝江山真是赤胆忠心，令人敬佩啊！”说罢，夫人亲手奉上人参汤，劝洪承畴进补。洪承畴早被夫人的一番感佩之言所打动，不由自主地端起参汤喝了下去。这位夫人就是庄妃博尔济吉特氏。

隔日，皇太极亲自前往洪承畴寓所，看到洪承畴衣服单薄，便脱下自己的貂皮大衣给洪承畴披上。庄妃以及太宗的关怀使洪承畴非常感动。承畴便向太宗叩头请降。太宗为得到一位贤才而高兴，赐给洪承畴许多珍宝，在宫中设宴庆祝。

洪承畴由誓死不降到甘心归降，这样的改变缘起于劝降者使用的“飞箝”之术。皇太极爱才，却得不到，不得已使用“飞箝”之术。其目的是促使清朝统一、缓和民族矛盾。

忤合第六

【提示】

忤是悖逆，合是相向。本篇指出事物都存在互相对立的一面。为顺应事物的变化必须精通“以反求合”之术。同时交代了利用对立和顺合的规律来择选适合自己的君主，从而成就一番事业。

【原文】6.1

凡趋合倍反①，计有适合。化转环属②，各有形势。反覆相求，因事为制。是以圣人居③天地之间，立身、御世，施教、扬声④明名也；必因事物之会，观天时之宜，因知所多所少，以此先知之，与之转化。

【注释】6.1

①倍反：倍，同“背”。违背、相反。

②环属：环环相扣无缝隙。环，指环状东西；属，连接。

③居：处于。

④扬声：传播声望。

【译文】6.1

世间万物，既有相合的一面，也有相悖的一面，这是天地自然的规律。谋划成就事业必须遵循这一客观规律。事物的变换无时无刻不在进行，环环相扣无有间断，而且情势各个不同。反复探求内在的原因，根据事情的实际情况做出适当的决定。所以圣人生存在天地间，立身处世、治理天下、教化民众、扩大影响，宣扬声名。他们一定会根据事物的变化，观察合适的天时，明白哪里多余，哪里不足，预先洞察，随着事物的变化而调整谋略。

【原文】6.2

世无常贵①，事无常师；圣人常为无不为②，所听无不听。成于事而合于计谋，以之为主。合于彼而离③于此，计谋不两忠，必有反忤；反于是，忤于彼；忤于此，反于彼。其术也，用④之于天下，必量天下而与之，用之于国，必量国而与之；用之于家，必量家而与之；用之于身，必量身材能气势而与之。大小进退，其用一也⑤。必先谋虑计定，而后行之以飞箝之术。

【注释】6.2

①贵：高贵。

②无不为：无所不为。

③离：背离。

④用：使用。

⑤其用一也：它的功用是一致的。

【译文】6.2

世间没有永恒的高贵，事情没有恒定的模式。圣人经常作为而无所不为，常听天下，而无所不听。合适的策略可以促成事情的成功，那么就启用这一策略。有些计谋合乎这方利益，但不合乎那方利益，终究不能两全，势必与一方的利益相违背。与一方相合，就与另一方相悖；与一方相悖，就与另一方相合。这就是“忤合之术”。将忤合之术运用到天下，一定要根据天下实际情况而运用它；将它运用于治国，一定要根据国家的实际情况运用它；将它运用于齐家，一定要根据家族的实际情况运用它；将它运用于修身，一定要根据自身的情况运用它。总而言之，不论将此术运用于大小进退哪个方面，其功用是相同的。因此，一定要先深谋远虑，确定谋略之后，再运用“飞箝之术”。

【原文】6.3

古之善背向者，乃协四海，包[①]诸侯忤合之地而化转之，然后求合。故伊尹五就汤[②]、五就桀，而不能有所明，然后合于汤。吕尚三就文王、三入殷[③]，而不能有所明，然后合于文王。此知天命之箝，故归之不疑也。非至圣达奥，不能御世；非劳心[④]苦思，不能原事；不悉心见情，不能成名；材质[⑤]不惠，不能用兵；忠实无真，不能知人[⑥]。故忤合之道，己必自度材能知睿，量长短远近孰不如，乃可以进，乃可以退，乃可以纵，乃可以横。

【注释】6.3

①包：包容。

②汤：商朝第一个君主汤王。

③殷：指商王朝。

④劳心：费心思。

⑤材质：才能素质。材，才。

⑥知人：了解别人。

【译文】6.3

古代擅长忤合之术的人，可以与四海之内万物关系融洽。包容诸侯，让他们进入忤合的境地，促使其向有利于自己的方面转化，之后与自己联合。所以贤相伊尹五次向商汤称臣。五次投奔夏桀，却没有得到重用。最终决心臣服商汤王。姜太公吕尚三次臣服周文王。他三次臣服殷纣王，可是他未得到殷纣王的重用，之后才决心辅佐周文王。这是因为知道顺应天意，所以伊尹和吕尚才毫不犹疑地归顺了商汤和周文王。如果达不到圣人洞悉玄奥道理的境界，就不能平天下；不肯费心思苦苦思索，就不能洞察事物的本质；不是全神贯注地观察真实情况，就不能成就声望；才能素质不够聪慧，就不能成为将领，指挥作战；愚忠、不能洞察真相，就不能了解别人。所以运用“忤合之道”，必须对自己的聪明才智有个估量，衡量自己的长处短处、见识远近，看哪一项不如他人。如此才能做到可进，可退；可纵，可横。

【评析】

任何事情都是辩证的存在的，正反、顺逆都存在于统一体中。例如人心的向背、世道的治乱都属于“忤合”之术的范畴。这是天地间大的谋略。将此谋略运用自如关键在于灵活应变。世间的事物高贵、低贱都不是永恒不变的，圣人应该“无所不作”，“无所不听”，“因事为制”，善于“向背”，精于“忤合”。顺应天意，巧妙谋划，将不利转化为有利。

【延伸阅读】

勾践卧薪尝胆灭夫差

【原文】

吴既赦越，越王勾践反国，乃苦身焦思，置胆于坐，坐卧即仰胆，饮食亦尝胆也，曰：“女忘会稽之耻邪？”身自耕作，夫人自织，食不加肉，衣不重采，折节下贤人，厚遇宾客，振贫吊死，与百姓同其劳。欲使范蠡治国政，蠡对曰："兵甲之事，种不如蠡；镇抚国家，亲附百姓，蠡不如种。"于是举国政属大夫种，而使范蠡与大夫柘稽行成，为质于吴。二岁而吴归蠡。

勾践自会稽归七年，拊循其士民，欲用以报吴。大夫逢同谏曰："国新流亡，今乃复殷给，缮饰备利，吴必惧，惧则难必至。且鸷鸟之击也，必匿其形。今夫吴兵加齐、晋，怨深于楚、越，名高天下，实害周室，德少而功多，必淫自矜。为越计，莫若结齐，亲楚，附晋，以厚吴。吴之志广，必轻战。是我连其权，三国伐之，越承其弊，可克也。"勾践曰："善。"

居二年，吴王将伐齐。子胥谏曰："未可。臣闻勾践食不重味，与百姓同苦乐。此人不死，必为国患。吴有越，腹心之疾，齐与吴，疥疭也。愿王释齐，先越。"子胥言曰："王不听谏，后三年吴其墟乎！"王始不从，乃使子胥于齐，闻其托子于鲍氏，王乃大怒，使人赐子胥属镂剑以自杀。

居三年，勾践召范蠡曰："吴已杀子胥，导谀者众，可乎？"对曰："未可。"

至明年春，吴王北会诸侯于黄池，吴国精兵从王，惟独老弱与太子留守。勾践复问范蠡，蠡曰“可矣”。乃发习流二千人，教士四万人，君子六千人，诸御千人，伐吴。吴师败。

其后四年，越复伐吴。吴士民罢弊，轻锐尽死于齐、晋。而越大破吴，因而留围之三年，吴师败，越遂复栖吴王于姑苏之山。吴王使公孙雄肉袒膝行而前，请成越王曰：“孤臣夫差敢布腹心，异日尝得罪于会稽，夫差不敢逆命，得与君王成以归。今君王举玉趾而诛孤臣，孤臣惟命是听，意者亦欲如会稽之赦孤臣之罪乎？”勾践不忍，欲许之。范蠡曰：“会稽之事，天以越赐吴，吴不取。今天以吴赐越，越其可逆天乎？……”

（吴王）遂自杀。乃蔽其面，曰：“吾无面以见子胥也！”越王乃葬吴王而诛太宰嚭。

《史记·越王勾践世家》有删节

【译解】

公元前496年，吴王阖闾派兵攻打越国，惨败。

阖闾受了重伤，临死前，嘱咐儿子夫差一定替他报仇。夫差牢记父亲的嘱托，日夜操练军队，准备攻打越国。

两年后，夫差攻打越国，把勾践打得大败。勾践在会稽被重重围困，无路可走，准备自杀。这时谋臣文种劝住了他，说："吴国大臣伯嚭贪财好色，可以派人去贿赂他。"勾践听从了文种的建议，就派他带着珍宝贿赂伯嚭，伯嚭答应带文种去见吴王。

文种见了吴王，献上珍宝，说："越王愿意归降您，请您饶恕他。"伯嚭也在一旁帮腔。伍子胥站出来大声反对道："人常说斩草要除根，这次放了他们，他们会想办法报仇的！"此时的夫差骄傲自大，以为越国已经不足为患，没有听进去伍子胥的劝告，接受了越国的投降。

勾践回国后，发愤图强，准备复仇。他怕自己贪图安逸的生活，消磨了斗志，就在房梁上挂了一只苦胆，每天必尝苦胆，以铭记屈辱。他亲自耕作，夫人亲手织布，与百姓共同劳作。他生活俭朴，吃饭从未有肉菜，不穿华丽的衣服；他谦逊诚恳，对贤人彬彬有礼，招待宾客热情周到；他矜孤恤寡，救济穷人，悼慰死者。勾践的这些举动感动了越国上下官民，经过十年的艰苦奋斗，越国终于兵精粮足，转弱为强。

而吴王夫差盲目力图争霸，丝毫不考虑民生疾苦。他还听信伯嚭的谗言，杀了忠臣伍子胥。最终夫差称霸于诸侯。但是这时的吴国只是貌似强大，实际上内部矛盾重重，积重难返，已经是走下坡路了。

公元前482年，夫差率领精兵北上黄池会盟，仅留老弱与太子留守。于是，越王乘吴国国内空虚，派遣精兵良将攻打吴国。结果，越国击败吴军，杀死吴太子。吴王夫差紧急回国，越国自觉无力灭吴，迫使吴国求和。其后几年间，越国反复攻吴。

公元前473年，勾践又一次亲自带兵攻打吴国。这时的吴国已经是强弩之末，根本抵挡不住越国军队的强势猛攻，屡战屡败。最后，夫差又派人向勾践求和，范蠡坚决主张要灭掉吴国。夫差见求和不成，才后悔没有听伍子胥的忠告，非常羞愧，就自杀了。

越国于会稽山战败之后，越王勾践没有因此消沉，而是卧薪尝胆，暗中充实越国的实力。吴国得胜之后，夫差志得意满，沉迷于美色享乐，不理朝政，亲佞远贤，杀了忠臣伍子胥。在二十几年的时间里，越国由弱变强，吴国由强变弱，最终，越王勾践使用“忤合”之术灭了吴国，称霸诸侯。

揣篇第七

【提示】

揣，即揣测，包括对人情、事理的推测。本篇指出通过对地域、人口、财富、山川地形、人才情况、人心向背等国情的观察和探访，可以推测出一个国家国力的强弱。而揣测诸侯的内情，则要见机行事，抓住有利时机，通过旁敲侧击，刺探对方的心思。通过估量和揣测，就能够了解国君或者诸侯内心的真实想法，从而加以利用，建功立业。

【原文】7.1

古之善用天下者，必量天下之权，而揣诸侯之情。量权不审①，不知强弱轻重之称；揣情不审，不知隐匿变化之动静②。

何谓量权？曰：度于大小，谋于众寡。称货财有无之数，料人民多少、饶乏，有余不足几何[③]？辨地形之险易，孰利孰害？谋虑孰长孰短？揆君臣之亲疏，孰贤孰不肖？与宾客之知慧[④]孰少孰多？观天时之祸福，孰吉孰凶？诸侯之交，孰用孰不用？百姓之心，去就变化，孰安孰危？孰好孰憎？反侧孰辨？能知此者，是谓量权。揣情者，必以其甚喜之时，往而极其欲也，其有欲也；不能隐其情。必以其甚惧之时，往而极其恶也；其有恶也，不能隐其情，情欲必出其变。感动而不知其变者，乃且错[⑤]其人勿与语，而更问所亲，知其所安。夫情变于内者，形见于外。故常必以其见者而知其隐者。此所谓测深揣情。

【注释】7.1

①审：详细、周密。

②动静：指隐藏的情况、变化的形势。

③几何：多少。

④知慧：智慧。知，通“智”。

⑤错：通“措”，措置、安放。

【译文】7.1

古代善于治理天下的人，一定要对天下形势有个估量，进而揣测诸侯的实情。如果不能详细周密地估量天下形势，那么就不能够对诸侯的强弱轻重虚实有个比较和衡量；如果不能详细周密地揣测情况，就不能对隐秘的情况变化有所掌握。

什么叫作“量权”呢？答案是：度量大小，计算多少。衡量有多少财物，估计百姓的人数多少与贫富，以及贫富情况到了什么程度；分辨地形的险峻平坦，哪里是有利的，哪里是危险的，做到心里有数；考虑哪里有优势，哪里不足；度量考察君臣之间的远近亲疏，谁贤明，谁不贤明；考察客卿的智慧，看谁更智慧一些？观察天时运行所显示的祸福征兆，何时吉祥？何时凶灾？考察诸侯之间的关系，谁能任用，谁不可使用？考察老百姓的人心向背，哪里安定，哪里有危机？喜欢什么，憎恶什么？反复考量应该如何准确辨别。以上这些就是量权。所谓揣摩实情：必须在对方特别高兴的时候，去刺激他们的欲望。他们有欲望，就不能隐瞒实情；又必须在敌人特别恐惧的时候，增加他们的恐惧，他们有恐惧就不能隐瞒实情；情欲必将其内心的变化波动表现出来。对那些情感受到了触动却仍旧难以摸清其内心变化的人，就暂且不与他深谈，而应向他所亲密的人了解他如此淡定的原因。内心情绪发生变化，行动上就有所表现。所以一定要通过你所看到的揣测你所不知道的情况。这就是揣测内心的方法。

【原文】7.2

故计国事者，则当审量权；说人主①，则当审揣情。谋虑情欲必出于此。乃可贵，乃可贱，乃可重，乃可轻，乃可利，乃可害，乃可成，乃可败；其数一也。故虽有先王之道②、圣智之谋，非揣情隐匿，无所索之。此谋之大本③也，而说之法也。常有事于人，人莫能先，先事而生，此最难为。故曰：揣情最难守司，言必时其④谋虑。故观蜎飞蠕动，无不有利害，可以生事变。生事者，几之势也。此揣情饰言，成文章而后论之也。

【注释】7.2

①说人主：游说人主。

②先王之道：古代君王的法则。

③本：基本原则。

④时其：选择良机。

【译文】7.2

谋划国事，必须详细审察量权，量权是什么，上文已经详述；在向君王游说时，就应该详细揣测实情。探知他人的所思所想、情绪欲望，必然要用这种策略。懂得运用揣术，就可以达到“贵”“贱”“重”“轻”“利”“害”“成”“败”各种目的，这都是运用揣术的结果。所以虽然有古圣君王的治国之道，圣人智者的谋略，如果不采用揣的方法，也无法探知隐藏的实情。这是使用谋略的基础，也是游说的原则。事情发生而不能预料，这是常理。在事情发生之前就能预见到，那是最难的。

所以说揣测实情最难把握，进言游说必须深谋远虑。所以即便是小虫子蠕动这样的蛛丝马迹中都有利害关系存在，进而引发变化。事情刚刚发生变化的时候都会有细微的态势呈现。此时揣情一定要润色语言，使其出口成章，具有说服力才行。

【评析】

揣度实情，进而游说他人，一定要趁对方高兴时激发他的表达的欲望。这样就容易探知实情，而掌握主动。如果对方情绪已经波动，但仍然能安然自若，不透露实情，就暂且不谈。转而向他的亲近人去了解他能不为所动的原因。对他们心理变化加以利用而达到自己的目的，这就是“揣术”的应用。

【延伸阅读】

晏子巧谏齐景公

【原文】

景公之时，雨雪三日而不霁。公被狐白之裘，坐于堂侧阶。晏子入见，立有间，公曰：“怪哉，雨雪三日而天不寒。”晏子对曰：“天不寒乎？”公笑。晏子曰：“婴闻古之贤君，饱而知人之饥，温而知人之寒，逸而知人之劳，今君不知也。”公曰：“善！寡人闻命矣。”乃命出裘发粟，以与饥寒。孔子闻之曰：“晏子能明其所欲；景公能（旧无能字，补之）行其所善。”

《群书治要·晏子》

景公好弋，使烛邹主鸟而亡之。公怒，召吏欲杀之。晏子曰：“烛邹有罪三，请数之以其罪而杀之。”公曰：“可。”于是召而数之公前，曰：“烛邹！汝为吾君主鸟而亡之，是罪一也；使吾君以鸟之故杀人，是罪二也；使诸侯闻之，以吾君重鸟而轻士，是罪三也。数烛邹罪已毕，请杀之。”公曰：“勿杀，寡人闻命矣。”

《晏子春秋》

【译解】

晏子（？—前500），名婴，字平仲。夷维（今山东高密）人，春秋时期著名政治家、思想家、外交家。

晏婴是齐国上大夫晏弱之子。齐灵公二十六年（前556）晏弱去世，晏婴继任为上大夫。历任灵公、庄公、景公三朝，辅政长达五十余年，以有政治远见、言辞机敏和善于劝谏著称。

晏婴机智聪颖，能言善辩，屡谏齐王，帮助齐王维护了齐国的大国地位。司马迁非常推崇晏婴，将其比为管仲。孔子曾赞曰："救民百姓而不夸，行补三君而不有，晏子果君子也！"

齐景公在位期间，有一年雨夹雪接连下了三天三夜也不见晴。景公身披白色裘衣，坐在殿堂侧边的台阶上。晏子进见景公，站立片刻后，景公说道："真奇怪呀！雨雪纷飞下了三日，可这天气也不见得有多么寒冷。"晏子问道："天气真的不寒冷吗？"景公笑了，不明白晏子的意思。晏子接着说："据我所知，历代的贤明君主都是体恤民情的，自己吃饱时，能想到挨饿的百姓；自己穿暖时，能想到受冻的百姓；自己生活安逸时，能想到劳苦的百姓。而您现在却不懂得这些啊。"景公听了，说道："说得有理，我接受您的‘教诲’。”于是，景公下令从国库中取出皮衣，开仓放粮，救济那些挨饿受冻的百姓。孔子听说这件事后，称赞道：“晏子是能表明自己意愿的臣子；景公是能实施晏子仁政思想的君主。”

还有一次，景公得到一只鸟，特别喜欢，于是他让烛邹帮自己养鸟。不久，鸟病死了。景公大怒，命令侍卫拿刀肢解烛邹。此时，晏子正好陪在景公身边，见侍卫手执钢刀奔烛邹而去，忙制止道：“大王，请问古时候尧、舜肢解活人，先从身体的哪部分开始呢？”景公听罢，似有所触动，神情紧张起来。遂下令：“算了，不要肢解了。将他移交狱吏治罪。”晏子见景公改变了主意，便恳请说：“请允许我将他的罪状一一数说，让其知道自己的罪过，然后再交给狱吏治罪也不迟。”景公说：“好吧。”晏子对烛邹说道：“你的罪状有三条：君主让你养鸟，你却将鸟给养死了，应当判死罪，这是其一；让我们君王为了一只鸟而要杀人，当判死罪，这是其二；因为你养死一只鸟，君主因一鸟而杀了人。这件事如果百姓知道了，百姓一定对我们君主有怨言。如果诸侯知道了，诸侯一定轻视我们齐国，你当判死罪，这是其三。现在可以将他交给狱吏治罪了。”景公听罢，若有所悟，叹息道：“我明白了，放了他吧！”

晏子没有正面指责景公，而是借斥责烛邹来指明景公的过失。表面上句句数说烛邹，实质句句直指景公的过失。在此期间，晏子细心观察景公的情绪变化，句句深入，步步为营，顺着景公的话进行劝谏，列出烛邹的三条罪状的同时指出枉杀无罪之人的荒唐行径将会带来严重后果，从而达到劝谏的目的。由此看出晏子的机智和远见。

摩篇第八

【提示】

摩篇是揣篇的续篇，强调反复观察。本篇探讨在揣摩不出对方实情的情况下，该如何应对。此时应进一步试探对方，观察对方的反应。并列举了十种试探观察的方法。指出这些方法的使用需要把握好规律、技巧和时机。

【原文】8.1

摩者，揣之术也；内符①者，揣之主也。用之有道，其道必隐。微摩之以其所欲，测而探之②，内符必应。其应也，必有为之③。故微而去④之，是谓塞窖⑤、匿端、隐貌、逃情，而人不知，故成其事而无患。摩之在此，符之在彼，从而应之，事无不可。

【注释】8.1

①内符：内心情感的外在表现。

②测而探之：测试探究其中真相。

③必有为之：一定有所表现。

④去：排除。

⑤塞窖：隐藏。

【译文】8.1

“摩”也是揣摩内心的一种方法。内心想法的外在表现是揣摩的主要对象。运用摩术要遵守一定的法则，而且这个法则是隐秘的。暗中试探对方的欲望和想法，探究他内心的意图，其内心的情绪波动必然外显。内外呼应时，必然有一定的行为表现。捕捉到这些表现之后，就悄悄离开，隐藏起来、清除痕迹、藏匿形貌、掩饰实情，不让别人察觉你去揣摩实情这件事。这样就做到了成事而无后顾之忧。你在这里进行试探，对方在那里情绪外露，两相呼应，那就没有什么事是不可以成功的了。

【原文】8.2

古之善摩者，如操钩而临深渊，饵而投之，必得鱼焉，故曰“主事日成而人不知，主兵日胜而人不畏也。”圣人谋之于阴①，故曰“神”，成之于阳②，故曰“明”③。所谓“主事日成”者，积德也，而民安之④，不知其所以利；积善⑤也，而民道之，不知其所以然；而天下比之神明也。“主兵日胜”者，常战于不争不费，而民不知所以服，不知所以畏，而天下比之神明。

【注释】8.2

①阴：隐秘。

②阳：公开。

③明：与前句“神”同义。神明、圣明。

④安之：安然。

⑤积善：积累善行。

【译文】8.2

古代善用揣摩之术的人，就如同拿着钓钩站在深潭边钓鱼一样，把饵投下去，肯定有鱼上钩。所以说："事情日渐成功而别人却不知道，指挥作战越来越接近胜利而对方却不感到恐惧。"圣人暗中深谋远虑，所以被称为"神"，谋划周全，事情成功，人人都看到了他的成功，却忽略了他暗中的谋略。所谓"主事日成"的秘诀在于，君主积累德行，百姓安居乐业，却不知道自己乐在其中；君主积累善行，百姓也遵循善行，而不知为什么要这样做，天下人将这样的君主称为神明。"主兵日胜"的秘诀，常在于不发生冲突，不耗费精力，而百姓不知不觉地就服从，也不恐惧，天下人将这样的主将称为神明。

【原文】8.3

其摩者：有以平，有以正，有以喜，有以怒，有以名，有以行，有以廉，有以信，有以利，有以卑[①]。平者，静也；正者，直也；喜者，悦也；怒者，动也；名者，发[②]也；行者，成也；廉者，洁也；信者，明也；利者，求也；卑者，谄也。故圣人所独用者，众人皆有之，然无成功者，其用之非也。故谋莫难于周密，说莫难于悉听，事莫难于必成；此三者，唯圣人然后能任。

【注释】8.3

①卑：谦卑。

②发：扬名。

【译文】8.3

在进行“揣摩之术”时，用到以下这些方法。

有用平术的，有用正术的，有用喜术的，有用怒术的，有用名术的，有用行术的，有用廉术的，有用信术的，有用利术的，有用卑术的。平术就是让对方平静；正术就是直言相劝；喜术就是让对方喜悦；怒术就是激怒对方；名术就是让对方扬名；行术就是让对方行动起来；廉术就是用廉洁感化对方；信术就是让对方明了真相；利术就是让对方有所收获；卑术就是谄媚对方。这些方法，大众也都听说过，但唯独圣人能够运用自如而获得成功，众人运用却不成功，原因在于运用不当。所以说谋划最难做到的是周密，游说最难做到的是令对方洗耳恭听，做事最难的是成功，这三者圣人能做到。

【原文】8.4

故谋必欲周密，必择其所与通者说[①]也，故曰或结而无隙也。夫事成必合于数，故曰道数与时相偶者也[②]。说者听必合于情，故曰情合者听。故物归类：抱薪趋火，燥者先燃，平地注[③]

水，湿者先濡，此物类相应，于势譬犹是也。此言内符之应外摩也如是，故曰摩之以其类，焉有不相应者？乃摩之以其欲，焉有不听者，故曰独行之道[④]。夫几者[⑤]不晚，成而不拘，久而化成。

【注释】8.4

①说：游说。

②道数与时相偶者：指道德、术数、天时三者相配合。

③注：倒入。

④独行之道：只有圣人体会得到的揣摩的规律。

⑤几者：细微之处。

【译文】8.4

所以说谋划一定要周密，一定要选择意趣相投的人进行游说，所以结交要亲密无间。要想把事情做成功，必然要合乎天地之大道，所以说“道德、谋略、天时三者合一才能成事”。去游说，必须合情合理，对方才能听进去。事物都有所类属，抱着柴燃火，干燥的部分先燃烧，往地上倒水，湿的地方先湿。这就是物以类聚的道理。做事情也符合这个规律。内心反应与外在表现相应也是这样，所以说观察时把握各类事物的相同点，哪里有不相应的？顺其意而游说，哪里有不被采纳的？所以说“只有圣人才能运用揣摩之术”。那些对细节留心的人，不会错失良机；成事而不居功的人，久而久之，他们的德行可以教化天下。

【评析】

摩和揣说的是同样的意思。揣摩一个人的真实动机，就要不断地试探对方，使他的真情实意自然流露。掌握对方真实想法之后，便不动声色地走开，不让对方有所察觉。这样才能成事于无形之中。“揣摩”之术与天地之道相结合，抓住天时，运用于无形之间，便能成就大事。这就是老子所说的无为而治。

【延伸阅读】

杜袭巧谏

【原文】

杜袭，字子绪，颍川人也。为侍中。将军许攸拥部曲，不附太祖而有谩言。太祖大怒，先欲讨之。群臣多谏："可招怀攸，共讨强敌。"太祖横刀于膝，作色不听。袭入欲谏，太祖逆谓之曰："吾计已定，卿勿复言之。"袭曰："若殿下计是耶，臣方助殿下成之。若殿下之计非耶，虽成宜改之。殿下逆臣令勿言，何待下之不阐乎？"太祖曰："许攸慢吾，如何可置乎？"袭曰："殿下谓许攸何如人耶？"太祖曰："凡人也。"袭曰："夫唯贤知贤，唯圣知圣，凡人安能知非凡人邪？方今豺狼当路而狐狸是先，人将谓殿下避强攻弱，进不为勇，退不为仁。臣闻千石之弩不为鼷鼠发机，万钧之钟不以莛撞起音。今区区之许攸，何足以劳神武哉？"太祖曰："善。"遂厚抚攸，攸即归服。

《群书治要·三国志》

【译解】

杜袭，字子绪，生卒年不详，颍川郡定陵县人。魏国建立，杜袭担任侍中。当时关中将领许攸拥有军队，不肯归附曹操，而且对曹操有轻慢的言辞。曹操非常生气，打算去讨伐许攸。大臣中有许多人对曹操进行规劝："殿下应该招抚许攸，共同讨伐强敌。"曹操把刀往膝上一横，阴沉着脸不肯听从。这时，杜袭走进来欲劝阻。曹操见杜袭进来，迎面阻止道："我主意已定，你不必再说了！"杜袭见曹操正在气头上，便委婉说道："假如殿下的主意正确，为臣一定帮您实现；假如殿下的主意错误，即使您拿定了主意也要改正啊。殿下既接见了我，又不许我说话，为何对臣下如此不开明呢？"曹操听罢，气恼稍减，说道："许攸轻慢于我，怎么可以任其放肆？"杜袭顺势说："殿下认为许攸是怎样一个人？"曹操说："凡人而已。"杜袭说："贤人了解贤人，圣人了解圣人。许攸是个凡人，殿下您是英雄，凡人怎么能了解英雄呢？如今豺狼当路，您却要先消灭狐狸，别人会说您避强攻弱，落得个进兵算不上英勇、退兵算不上仁慈的名声。为臣听说有千石力量的强弩不会为一只家鼠扣动机关，有万钧重量的大钟不会因一根竹枝的撞击而发出声音。如今区区一个许攸，哪里用得着神武的殿下劳神呢？”曹操听后，觉得十分有理，怒气全消，说：“不错。”于是以优厚的待遇对许攸加以安抚。许攸见识到曹操的气度，也就归附了太祖。

杜袭在进谏的时候，先用平术使曹操平静下来，冷静思考问题。再用喜术使曹操高兴，容易接受意见。之后用行术使曹操有所为，有所不为。曹操于是采纳意见，审时度势，变讨伐为安抚，终于得到人才的归服。

权篇第九

【提示】

权，意为权衡，篇中的意思是说游说时应审时度势。本篇阐述了游说的原则和方法。第一，在游说中，应依据对方的意图，有选择地使用佞言、谀言、平言、戚言、静言展开游说。第二，要充分发挥眼、口、耳三者的作用，抓住时机进行游说，其间仔细观察对方的变化，言辞谨慎小心。第三，扬长避短。第四，言辞要避免病、怨、忧、怒、喜五种毛病，根据游说对象不同，随机应变。

【原文】9.1

说者，说之也；说之者，资之也。饰言者，假之[①]也；假之者，益损也。应对者，利辞也；利辞者，轻论[②]也。成义者，明之也；明之者，符验也。难言者，却论[③]也；却论者，钓几也。佞言者，谄而于忠；谀言[④]者，博而于智；平言者，决而于勇；戚言[⑤]者，权而于信；静言者，反而于胜。先意承欲者，谄也；繁称文辞者，博也；策选进谋者，权也；纵舍不疑者，决也；先分不足以窒非者，反也。

【注释】9.1

①假：假借。

②轻论：轻巧灵活的言论。

③却论：反对论调。

④谀（yú）言：谄媚，以不真诚的语言奉承人。

⑤戚言：忧愁的言论；戚，忧。

【译文】9.1

游说，就是说服别人；说服人，就是要借助他人力量做事。修饰言辞，是为了借其去说服；借助语言去劝服别人，要依据对方的心理变化有所增减。所谓进退应对，必须有善辩的口才；所谓善辩口才，是指轻巧灵活的言辞。合乎义理的言论，能够阐明事理；阐明事理，要通过事实验证。诘难的言辞，用来反驳；反驳的言论，用来诱导对方吐露隐秘之情。花言巧语，是以谄媚来求取忠名；以不真诚的语言来奉承人，是以广博的浮夸来求取智慧之名；平实的言辞，果决近乎勇；忧愁之言，是运用计策求得信任；平静之言，通过指责他人求取胜利。故意顺着对方的意思去说，就是谄媚；用华美的辞藻来浮夸就是吹嘘，出谋划策就是权变；毫不迟疑加以摒弃就是果决，自己不对，反而责备他人的就是反诘。

【原文】9.2

故口者，机关也，所以关闭情意也。耳目者，心之佐助也，所以窥瞷[①]奸邪。故曰：参调[②]而应，利道而动。故繁言而不乱，翱翔而不迷，变易而不危者，观要得理。故无目者，不可示以五色[③]；无耳者，不可告以五音[④]。故不可以往者，无所开之也；不可以来者，无所受之也。物有不通[⑤]者，故不事也。古人有言曰："口可以食，不可以言。"言者，有讳忌也。"众口铄金[⑥]"，言有曲故也。

【注释】9.2

①瞷（jiàn）：窥探。

②参调：此处指口、眼、耳。

③五色：青黄赤白黑五种颜色，指各种色彩。

④五音：宫商角徵羽五种声音，指各种声音。

⑤不通：不可沟通。

⑥众口铄金：众口一词可以熔化金属。

【译文】9.2

口是发出言语的机关，以打开或闭合影响情意的流露。耳朵和眼睛，是思维的辅助，可以窥探奸诈邪恶。所以说："只要口、眼、耳三者配合，态势就会走向有利的方向。"所以话多而不杂乱，言广而不迷糊，语言千变万化始终不会将自己绕入其中的人，关键在于他抓准了要点，掌握了规律。所以不能对看不见的人展示色彩；不能对听觉不敏锐的人演奏音乐。所以说不对某人游说，是因为找不到他的突破口；无法征召来的，是因为他没有接受的能力。做事有无法理顺的地方，那么就很难做成。古人有句话说："嘴是用来吃东西的，不可以说话。"因为祸从口出，说话容易惹祸。这就是所谓的众口铄金，形容言语容易偏邪不正。

【原文】9.3

人之情，出言则欲听，举事则欲成。是故智者不用其所短，而用愚人之所长；不用其所拙，而用愚人之所工，故不困也。言其有利者，从其所长也；言其有害者，避其所短也。故介虫[①]之捍也，必以坚厚。螫虫[②]之动也，必以毒螫。故禽兽知用其所长，而谈者知用其所用也。

【注释】9.3

①介虫：指有甲壳的虫类。

②螫（shì）虫：用毒针蜇人的虫子。

【译文】9.3

说话就希望对方能听进去，办事就希望能成功，这是人之常情。所以聪明的人，不用自己的短处，而是利用愚蠢人的长处；不暴露自己笨的一面，而是利用愚蠢人巧的一面，因此自己永远不会陷入困窘。说某物是对我们有利的，就要着眼于他的长处；说某物是对我们有害的，就要回避他的短处。所以甲虫充分利用坚硬的甲壳保护自己。螫虫用它的毒刺进行攻击。可见动物也知道发挥它们的长处，而进言的人更要知道用他该用的游说术。

【原文】9.4

故曰：辞言有五，曰病、曰怨、曰忧、曰怒、曰喜。故曰：病者，感衰气而不神[①]也；怨者，肠绝而无主也；忧者，闭塞而不泄也；怒者，妄动[②]而不治也；喜者，宣散而无要也。此五者，精则用之，利[③]则行之。故与智者言，依于博；与博者言，依于辩；与辩者言，依于要；与贵者言，依于势；与富者言，依于高；与贫者言，依于利；与贱[④]者言，依于谦；与勇者言，依于敢；与愚者言，依于锐。此其术也，而人常反之。是故与智者言，将此以明之；与不智者言，将此以教[⑤]之，而甚难为也。故言多类，事多变。故终日言，不失其类，而事不乱。终日变，而不失其主，故智贵不妄。听贵聪，智贵明，辞贵奇。

【注释】9.4

①不神：没有精神。

②妄动：草率行动。

③利：有利。

④贱：地位卑下。

⑤教：教导。

【译文】9.4

所以说，言辞有五种，即病言、怨言、忧言、怒言、喜言。病言，就是指元气衰竭没有精神的言辞；怨言，就是哀怨伤心而没有主见的言辞；忧言，情绪郁结不畅的言辞；怒言，言辞混乱没有规矩的语言；喜言，就是散乱没有重点的语言。以上这五种游说言辞，精通之后才可以使用，确定有利才可以推行。所以跟智者交谈时，要依靠渊博；跟渊博的人交谈时，要依靠善辩；跟能言善辩的人交谈时，要依靠简要；跟高贵的人交谈时，要依靠气势；跟富有的人交谈时，要依靠高雅；跟穷困的人交谈时，要依靠利益；跟地位低下的人交谈时，要依靠谦敬；跟勇敢的人说话时，要依靠果敢；跟愚蠢的人交谈时，要依靠锐气。所有这些都是与人沟通的原则；然而很多人却违背了这些原则。因此跟聪明的人说话就要用这些方法使对方明白，跟愚蠢的人说话就要教会他们这些方法；想要做到这一切真是很难。所以沟通有很多方法，事情千变万化。所以即使整日游说，也不会超出这些原则范围，事情不会混乱。万变不离其宗，所以智慧的可贵之处在于有条不紊。听要听得清楚明白，智慧表现在明辨事理，游说的巧妙在于灵活多变。

【评析】

本篇讲的是游说的原则，先后阐明饰言者、假之者、应对者、利辞者、成义者、明之者、难言者、却论者、佞言者、谀言者、平言者、戚言者、静言者十三种言辞的作用；病言、怨言、忧言、怒言、喜言五种语言的特点；以及对待智者、博者、辩者、贵者、富者、贫者、贱者、勇者、愚者九种交谈对象的策略。强调扬长避短、因人而异、灵活多变。

【延伸阅读】

触龙说赵太后

【原文】

赵太后新用事，秦急攻之。赵氏求救于齐，齐曰："必以长安君为质，兵乃出。"太后不肯，大臣强谏。太后明谓左右："有复言令长安君为质者，老妇必唾其面。"

左师触龙言愿见。太后盛气而揖之。入而徐趋，至而自谢，曰："老臣病足，曾不能疾走，不得见久矣。窃自恕，恐太后玉体之有所郄也，故愿望见。"太后曰："老妇恃辇而行。"曰："日食饮得无衰乎？"曰："恃鬻耳。"曰："老臣今者殊不欲食，乃自强步，日三四里，少益嗜食，和于身。"曰："老妇不能。"太后之色少解。

左师公曰："老臣贱息舒祺，最少，不肖；而臣衰，窃爱怜之。愿令补黑衣之数，以卫王宫。没死以闻。"太后曰："敬诺。年几何矣？"对曰："十五岁矣。虽少，愿及未填沟壑而托之。"太后曰："丈夫亦爱怜其少子乎？"对曰："甚于妇人。”太后曰：“妇人异甚。”对曰：“老臣窃以为媪之爱燕后贤于长安君。”曰：“君过矣！不若长安君之甚。”左师公曰：“父母之爱子，则为之计深远。媪之送燕后也，持其踵，为之泣，念悲其远也，亦哀之矣。已行，非弗思也，祭祀必祝之，祝曰：‘必勿使反。’岂非计久长，有子孙相继为王也哉？”太后曰：“然。”

左师公曰：“今三世以前，至于赵之为赵，赵王之子孙侯者，其继有在者乎？”曰：“无有。”曰：“微独赵，诸侯有在者乎？”曰：“老妇不闻也。”“此其近者祸及身，远者及其子孙。岂人主之子孙则必不善哉？位尊而无功，奉厚而无劳，而挟重器多也。今媪尊长安君之位，而封之以膏腴之地，多予之重器，而不及今令有功于国，一旦山陵崩，长安君何以自托于赵？老臣以媪为长安君计短也，故以为其爱不若燕后。”太后曰：“诺，恣君之所使之。”

于是为长安君约车百乘，质于齐，齐兵乃出。

子义闻之曰：“人主之子也、骨肉之亲也，犹不能恃无功之尊、无劳之奉，以守金玉之重也，而况人臣乎。”

《战国策》

【译解】

赵惠文王死后，其子赵孝成王继位。因新王年幼，由母赵威后（赵太后）摄政。当时，秦国趁赵国政权交替之机，大举攻赵，并已占领赵国三座城池。赵国形势危急，向齐国求援。齐国要求赵威后将小儿子长安君送来为人质，否则不肯出兵。赵威后溺爱长安君，执意不肯。赵国危机日深。触龙在这种严峻的形势下说服了赵威后，让她同意爱子出质齐国，解除了赵国的危机。

当时，赵太后刚刚摄政不久，秦国就加紧对赵国的进攻。赵太后向齐国求救。齐国回复说："一定要用长安君来做人质，才能派出援兵。"赵太后不同意，大臣们极力劝谏也不见效果。太后明白地告诉身边的近臣说："如果再有人劝我送长安君去齐国作人质，我一定朝他脸上吐唾沫！"

左师触龙请求觐见太后。太后气势汹汹地等着他。触龙小步慢移来到太后近前，向太后道歉说："臣的脚有毛病，不能快走，让您久等了。很久没来看您了，私下里我总自己宽恕自己，可是又担心太后的贵体有恙，所以还是想来看望您。”太后说：“我出来进去都靠车了。”触龙问：“您每天的胃口怎么样？”太后说：“吃点稀粥罢了。”触龙说：“我现在也特别没有食欲，自己勉强出去走走，每天走上三四里，慢慢地稍微有点胃口，身上也比较舒服了。”太后说：“我可走不动。”聊了一会儿，此时太后的脸色缓和了许多。

触龙接着说：“我的儿子舒祺，排行最少，没有出息；而我又老了，最是疼爱他，希望能让他替补上黑衣卫士的空缺，来保卫王宫。我冒死向太后提出这个请求。”太后说：“可以。年龄多大了？”触龙说：“十五岁了。虽然还小，希望趁我还没入土就将他托付给您。”太后说：“你们男人也偏爱小儿子吗？”触龙说：“当然了，比妇人还厉害。”太后听后，笑着说：“妇人更厉害。”触龙回答说：“我倒觉得，您疼爱燕后甚于疼爱长安君。”太后说：“您错了！没有疼爱长安君那样厉害。”触龙说：“父母疼爱子女，就得为他们做长远考虑。您为燕后考虑得就很长远。您送燕后出嫁的时候，拉着她哭泣。这是因为她嫁到远方，您惦念而伤心。她出嫁以后，您常常想念她。可您祭祀时，总是不忘为她祝告说：‘千万不要被赶回来啊。’难道这不是为她作长远打算，希望她生儿育女，子孙世世代代地做国君吗？”太后说：“是这样。”

触龙接着说：“从这一辈往上推到三代以前，甚至到赵国初建时，赵国君主的子孙被封侯的，他们的后代还有能继承爵位的吗？”赵太后说：“没有。”触龙说：“不只是赵国，其他诸侯国君的被封侯的子孙的后继人有还在的吗？”赵太后说：“我没听说过。”触龙说：“他们当中祸患来得早的就会降临到自己头上，祸患来得晚的就降临到子孙头上。难道是因为国君的子孙不好吗？不是，真正的原因是他们地位高却无功绩，俸禄丰厚而没有贡献，占有的财富太多了啊！现在您把长安君的地位提得那么高，又封给他肥沃的土地，给他很多珍宝，却不趁现在这个机会让他为国立功。一旦您百年之后，长安君依靠什么在赵国立住根基呢？我觉得您为长安君打算得太短浅了。因此我认为您疼爱他不如疼爱燕后。”太后说：“我明白了，那好吧，任凭您安排吧。”

于是触龙就替长安君准备了一百辆车子，送他到齐国去作人质，齐国才出动军队救赵国。

子义听到这事说：“国君的孩子，可算是国君的亲骨肉了，尚且还不能凭靠无功的尊位、没有劳绩的俸禄来守住金玉宝器，更何况是人臣呢！”

触龙来见赵太后的目的是劝说太后同意送长安君去齐国作人质一事。触龙权衡当时的情势，料定赵太后会生气。因此，他顾左右而言他，不提人质一事。由关心太后身体谈到自己的身体，进一步谈到为小儿谋职，再进一步谈到疼爱子女的关键，最终引出长安君为人质这件事。他抓住了母亲的爱子之心，将爱子之心与国家安危联系在一起，最终达到了说服的目的。

谋篇第十

【提示】

谋即谋划。本篇阐述了谋划以及执行谋略的原则和方法：第一，要顺应天地大道，符合客观规律，主观与客观相结合。第二，要根据对象的性格特点和心理素质采取不同的谋略。第三，要注意计谋的隐秘、周详和出其不意。第四，使用计谋应考虑到与对方的熟悉程度，不要强加于人，而要随顺对方。

【原文】10.1

凡谋有道，必得其所因[①]，以求其情。审得其情，乃立三仪[②]。三仪者曰上、曰中、曰下。参以立焉，以生奇。奇不知其所壅[③]，始于古之所从。故郑人之取玉也，载司南之车，为其不惑也。夫度材、量能、揣情者，亦事之司南也。故同情而相亲者，其俱成者也；同欲而相疏者，其偏害者也；同恶而相亲者，其俱害者也；同恶而相疏者，偏害者也。故相益则亲，相损则疏，其数行也；此所以察同异之分，其类一也。故墙坏于其隙，木毁于其节，斯盖其分也。故变生事，事生谋，谋生计，计生议，议生说，说生进，进生退，退生制，因以制于事。故百事一道，而百度一数也。

【注释】10.1

①因：依据，缘由。

②三仪：天、地、人，代指上中下三个等级。

③壅：壅蔽。

【译文】10.1

大凡谋略规划都遵循一定的规律，一定要弄明白事物的缘由，把握其中的实际情况。掌握实情之后，就可以以“三仪”确立设定计谋的标准。所谓“三仪”，就是天、地、人，代指上、中、下三个等级。三者相辅相成才能产生奇谋。而奇谋是没有什么壅蔽的，这是从古代传下来的客观规律。所以郑国的人开凿玉石，用安装有指南针的车子装载，目的是避免迷路。那么，度量才干、能力，揣测实情这三者，也是处事待人的指南。

所以凡是想法一样而又关系亲密的人，一起谋事必然可以成功；凡是愿望一致而关系疏远的人，一起谋事必然有一方受损。恶习相同又关系亲密，一起谋事必然都受到损害；恶习相同又关系疏远，一起谋事必然有一方受损。所以假如双方有共同的利益就关系亲近，反之感情就疏远，这都是规律使然，也是判断异同，进行归类的方法。所以墙壁都是由裂痕发展为最终崩毁，树木都是由于木节才折断，这都是理所当然的事。所以事物变化会生出事端，有事情发生就生出计谋，有计谋就会有筹划，有筹划就有议论，因议论而产生游说，游说是为了能让事情有所进展，进展不顺利就以退为进，进退之间规章制度由此确立，以此来制约事物。由此可见各种事物遵循一个道理，各种道理遵循一个规律。

【原文】10.2

夫仁人轻货[①]，不可诱以利，可使出费；勇士轻难[②]，不可惧以患，可使据危；智者达于数[③]，明于理，不可欺以不诚，可示以道理，可使立功；是三才也。故愚者易蔽[④]也，不肖者易惧也，贪者易诱也。是因事而裁[⑤]之。故为强者积于弱也，为直者积于曲也，有余者积于不足也：此其道术行也。

【注释】10.2

①货：钱财、物质。

②难：灾难。

③数：规律。

④易蔽：容易被蒙蔽。

⑤裁：裁夺。

【译文】10.2

有仁德之心的君子，轻视钱财物质，因此不能用物质利益来诱惑他们，反而可以让他们捐出财物；勇敢的人不惧怕困难，因此不能用困难来吓唬他们，反而要让他们在危险地带据守；智慧的人通达一切事理，掌握一切规律，因此不能用不诚实来欺骗他们，而是应该晓之以理，使他们建立功业；这就是所谓仁德、勇士、智者的“三才”。所以愚蠢的人容易被蒙蔽，不贤德的人容易害怕，贪婪的人容易受诱惑。这些要根据情况不同而裁夺。所以强大是由弱小积聚而成，直是由无数的曲积累而来，有余是由不足积累而成，这是道的规律的体现。

【原文】10.3

故外亲而内疏[①]者，说内；内亲而外疏[②]者，说外。故因其疑以变之，因其见以然之，因其说以要之，因其势[③]以成之，因其恶以权之，因其患以斥之。摩而恐之，高而动之，微而证之[④]，符而应之，拥而塞之，乱而惑之，是谓计谋。计谋之用，公不如私，私不如结[⑤]，结而无隙者也。正不如奇，奇流而不止者也。故说人主者，必与之言奇；说人臣者，必与之言私。

【注释】10.3

①内疏：内心疏远。

②外疏：表面疏远。

③势：形势。

④微而证之：巧妙地引据证实。

⑤私不如结：私下密谋不如结成同盟。

【译文】10.3

所以表面关系亲密而内心关系疏远的，要从内心着手进行游说；内心关系亲近而表面关系疏远的，要从表面入手进行游说。因而，要根据对方的疑惑来改变说辞，根据对方的见解适时地给予肯定，更根据对方的说辞来确定重点，根据对方的趋势来成人之美，根据对方所讨厌的来权衡解决的方法，根据对方所忧虑的来为之排解。揣摩之后加以威胁，抬高之后加以策动，巧妙地引据证实，壅蔽之后加以堵塞，扰乱之后加以迷惑，这就叫作“计谋”。计谋的运用，公开不如隐秘，私下密谋不如结成同盟，同盟者内部没有矛盾。按照常理出牌不如屡出奇招，奇计一出则不可阻止。所以游说国君的人，必须先谈论奇策；游说大臣时，必须先谈论私交。

【原文】10.4

其身内，其言外者疏；其身外，其言深者危。无以人之所不欲，而强之于人；无以人之所不知，而教之于人。人之有好也，学而顺之；人之有恶①也，避而讳之，故阴道而阳取之也。故去之者纵之，纵之者乘之。貌者不美，又不恶，②故至情托焉。可知者，可用也；不可知者，谋者所不用也。故曰：

“事贵制人，而不贵见[3]制于人。”制人者握权也，见制于人者制命也。故圣人之道阴，愚人之道阳。智者事易，而不智者事难。以此观之，亡不可以为存，而危不可以为安，然而无为而贵智矣。智用于众人之所不能知，用于众人之所不能见。既用见可，择事而为之，所以自为[4]也；见不可，择事而为之，所以为人也。故先王之道阴，言有之曰：“天地之化，在高与深；圣人之制道，在隐与匿。非独忠、信、仁、义[5]也，中正而已矣。”道理达于此义者，则可与语。由能得此，则可与谷远近之义。

【注释】10.4

①恶：厌恶。

②貌者不美，又不恶：喜怒哀乐不表现出来。

③见……于：表示被动，相当于“被”。

④所以自为：这是为自己去做。

⑤忠、信、仁、义：忠心、诚实、仁爱、道义，这是古代基本的道德法则。

【译文】10.4

同一个团体的内部人，说的话却又很见外，就会被疏远；不是同一团体的外部人却对内部的事情很了解，就会有危险。不要将别人所不愿意接受的强加于人；不要将别人所不知道的强去教给别人。别人有所喜好，可以学习迎合他的兴趣；别人有所厌恶，回避而不要言及。所以说暗中谋划，然后公开获得。所以欲擒故纵，想要除掉，必须先放纵；放纵的目的在于寻找可乘之机。那些喜怒哀乐不行于色的人，可以交心，并将大事托付给他。可了解的人，就可以任用；不能了解的人，深谋远虑的人不会任用他。所以说：成大事最重要的是掌控人，而不被人所掌控。控制人的人掌握权力，受制于人的人是被统治者。因此圣人的谋略隐秘，愚人的谋略张扬。有智慧的人容易成功，愚蠢的人不易成功。由此看来，亡国就很难复兴，乱国就很难安定；无为和智慧最为重要。智慧是用在众人所不知道的地方，才干是用在众人所看不见的地方。施展才智，判断可行与否，如果可行，选择事情去做，这是为自己去做；如果不可行，选择事情去做，这是为别人去做。所以先王做事贵在隐秘。古语说：“天地的造化在于高和深，圣人的治道在于隐和匿。并非单纯的讲求仁慈、义理、忠诚、信守，不过是努力维护不偏不倚的正道而已。”认清此种道理的真谛，双方就可以一起谋划了。如此，就可以平天下了。

【评析】

“谋”篇讲的是谋略。谋略可分为谋政、谋兵、谋交、谋人四个方面。也可分为上谋、中谋、下谋三个层次。上谋无形，成事但不为人所知。中谋有形，成事巧妙但留下痕迹。下谋是迫不得已的下策，它也能拯救危难，但劳民伤财。以上三种计谋，相辅相成，可以制定出最佳的方案，也就是奇谋。奇谋既出，所向披靡。

【延伸阅读】

陈平反间

【原文】

其后，楚急攻，绝汉甬道，围汉王于荥阳城。久之，汉王患之，请割荥阳以西以和，项王不听。汉王谓陈平曰：“天下纷纷，何时定乎？”陈平曰：“项王为人，恭敬爱人，士之廉节好礼者多归之。至于行功爵邑，重之，士亦以此不附。今大王慢而少礼，士廉节者不来；然大王能饶人以爵邑，士之顽钝嗜利无耻者亦多归汉。诚各去其两短，袭其两长，天下指麾则定矣。然大王恣侮人，不能得廉节之士。顾楚有可乱者，彼项王骨鲠之臣亚父、钟离眛、龙且、周殷之属，不过数人耳。大王诚能出捐数万斤金，行反间，间其君臣，以疑其心，项王为人意忌信谗，必内相诛。汉因举兵而攻之，破楚必矣。”汉王以为然，乃出黄金四万斤与陈平，恣所为，不问其出入。

陈平既多以金纵反间于楚军，宣言诸将钟离眛等为项王将，功多矣，然而终不得裂地而王，欲与汉为一，以灭项氏而分王其地。项羽果意不信钟离眛等。项王既疑之，使使至汉。

汉王为太牢具，举进。见楚使，即详惊曰：“吾以为亚父使，乃项王使！”复持去，更以恶草具进楚使。楚使归，具以报项王。项王果大疑亚父。亚父欲急攻下荥阳城，项王不信，不肯听。亚父闻项王疑之，乃怒曰：“天下事大定矣，君王自为之！原请骸骨归！”归，未至彭城，疽发背而死。陈平乃夜出女子二千人荥阳城东门，楚因击之，陈平乃与汉王从城西门夜出去。遂入关，收散兵复东。

《史记·陈丞相世家》节录

【译解】

陈丞相陈平，阳武县户牖乡人。年轻时家中贫穷，仪表堂堂，喜欢读书，胸怀大志。

陈胜起兵后在陈县称王，派周市平定了魏国地区，立魏咎为魏王，与秦军在临济交战。陈平辞别他的哥哥陈伯，到魏王咎手下做事。魏王任命他为太仆。陈平向魏王进言，魏王不听，再加上有人说他的坏话，陈平只好逃走。

过了多时，项羽攻到黄河边上，陈平前往投奔项羽。后来害怕被项羽暴怒之下杀掉，便又通过魏无知引荐投靠了汉王刘邦。刘邦和他交谈后，很喜欢他，问：“你在楚军时担任什么官职？”陈平说：“做都尉。”刘邦当天就任命陈平为都尉。刘邦的旧臣都诋毁陈平，认为他不过金玉其外，徒有其表，内里未必有真东西。还说陈平是一个反复无常的作乱奸臣。刘邦怀疑起陈平来，召来魏无知打听情况。魏无知说：“我所说的是才能，陛下所问的是品行。现在如果有人有高尚的品行，但想不出关乎战争胜负的好主意，那么就眼下来说又有什么用呢？楚汉对峙，我推荐善出奇谋的人，只关心他的计谋是否确实能够有利国家罢了。”刘邦召来陈平责问道：“先生起初在魏王那里做事，后又去楚王项羽那里，结果又半道离开。如今又来跟从我，讲信用的人应该是这样三心二意吗？”陈平说：“我在魏王那里做事，魏王不能采用我的建议，所以我离开他到项王那里。项王又不信任我，我这才离开他。听说刘邦能够用人，所以来归附大王。如果我的计谋确有值得采纳的，希望大王采用；假若没有值得采用的，请允许我归还金钱，并辞职回家。”刘邦于是向陈平道歉，丰厚地赏赐了他，并开始重用他。

在秦朝末年，楚汉相争期间，陈平为刘邦出了许多妙计，历史典籍中将他所出的妙计总结为“六出奇计”。

上文记述的便是奇计之一、二——离间项羽、范增之计和乔装诱敌，使刘邦从荥阳安全撤退之计。具体的过程是这样的：

在一次对战中，楚军切断了汉军的甬道，把刘邦围困在荥阳城。刘邦十分忧虑，请求割让荥阳以西的地区来讲和。项王不同意。刘邦对陈平说：“天下如此纷乱，什么时候才能安定呢？”陈平说：“项王为人谦恭有礼，清廉，有节操。礼仪之士多归附他。但到了论功行赏时，项王又很吝啬。士人因此又不愿归附他。如今大王傲慢又缺乏礼仪，具有清廉节操的士人不来归附；但是大王能够舍得给人爵位、食邑，那些好利无耻之徒又多归附您。你们两人谁能取长补短，谁就是最终的赢家。据我了解，楚军方面有薄弱的地方可以攻破。项王那里刚直的臣子像亚父范增、钟离昧、龙且、周殷之辈，不过几个人罢了。项王为人猜忌多疑，听信谗言，大王如果能舍得拿出几万斤黄金，施行反间的计谋，离间楚国的君臣，他们内部定会互相残杀。汉军可趁机发兵攻打他们，击败楚军是一定的。”刘邦认为陈平说得对，于是拿出黄金四万斤给陈平，听凭他使用。

陈平用了很多黄金在楚军中进行离间活动，在众将中扬言钟离昧等人作为项王的将领，功高盖主，但始终不能划地封王，他们打算跟刘邦联合起来，消灭项王，分地为王。项羽果然猜疑起来，不再信任钟离昧等人。项王已经怀疑上钟离昧等人以后，派遣使者到汉军那里打探。刘邦备下丰盛的酒宴，命人端进。见到楚王的使者，刘邦就佯装吃惊地说：“我还以为是亚父的使者，原来竟是楚王的使者！”又让人把酒肴端走，换上粗劣的饭菜端给楚王的使者。楚王使者回去以后，把这些情况禀告给项王。项王果然对亚父范增起了疑心。范增想急速攻下荥阳城，项王不信任他，不肯听从。范增闻知项王在怀疑自己，就生气地说："天下大局已定，君王自己干吧！我请求告老还乡！"在回乡的路上，范增因背上毒疮发作而死。陈平采取声东击西的计策，于夜里让两千名妇女出荥阳城东门引开楚军。陈平与刘邦从荥阳西门出城逃离。刘邦随即进入关中，收集败散的士兵再次东进。

此后，陈平为刘邦贡献了其他四个奇计：封韩信为王，使韩信耿心效命刘邦；联齐灭楚，刘邦于是战胜项羽；计擒韩信，巩固刘家天下；解白登之围，使刘邦脱离匈奴险境。这些妙计为汉王刘邦最终夺取天下起了重要作用。

陈平曾经评价自己说："我经常使用诡秘的计谋，这是道家所禁忌的。我的后代如果被废黜，便不可能再兴旺，因为我暗中积下了很多祸因。"此后陈平的曾孙陈掌靠着是卫家亲戚的关系，希望能够接续陈家原来的封号，但终究未能实现。

太史公司马迁评价说：陈丞相陈平年轻的时候，原本喜欢黄老学说。当他分割祭肉的时候，他的志向本来已经很远大了。他彷徨于楚魏之间，最终归附高帝。他常常想出妙计，消除国家的祸患。到吕后执政时期，虽然诸事多有变故，但陈平仍能自免于祸，安定汉室，保持荣耀的名望终身，被称为贤相，难道不是善始善终吗？假若没有智谋，谁能做到这一步呢？

鬼谷子说，计谋分上中下三个层次。人分贤佞智愚多种类别。对待不同的人使用不同的谋略。陈平屡献奇计，每一计都能达到预期效果，其关键就在于陈平能够依据人事物不同的特点设计。

决篇第十一

【提示】

决即决策、决断的意思。本篇阐述了决策的意义、方法和原则。决策的意义在于解除疑虑、预知未来、趋吉避凶。决策的方法包括公开、隐秘、诚信、掩饰和常规五种。决策的原则是“度以往事，验之来事，参之平素”。之后总结出五种特殊情况，并加以讨论。最后强调决策关系到“正乱治、决成败”，要慎之又慎。

【原文】11.1

凡决物[①]，必托于疑者，善其用福，恶其有患，善至于诱也，终无惑偏[②]。有利焉，去其利则不受也，奇之所托。若有利于善者，隐托于恶，则不受矣，致疏远。故其有使失利，其有使离害者，此事之失③。圣人所以能成其事者有五：有以阳德之者，有以阴贼之者，有以信诚之者，有以蔽匿之者，有以平素之者。阳励于一言，阴励于二言，平素枢机以用四者，微而施之。于是度以往事④，验之来事，参之平素，可则决之。公王大人之事也，危而美名者，可则决之；不用费力而易成者，可则决之；用力犯勤苦，然而不得已而为之者，可则决之；去患者，可则决之；从福⑤者，可则决之。故夫决情定疑万事之机，以正治乱、决成败，难为者。故先王乃用蓍龟者，以自决也。

【注释】11.1

①决物：对事情做出决策。

②偏：不正，偏见。

③失：过失。

④度以往事：以经历的事为标准，进行揣度。

⑤从福：追求幸福。

【译文】11.1

一般情况下，需要做决策都是因为有了疑惑。人们都喜欢利于自己的，而讨厌不利于自己的。做决策就要利用好这一点。同时循循善诱，最终都能达到消除疑虑的目的。事物都有有利的一面，谋划时如果抛开有利的一面，那么这个计谋就不会被采纳。这是使用奇谋的基础。假设一个计策表面是善的，实际上却是恶的，这种计谋是不被接受的，双方也会因此疏远。因此，让人有所损失，甚至遭受祸患的决策都是错误的决策。

圣人之所以能够建功立业，原因有五个：有用光明正大的方式来感化的，有用暗中谋划来设计的，有用诚信来教化的，有用隐秘暗藏手段的，有用常规的方法的。公开感化的方法贵在始终如一；暗中谋划的方法贵在随机应变；同时配合常规的方法，机巧的手段。四种方法巧妙配合使用。于是以经历过的事情来衡量，以便和未发生的事情互相验证，再参考平素的规律，就能做出决定。国君大臣的事情，为其谋划抉择可以提高名声，那么只要可行就做出决断。不用费力就能成功的，只要可行就做出决断。要劳费心力遭受辛苦才能成功的，然而又不得不做出决策，那么只要可行就做出决断。能够消除忧患的决策，只要可行就做出决断。能够追求到幸福的决断，只要可行就做出决断。所以对实情做出判断并给出恰当的解决意见是各种事物的关键。为了平定天下，拨乱反正，拿出事关成败的决策，是很难做到的事。所以先王用蓍草和龟甲占卜来帮助自己做出决断。

【评析】

本篇讲述了六个“可决策”：前事不忘后事之师，就可决策；要人大事，成就美名，就可决策；不费气力，轻易成功，就可决策；费力劳神，迫不得已，就可决策；帮助他人排忧解难，就可决策；帮助他人追求幸福，就可决策。做决策最难的就是对实情作出判断并给出恰当的解决意见。其中，属为了平定天下，拨乱反正，拿出事关成败的决策最难。所以先王用蓍草和龟甲占卜，听从上天的旨意，用来帮助自己作出决断。

【延伸阅读】

解扬不辱使命

【原文】

十五年，楚子伐宋，宋人告急于晋。晋侯欲救之。伯宗曰：“不可〔伯宗，晋大夫〕。古人有言曰：‘虽鞭之长，不及马腹〔言非所击〕。’天方授楚，未可与争。虽晋之强，能违天乎？谚曰：‘高下在心〔度时制宜也〕。’川泽纳污〔受污浊也〕，山薮藏疾〔山之有林薮，毒害者所居〕，瑾瑜匿瑕〔匿，亦藏也。虽美玉之质，亦或居藏瑕秽〕，国君含垢，天之道也〔晋侯耻不救宋，故伯宗为说小恶不损大德之喻也〕，君其待之〔待楚衰也〕。”乃止。使解扬如宋，使无降楚，曰：“晋师悉起，将至。”郑人囚而献楚，楚子厚赂之，使反其言，不许，三乃许之。登诸楼车，使呼宋人而告之〔楼车，车上望橹〕。遂致其君命。楚子将杀之，使与之言曰：“尔既许不谷而反之，何故？非我无信，汝则弃之，速即尔刑。”对曰：“臣闻之，君能制命为义，臣能承命为信。义无二信〔欲为义者，不行两信〕，信无二命〔欲行信者，不受二命〕。君之赂臣，不知命也。受命以出，有死无陨〔陨，废队〕，又可赂乎？臣之许君，以成命也〔成君命〕。死之成命，臣之禄也。寡君有信臣〔己不废命也〕，下臣获考〔考，成也〕，死又何求？”楚子舍之以归。

《群书治要·春秋左氏传》

【译解】

鲁宣公十五年，楚庄王讨伐宋国，宋国派人到晋国告急，请求救援。晋景公打算发兵救宋。伯宗说：“不可。古人说：‘鞭子虽长，打不到马腹。’如今上天正给楚国机会使其强大，我们不可与之抗衡。晋国虽然强大，难道能违背天意吗？俗语说：‘双方较量高低在于审时度势。’山川河泽总会容纳浊水；山林草丛总会隐藏毒物；美玉难免藏有瑕疵。因此，国君蒙受一点屈辱，这也是天下常理，君王应静待时机，楚总有衰弱的时候。”于是晋景公停止发兵，派遣解扬到宋国去，让宋国不要投降楚国，并叫他对宋国君臣说：“晋国的救援军队已经全部出发，就要到了。”可是当解扬路过郑国时，郑人却把他囚禁起来献给楚国。楚庄王以重金贿赂解扬，让他对宋国君臣说相反的话。解扬起初不答应，经过多次劝诱，他才表示同意。楚人令解扬登上楼车，呼叫宋人，告诉他们晋国不来救援。然而，解扬却按晋景公的嘱咐对宋人喊话。楚庄王要杀解扬，派人对他说：“你既然答应了寡人，为什么要食言？不是我不讲信用，而是你背弃了信用，你罪有应得！”解扬回答说：“下臣听说，国君制定正确的命令叫作符合义，臣下接受国君的命令叫作守信。要符合义则不能对双方皆守信，要守信则不能两个命令都接受。君王贿赂下臣，就是不懂得‘命令’的真正意义。我既然接受晋侯的命令而出使，那么宁死都不能背弃君命，又怎么能接受贿赂而背弃君命呢？下臣之所以答应您，那不过是权宜之计，是为了借机完成晋侯的命令。虽然身死，只要能完成使命，便是臣下的福气。寡君有守信的下臣，下臣不辱使命，这样死去，可谓死得其所，还有什么奢求呢？”楚庄王听后，赦免了解扬，放他回国。

文种求和

【原文】

越王谓范蠡曰：“以不听子故至于此，为之奈何？”蠡对曰：“持满者与天，定倾者与人，节事者以地。卑辞厚礼以遗之，不许，而身与之市。”勾践曰：“诺。”乃令大夫种行成于吴，膝行顿首曰：“君王亡臣勾践使陪臣种敢告下执事：勾践请为臣，妻为妾。”吴王将许之。子胥言于吴王曰：“天以越赐吴，勿许也。”种还，以报勾践。勾践欲杀妻子，燔宝器，触战以死。种止勾践曰：“夫吴太宰嚭贪，可诱以利，请间行言之。”于是勾践乃以美女宝器令种间献吴太宰嚭。嚭受，乃见大夫种于吴王。种顿首言曰：“愿大王赦勾践之罪，尽入其宝器。不幸不赦，勾践将尽杀其妻子，燔其宝器，悉五千人触战，必有当也。”嚭因说吴王曰：“越以服为臣，若将赦之，此国之利也。”吴王将许之。子胥进谏曰：“今不灭越，后必悔之。勾践贤君，种、蠡良臣，若反国，将为乱。”吴王弗听，卒赦越，罢兵而归。

《史记·越王勾践世家》节录

【译解】

在吴越槜李之战中，吴王阖闾因伤去世。死之前嘱咐儿子夫差一定要为自己报仇。三年后，越王勾践听说夫差日夜操兵，认为先下手为强，不顾范蠡的反对，决意发兵伐吴。夫差听说后，集中精锐部队攻打越国。越国被打败了，被吴军困于会稽。

越王对范蠡说：“因为没听您的劝谏才落到这个地步，那该怎么办呢？”范蠡回答说：“能够保全功业的人，必定效法天道的盈而不溢；能够阻止倾覆的人，一定崇尚谦卑；能够适可而止的人，定会因地制宜。现在，您对吴王要谦卑有礼才行。咱们先派人给吴王送去丰厚的礼物，如果吴王不答应您的求和，您就亲自前往侍候他，把自身当作人质留在吴国。”勾践说："好吧！"于是派大夫文种去向吴求和。

种跪在地上边向前行边叩头说："大王的亡国臣民勾践让我大胆地告诉您的侍臣：勾践请您允许他做您的仆从，允许他的妻子做您的侍妾。"吴王很高兴，准备答应种的请求。子胥对吴王说："越国被吴国吞并这是天意，不要答应他。"

种回到越国后，将经过告诉了勾践。勾践听后想杀死妻子儿女，焚烧宝器，亲赴疆场与吴国决一死战。种阻止勾践说："大王息怒，吴国的太宰嚭十分贪婪，我们可以用钱财诱惑他，请您允许我暗中去吴收买他。"于是勾践便让种给太宰嚭献上美女珍宝玉器。嚭欣然接受，于是就把大夫种引见给吴王。种叩头说："希望大王能赦免勾践的罪过，我们越国将把传国珍宝全部送给您。如果您不能饶恕他，勾践将把妻子儿女全部杀死，烧毁宝器，率领他的五千名战士与您决一死战，您也将付出相当的代价。"太宰嚭借机劝说吴王："越王已经臣服，何必再为难他？如果赦免了他，将对我国有利。"吴王这次果真答应了种。子胥得知，极力反对，又进谏说："今天不斩草除根，必定后悔莫及。勾践是贤明的君主，大夫文种、范蠡都是贤能的大臣，如果您放勾践返回越国，他必将作乱。”吴王不听子胥的谏言，终于赦免了越王，撤军回国。

以上这两个故事，其中的决策都与“要人大事，成就美名”这一决策法则相应。然而，解扬绝对不是为了自己扬名后世而做出的决断。他完全是出于对晋国的忠诚，对诺言的信守。文种做出让勾践忍辱求和的决策是出于对勾践的信任和对建功立业、成就霸业的渴望。

符言第十二

【提示】

符言，是指所做所言与身份相符。本篇阐明了统治者所应该具备的修养和做人原则：第一，要安详、从容、正直、平和。第二，要虚怀若谷，以天下人为己师，谦卑和顺地处理事务。第三，要做到从善如流，察纳雅言。第四，要做到赏罚分明。第五，要做到博学多闻。第六，要做到遵循天地之大道。第七，要做到行事周全。第八，要做到见微知著，明察秋毫。第九，要名实相符。

【原文】12.1

安、徐、正、静，其被[①]节无不肉。善与而不静[②]，虚心平意[3]，以待倾[4]损。右主位。

目贵明，耳贵聪，心贵智。以天下之目视者，则无不见；以天下之耳听者，则无不闻；以天下之心思虑者，则无不知。辐凑[5]并进，则明不可塞[6]。右主明。

【注释】12.1

①被：合乎，达到。

②静：争。

③虚心平意：谦虚平和。

④倾：倒塌、覆灭。

⑤凑：通“辏”。

⑥塞：堵塞、蒙蔽。

【译文】12.1

安详、从容、正直、平和，待人接物掌握分寸，合乎尺度，恰如其分。待人友善、与世无争、与人无求、谦虚平和，以这样的态度对待一切变化。这就是统治者应该具备的修养。

眼睛贵在明亮，耳朵贵在灵敏，心智贵在敏悟。为人君者，如果用天下人的眼睛来看，就没有什么看不见的；如果用天下人的耳朵来听，就没有什么听不见的；如果用天下人的头脑来思考，就没有什么不知道的。如果天下人心往一处想，就像车轮辐辏一样团结在君主身边，那么君主的眼睛就不会被蒙蔽；可见君主要明察天下，了解百姓的疾苦才行。

【原文】12.2

听之术曰："勿坚而拒之[①]。"许之则防守，拒之则闭塞[②]。高山仰之可极[③]，深渊度之可测。神明[④]之位术，正静其莫之极欤！右主听。

用赏贵信，用刑贵正。刑赏信正，必验[⑤]耳目之所见闻。其所不见闻者，莫不暗化矣。诚畅于天下神明，而况奸者干君？右主赏。

【注释】12.2

①勿坚而拒之：不要坚持己见而拒绝对方。

②闭塞：阻塞不通。

③可极：可看到顶点。

④神明：高明的人。

⑤验：验证，以便明了真相。

【译文】12.2

接受谏言的方法："不要坚持己见而拒绝对方。"察纳雅言，民众就会拥护君主，拒绝纳谏，就会阻碍君主视听。抬头仰望高山可以望到山顶，测量深潭可以测到潭底；然而圣人的智慧是正静稳健、高深莫测的。这就是君主广泛采纳众意的方法。

奖赏的原则贵在信守承诺。惩罚的原则贵在公正无私。奖赏贵在守信，一定要用耳闻目睹的事实来验证。这对于那些没有亲耳听到看到的人，也会产生潜移默化的影响。君主的至诚感通天下，又何惧奸邪之徒冒犯君主呢？

因此君主一定要赏必信，罚必正。以上是赏罚之道。

【原文】12.3

一曰天之，二曰地之，三曰人之[①]。四方、上下、左右、前后，荧惑之处安在？右主问。

心为九窍[②]之治，君为五官之长。为善[③]者君与之赏，为非者君与之罚。君因其政所以求，因而与之，则不劳。圣人用之，故能赏之[④]。因之循理，故能久长。右主因。

人主不可不周。人主不周，则群臣生乱[⑤]。寂乎其无常也，内外不通，安知所开[⑥]？开闭不善，不见原也。右主周。

【注释】12.3

①一曰天之，二曰地之，三曰人之：指应知天时、地利、人和。

②九窍：就是口、两耳、两眼、两鼻孔、二便孔

等，但是通常都除掉二便孔而称为“七窍”。

③为善：做好事。

④赏之：疑为“掌之”。

⑤乱：叛乱。

⑥开：开放而引起的变化。

【译文】12.3

天时、地利、人和指的是什么？四方上下、左右前后、荧惑星宿都在何处？这是对君主的询问。

心是九窍的统治者，君主是五官的首长。从善的臣民，君主就会赏赐他们；为恶的臣民，君主就会惩罚他们。君主根据臣民的请求，斟酌实际情形给予奖赏。因此就不会靡费民脂民膏。圣人使用这个道理，所以能掌握这个道理。遵循天地之大道，因此可以长久。以上是统治所应遵循的道理。

君主不能不通达世间一切事理。如果君主不通达，那么群臣就会发生骚乱。太安静，没有一点反馈的声音，是不正常的。对内对外都没有沟通，又怎能知道天下都发生了哪些事情呢？不适当地开放或封闭言路，就无法洞察事情的本源和真相，可见为人君者必须普遍通晓事理。以上说的是君主通达事理的重要性。

【原文】12.4

一曰长目①，二曰飞耳②，三曰树明③。千里之外，隐微之中，是谓洞。天下奸，莫不暗变更。右主参。

循名而为④，实安而完；名实相生，反相为情。故曰：名当⑤则生于实，实生于理，理生于名实之德⑥，德生于和⑦，和生于当。右主名。

【注释】12.4

①长目：看得长远。

②飞耳：以天下人的耳朵来听。

③树明：借天下人的心来思考，以明察事物。

④循名而为：所作所为符合名分。

⑤当：适合、恰当。

⑥德：道德。

⑦和：和谐、协调。

【译文】12.4

看得长远，犹如“千里眼”。借天下之人的耳朵来听，犹如“顺风耳”。明察秋毫，这就叫作“树明”。在千里之外，也能于隐约渺茫中看清，这就叫作“洞”。天下的奸邪，在黑暗中慢慢变化，可见君主要洞察这些变化一定要有“千里眼”“顺风耳”和“众灵心”。

无论做什么都敦伦尽分，这样就会安全而美好。名实既相互对立，又相互依托。所以说：名分产生于实践，实践产生于道理。道理产生于名实相符的道德之中。而道德产生于和谐之中，和谐产生于恰如其分。可见君主必须敦伦尽分。

【评析】

这一段是对天下君主的谆谆教导。先后指出君主应该具备安详、从容、正直、平和等修养。君主应该明察秋毫。君主应该察纳雅言。君主一定要赏必信，罚必正。君主应该知道天时、地利、人和是什么。君主行事应该遵循天地之大道，方可长久。君主应该通达世间一切事理。君主应该借助民众的眼耳心洞察世间变化。君主必须敦伦尽分。

【延伸阅读】

商汤撒罗网

【原文】

汤始居亳，征诸侯〔为夏方伯，得专征伐〕。葛伯不祀，汤始伐之。汤曰："予有言：人视水视形，视民知治不。"伊尹曰："明哉言！能听，道乃进。君国子民，为善者在王官。勉哉，勉哉！"汤出见野张网四面，祝曰："自天下四方，皆入吾网。”汤曰：“嘻，尽之矣！”乃去其三面，祝曰：“欲左，左；欲右，右；不用命，乃入吾网。”诸侯闻之，曰：“汤德至矣，及禽兽。”当是时，夏桀为虐政淫荒，汤乃伐桀，践天子位。

《群书治要·史记》

【译解】

当初，成汤居住在亳城，征讨各诸侯国。葛伯不祭祀天地祖先，汤讨伐他。汤说：“我曾经说过：‘人们看水便可见到自己的样子，看百姓的情况便可知道国家是否安定。’”伊尹说：“英明啊！能听从此言，道德便能有长足进步。要治理好国家，管理好百姓，就得让有才能的人各就各位。努力吧！努力吧！”汤出外，看见野外有人四面张着罗网，并祈祷说：“从四方来的禽兽，都进入我的罗网。”汤说：“哎呀，一网打尽了啊！”于是让人撤去三面之网，只留一面网，并命他祈祷说：

“想往左的，就往左；想往右的，就往右；不听命令的，才进我的罗网。”诸侯听到这件事，说道：“汤的恩德达到了极致，不但百姓安居乐业，就连禽兽都得到了恩惠呀。”当时，夏桀推行暴政，荒淫无道。于是汤去讨伐夏桀。夏桀败走，汤取代他登上天子的尊位。

威王治世

【原文】

齐威王初即位，九年之间，诸侯并伐，国人不治。于是威王召即墨大夫，语之曰：“自子之居即墨也，毁言日至。然吾使人视即墨，田野开，民人给，官无留事，东方以宁。是子不事吾左右以求誉也。”封之万家。召阿大夫，语之曰：“自子之守阿，誉言日闻，然使使视阿，田野不开，民贫苦。昔日赵攻甄，子弗能救；卫取薛陵，而子弗知。是子以币厚吾左右以求誉也。”是日，烹阿大夫，及左右尝誉者，皆并烹之。遂起兵西击赵、卫，败魏于浊泽。于是齐国震惧，人人不敢饰非，务尽其诚，齐国大治。诸侯闻之，莫敢致兵于齐。

《群书治要·史记》

【译解】

齐威王刚刚即位，九年之间，诸侯不断进攻，百姓不得安宁。于是，威王召来即墨大夫，对他说："自从您治理即墨以来，诽谤您的话每天不绝于耳。然而，我派人到即墨视察，田地都已耕种，百姓生活富足，政府没有积压的公务，东部地区因此安宁。您的政绩这样卓著，可是竟有人来诽谤您，这是因为先生不会讨好我身边的人来求取赞誉的缘故。"

于是齐威王封即墨大夫食邑一万户。随后，威王又召来阿地大夫，并对他说："自从你治理阿地以来，夸奖你的好话不绝于耳。可是，我派人视察阿地，田野荒芜，没有开垦；百姓生活困苦。赵国进攻甄城，你不能援救；卫国攻占了薛陵，你却不知道。像你这样不合格的领主，为什么会有那么多人替你说好话？你一定是用金钱收买了我身边的人，以便求取赞誉。”齐威王当天就烹杀了阿大夫，连同那些曾经在自己耳边吹捧过阿大夫的人也一同烹杀，以儆效尤。随即起兵向西攻击赵、卫，在浊泽打败魏国军队。于是齐国举国为之震惊，人人不敢文过饰非，一心一意，恪尽职守，忠贞不贰。齐国因此大治。诸侯听说以后，不敢再出兵进犯齐国。

以上几个故事讲的都是明君德治，百姓安居乐业，国家长治久安的故事。商汤撤网的故事与本章提出的君主必备德行相应。齐威王治国的故事与本章提出的赏必信，罚必正，赏赐“必验耳目之所见闻。其所不见闻者，莫不暗化矣”相应。

下 卷

卷 首 语

下卷含《本经阴符七术》《持枢》《中经》三篇，说的是如何修养身心，可作为游说之术的基础。

《本经阴符七术》讲述盛神、养志、实意、分威、散势、转圆、损兑七种修养方法，前三部分侧重讨论内在精气神的养成，后四部分写精神外化所起的作用，环环相扣，相辅相成。

《持枢》讲的是遵循事物的规律。比如春季耕种，夏季生成，秋季收割，冬季储藏乃是天时的正常运作规律。不可违背这一自然规律。凡是违反自然规律而倒行逆施的，即使成功一时，也终将必败。

《中经》篇说的是如何以内化外，即通过内在把握外在，以内心的力量处理好外在事物。文中列举了“见形为容，象体为貌”“闻声和音”“解仇斗郄”“缀去”“却语”“摄心”“守义”七种为人处世的技巧，将之作为本经所述法则的变通规律。

本经阴符七术

【提示】

“本”指根本，“经”指规范。本篇讲述了盛神、养志、实意、分威、散势、转圆、损兑七个方面的修养方法，前三部分侧重讨论内在精气神的养成，后四部分写精神外化所起的作用，环环相扣，相辅相成。

【原文】1.1

盛神法五龙①。盛神中有五气②，神为之长③，心为之舍④，德为之人⑤养神之所，归诸道。道者，天地之始，一其纪也⑥，物之所造，天之所生，包容无形化气，先天地而成，莫见其形，莫知其名，谓之“神灵”。故道者，神明之源，一其化端⑦。

是以德养五气，心能得一[8]，乃有其术[9]。

【注释】1.1

①五龙：五行之龙。五行是指金、木、水、火、土五种元素。道教认为五行皆由人面龙身的神仙操控。

②五气：指心、肝、脾、肺、肾五脏之气，对应神、魂、魄、精、志。

③长：统帅。

④舍：住的地方。

⑤德为之人：道德塑造人。

⑥一其纪也：一是道的总纲。《道德经》认为天地之始是道，道生一。道以一为纲。

⑦端：开端。

⑧得一：得道守一。

⑨术：养生的方法。

【译文】1.1

若要精神旺盛，就要仿效五行之龙。精神中有神、魂、魄、精、志五脏之气，其中神是主宰，心是其所在。德是人所以为人的本源。颐养精神，最终回归于道。道是天地初始，一又是道的总纲，万物皆生于一。道是天地的造物者，包容着变化于无形的气，在天地之前就已经形成，不见它的形状，不知它的名字，权且称它为“神灵”。所以说，“道”是神明的本源，“一”是变化的开始。因此，五气依靠德来滋养，心能够使道归于一，这就产生了养生之术。

【原文】1.2

术者，心气之道所由舍者，神乃为之使。九窍、十二舍[①]者，气之门户、心之总摄[②]也。生[③]受于天，谓之真人。真人者，与天为一。而知之者，内修练而知之，谓之圣人。圣人者，以类知之。故人与一生，出于化物。知类在窍，有所疑惑，通于心术，心无其术，必有不通。其通也，五气得养，务在舍神[④]。此谓之化。化有五气者，志也、思也、神也、心也、德也，神其一长也。静和者养气，养气得其知。四者[⑤]不衰，四边威势，无不为，存而舍之，是谓神化归于身，谓之真人。真人者，同天而合道，执一而养产万类，怀天心、施德养，无为以包志虑、思意，而行威势者也。士者，通达之，神盛乃能养志。

【注释】1.2

①十二舍：是指六根和六境。目、耳、鼻、舌、身、意为六根；色、声、香、味、触、事为六境。

②总摄：统领。

③生：本性。

④舍神：神气所归。

⑤四者：志、思、神、德。

【译文】1.2

术是心气的道所归结的地方，神也受心气支配。五气出入于人体的九窍、十二舍这些门户，由心来统领。本性源于天地自然，称为真人。所谓的真人，就是与天地自然合而为一的人。明白这个道理，通过自我修炼领悟天地大道的，称为“圣人”。所谓的圣人，就是通过举一反三的方法明白天地万物规律的人。所以人出生的时候本性是一样的，以后随着环境变化而变化。利用九窍区分外界事物的类别。通过心的领悟解决疑惑。心不依循道，一定会不通。要想使心神通畅，精气就能得到滋养，务必静心凝神。这一过程叫作化育。化育五气，要从意志、思想、精神和品德四个方面入手，其中精神是主帅。安静平和便可养气。五气得以和顺，意志、思想、精神和品德四个方面就不会衰竭。无时无刻不发挥作用。使精气常存于身，叫“真人”。真人与自然天地融为一体，与道合而为一。按万物产于一的自然规律养护万物，怀有效法天地自然之心，施行恩德，滋养万物，顺应自然无为之道，包容意志和思想，发挥自己的威势。作为士人，通达这一道理，就能精力充沛，进而培养意志。

【原文】1.3

养志法灵龟[①]。养志者，心气之思不达也。有所欲，志存而思之。志者，欲之使也。欲多则心散，心散则志衰，志衰则思不达也。故心气一则欲不徨[②]，欲不徨则志意不衰，志意不衰则思理达矣。理达则和通[③]，和通则乱气不烦于胸中。故内以养气，外以知人；养志则心通矣，知人则职分明矣。将欲用之于人，必先知其养气志。知人气盛衰，而养其气志，察其所安，以知其所能。志不养，则心气不固；心气不固，则思虑不达；思虑不达，则志意不实；志意不实，则应对不猛；应对不猛，则失志而心气虚；志失而心气虚，则丧其神矣。神丧则仿佛[④]，仿佛则参会不一[⑤]。养志之始，务在安己：己安则志意实坚，志意实坚则威势不分。神明常固守，乃能分之[⑥]。

【注释】1.3

①灵龟：古人用龟甲占卜吉凶，故称灵龟。

②徨（huáng）：放纵、恣肆、不安定。

③和通：和顺通畅。

④仿佛：恍惚。

⑤参会：指志、心、神三者相交。

⑥分之：予以分配调动。

【译文】1.3

和灵龟学习养志的方法。之所以要培养意志，在于心气不畅达。心中产生欲望，思想总想着去满足这些欲望。意志被欲望所驱使。欲望多了，导致心神散乱；心神散乱，意志就会衰退；意志衰退，思维就会迟钝。心神专一，欲望就不会放纵；欲望不放纵，意志就不会衰退；意志不衰退，思维就会敏捷。思虑敏捷，就会心和气顺；心气和顺，杂乱之气就不会在胸中搅扰造成烦恼。因此，在内应该修养意志，对外应该了解他人。修养意志，就能心和气顺；了解他人，就能做到职责明晰。考查一个人，一定要先了解他修养精气神的功夫，知道他心气的盛衰，再考查他心气安稳的程度，以便了解他的能力。不培养意志，心气就得不到稳固；心气不稳固，思维就不畅达；思维不畅达，意志就不坚定；意志不坚定，反应就不敏捷；反应不敏捷就是意志消沉、心气虚弱的表现；意志消沉、心气虚弱，就会失神落魄；失神落魄，就会精神恍惚；精神恍惚，意志、心气、精神三者就不能协调一致。修养意志，一开始务必使自己安定下来；自己安定，志向、意愿就能坚定饱满。志向、意愿坚定饱满，身体的威势就不会分散。这样，固守住精气神，就可以使意志、心气、精神得到调动。

【原文】1.4

实意法螣蛇[①]。实意者，气之虑[②]也。心欲安静，虑欲深远；心安静则神明荣，虑深远则计谋成。神明荣则志不可乱，计谋成则功不可间。意虑定则心遂安，安则其所行不错，神自得矣，得则凝。识气寄，奸邪得而倚之，诈谋得而惑之，言无由心矣。故信[3]心术，守真一而不化，待人意虑之交会，听之候之也[4]。计谋者，存亡之枢机。虑不会，则听不审[5]矣，候之不得。计谋失矣，则意无所信，虚而无实。故计谋之虑，务在实意，实意必从心术始。无为而求安静，五脏[6]和通六腑[7]，精神魂魄固守不动，乃能内视[8]、反听[9]、定志，思之太虚，待神往来。以观天地开闭，知万物所造化，见阴阳之终始，原人事之政理。不出户而知天下，不窥牖而见天道；不见而命，不行而至，是谓道知。以通神明，应于无方而神宿矣。

【注释】1.4

①法螣（téng）蛇：效法螣蛇。螣蛇，会飞的蛇。

②虑：思虑。

③信：真诚。

④候：静候。这里指伺机观察。

⑤审：清楚，明白。

⑥五脏：指心、肝、肺、脾、肾。

⑦六腑：指胆、胃、小肠、大肠、三焦和膀胱。

⑧内视：用心体察。

⑨反听：用心感觉。

【译文】1.4

向螣蛇学习坚定意志。坚定意志是指充实心气形成思虑。心神要安定，思虑要深远。心神安定，精神就会充沛；思虑深远，谋略就会成功。精力充沛，意念就不会紊乱；谋略成功，事业就会畅通无阻；意志思维安定，就会心安气顺，心神不动，行为就不会紊乱，精力就能够集中。心气寄居而不稳固，奸邪之气就会乘虚而入。奸诈的阴谋也会由此而生，迷惑人心，这种情况下所说的话是没有用心思考虑的。所以，要使心术真诚，关键是坚守纯真本性不变化，等待别人表达出交流的意思再与之沟通，听他们怎么说，观察他们怎么做。计谋是国家存亡的关键。如果彼此不交流想法，就不会详细明白掌握情况。即便暗中观察也得不到机会。计谋失败，那么意志也无法坚守，成为华而不实的东西。因此设计必须做到实意；实意必然来自清净心。抱着无为而治的态度，力求使五脏安定，六腑通畅；精神魂魄固守纯真，能够反躬自省，用心洞察外部消息，让意志安定下来，让神思进入空灵的境地，等待神明的感通。从而观察天地的形成，通晓万物造化的规律，看到阴阳交替，通晓定国安邦的道理。足不出户就可以了知天下大事，目不窥窗就可以通晓天地运行的规律。不用亲见，就可以命名；不用推行就能达到目的，这就是所谓的“道”。通晓道，就能沟通神明，应对世间万变而心神不散。

【原文】1.5

分威法伏熊[①]。分威者，神之覆[②]也。故静意固志，神归其舍，则威覆盛矣。威覆盛，则内实坚；内实坚，则莫当。莫当，则能以分人之威而动其势，如其天。以实取虚，以有取无，若以镒[③]称铢[④]。故动者必随，唱[⑤]者必和。挠其一指，观其余次，动变见形，无能间者。审于唱和，以间见间，动变明而威可分。将欲动变，必先养志，伏意[⑥]以视间。知其固实者，自养也。让己者，养人也。故神存兵亡，乃为之形势。

【注释】1.5

①伏熊：处于伏击状态的熊。

②覆：覆盖。

③镒（yì）：相当于二十四两。

④铢（zhū）：一两等于二十四铢。

⑤唱：同“倡”，倡导。

⑥伏意：将意图隐蔽起来。

【译文】1.5

分散威势要效法偷袭前隐藏不动的熊。分散威势，就是要把自己的精神力量隐藏起来。所以要使自己平心静气，这样可以坚固意志。让精神集中，这样威势就能因隐藏而强劲。威势强盛，意志就更加坚定；意志坚定，就所向披靡；所向披靡，就能使对方的威力分散，动摇对方的气势，压倒之势如上天一样势不可挡。用自己坚固的一面去攻取对方虚弱的一面，用拥有的去对付没有的，就像用镒来称铢一样容易。所以，一行动就必定有人追随，一倡导就有人应和。通过弯曲一个手指的动作，就能洞察其余的动作；只要对方一行动，就能了知他全部的活动情形，令对方没有离间的可能。洞察前后应和的道理，通过离间的方法去发现对方的漏洞。动作变化明确，可以发散对方的威势。行动变化之前，一定要先坚定意志，隐藏真实意图，寻找机会抓住对方漏洞。坚守意志，就是养精蓄锐。以退为进，使他人驯服。所以，养精蓄锐到可以免除武力的程度，这就形成了强劲的威势。

【原文】1.6

散势法鸷鸟[①]。散势者，神之使也。用之，必循间而动。威肃、内盛，推间而行之，则势散。夫散势者，心虚志溢。意衰威失[②]，精神不专，其言外而多变。故观其志意为度数[③]，乃以揣说图事，尽圆方、齐短长。无间则不散势，散势者待间而动，动势分矣。故善思间者，必内精[④]五气，外视虚实，动而不失分散之实，动则随其志意，知其计谋。势者，利害之决，权变之势。势败者，不以神肃察[⑤]也。

【注释】1.6

①散势法鸷（zhì）鸟：发散威势要模仿凶猛的鸷鸟。

②意衰威失：意志衰落，威势丧失。

③度数：标准。

④精：专注。

⑤肃察：慎重地审察。

【译文】1.6

分散对方威势要效法凶猛的鸷鸟。分散对方威势要靠精神力量。使用分散势力的方法，一定要伺机寻找漏洞再采取行动。自己势力强大威严、精神力量强盛，抓住对方的弱点，果断采取行动，就会使对方威势分散。能使对方威势分散的人，虚怀若谷，意志坚定饱满。如果意志衰弱，威势丧失，精神不专注，语词就会浮于表面且闪烁其词、变化不定。此时要观察对方的意志，加以揣摩，随机应变采用相应的说辞，谋划行事。时而圆滑，时而直率，各种手段相互配合使用。没有抓住漏洞，就不要分散威势，分散威势要伺机而动。一旦采取行动就能分散对方的势力威势。所以善于抓住对方漏洞的人，内在五气调和，对外探测虚实，采取行动坚守分散对方威势的目的。行动顺遂对方的意志，洞悉他的计谋。威势决定利害关系，是运用权变的威力。威势衰弱，往往是由于精神不够专注造成的。

【原文】1.7

转圆[1]法猛兽。转圆者，无穷之计。无穷者，必有圣人之心，以原不测之智；以不测之智而通心术。而神道[2]混沌为一，以变论万类，说义无穷。智略计谋，各有形容[3]，或圆或方、或阴或阳、或吉或凶，事类不同。故圣人怀此之用，转圆而求其合。故与造化者为始，动作无不包大道，以观神明之域。天地无极，人事无穷，各以成其类。见其计谋，必知其吉凶、成败之所终也。转圆者，或转而吉，或转而凶。圣人以道先知存亡，乃知转圆而从方。圆者，所以合语[4]；方者，所以错事[5]；转化者，所以观计谋；接物者，所以观进退之意。皆见其会，乃为要结[6]，以接其说也。

【注释】1.7

①转圆：灵活运用谋略。

②神道：神妙的自然法则。

③形容：形态。

④合语：语言投机、融洽。

⑤错事：安排处理事件。错，通“措”。

⑥要结：关键点。

【译文】1.7

灵活使用谋略要效法猛兽。灵活使用计谋，是要构想无穷计谋。能谋划无穷计策的人，必定有圣人的心智，去开启深不可测的智慧，再用智慧去沟通心术。神妙的自然法则混沌一体，以变化的眼光来审视天地万物，阐述各种各样的道理。智谋，形态千变万化，或圆或方，或阴或阳，或吉或凶，因为事物种类不同而各异。圣人懂得这个道理，依据这个规律，依据所遇事情的不同，灵活运用各种谋略。从天地初创之始，天地万物的运转无不遵循宇宙规律，仔细观察，掌握这些规律，顺应这些规律，便可以达到神明的境界。

天地阔达无边无际，人事变化无穷无尽，依据种类不同，遵循各自的规律。观察对方使用什么计谋，就能知道结果是吉是凶，事情是成是败。灵活运用计谋，或者转化为吉祥，或者转化为凶险。圣人通过对天地大道的洞察来预知生死存亡，于是也就知道灵活应变取得成功的道理。圆滑以求相融洽；直率为了方便处理事情；所谓的灵活就是要观察计谋的得失；所谓的接触外物，就是要观察进退之意。将这些融会贯通，抓住重点，就可以掌握这些方法了。

【原文】1.8

损兑法灵蓍[①]；损兑者，机危[②]之决也。事有适然[③]，物有成败，机危之动，不可不察。故圣人以无为待有德，言察辞合于事。兑[④]者，知之也；损者，行之也。损之说之，物有不可者，圣人不为辞也。故智者不以言失人之言，故辞不烦[⑤]而心不虚；志不乱而意不邪。当其难易，而后为之谋，因自然之道以为实。圆者不行，方者不止，是谓大功。兑之损之，皆为之辞。用分威散势之权，以见其兑。威其机危，乃为之决。故善损兑者，譬若决水于千仞之堤，转圆石于万仞之谷。而能行此者，形势不得不然也。

【注释】1.8

①损兑法灵著（shī）：推知损益要效法灵验的著草。著，古代占卜吉凶用的植物。

②机危：危险的预兆。

③适然：偶然。

④兑：有益的情况。

⑤烦：繁多。

【译文】1.8

推知损益要效法灵验的著草。损益，是在危险征兆刚刚出现的关键时刻做出的判断。事情有机缘巧合，做事有成功失败，即便是细微的变化征兆，也不可掉以轻心。圣人以无为之道与有德行的人相处，观察言辞是否合于事理。有益，就进一步了解事务；有害，就消除不利而行动。如果在排除不利，进行沟通之后，事情仍旧无法顺利推进，圣人便不再辩解。所以，智者不因为自己的言论排斥他人的言论，因而言论不烦琐，不心虚；不迷乱，胸中没有邪念。

遇到事情先判断它的难易程度，再依据其程度决定运用什么样的谋略。策划计谋，应以顺应客观规律为根本。轻易不使用圆滑的策略，尽可能不抛弃直率的作风，这就是“大功”。无论是增益，还是减损，都要说得有理有据。用分散自己威势，发散对方势力的方法加以权衡，就能发挥损益的威力。一旦危机出现，就要果断处理。因此，善于把握损益的人，就像决开千丈堤坝放出洪水，向万丈深渊滚动圆石，势必成功。

【评析】

“本”，是根本的意思；“本经”，主要讨论精神修养，侧重于养精蓄锐之道。可作为《鬼谷子》上中卷十四篇（今存十二篇）的基础。

【延伸阅读】

詹何修身

【原文】

楚庄王问詹何曰："治国奈何？"〔詹何，盖隐者也〕詹何对曰："何明于治身，而不明治国也。"楚王曰："寡人得奉宗庙社稷，愿学所以守之。"詹何对曰："臣未尝闻身治而国乱者也，又未尝闻身乱而国治者也。故本在身，不敢对以末。"楚王曰："善。"

《群书治要・鹖冠子》

【译解】

楚庄王问詹何说："怎么治国？"隐士詹何回答说："您既然懂得如何修身，怎么会不懂得治国的道理呢？"楚王说："我得以尊奉宗庙国家，希望学会怎样来绵延国祚。"詹何回答说："君主自身修养很好而其国家却杂乱无章，这样的事我不曾听说过；君主自身修养不好而其国家却安定，这样的事我也不曾听说过。所以，根本在于君主自身的修养。不讲修身，先讲治国，这样的事情我就不敢对您讲了。”楚王说：“你讲得很好。”

持　枢

【提示】

持，把握；枢，门轴。持枢即把握关键。本篇讲定国安邦的关键在于顺应天地自然大道来治理国家。原文已经缺失，只残留一段。

【原文】1.1

持枢，谓春生、夏长、秋收、冬藏，天之正也，不可干而逆之[1]。逆之者，虽成必败。故人君亦有天枢，生养成藏，亦复不可干而逆之，逆之者虽盛必衰。此天道、人君之大纲也。

【注释】1.1

①干而逆之：干，触犯。逆，违背。

【译文】1.1

掌握关键是指春季万物萌发，夏季万物生长，秋季万物收获，冬季万物储藏，这是天地自然的正常运转规律，不可触犯它，违背它。凡是与自然规律相违背的，即使一时获得成功，也必然会以失败告终。所以说，君主统治天下也要掌握治国的关键，不要去打乱百姓的生、养、熟、藏的规律。如果违背这些规律，就算兴盛，也是短暂的，最终也会衰亡。这是自然规律，也是君主治国的根本纲领。

【评析】

《持枢》一节遗失较多，残存此节。讲的是遵循事物的规律。比如春季耕种，夏季生成，秋季收割，冬季储藏乃是天时的正常运作规律。不可违反这一自然规律。定国安邦的关键也在于顺应天地自然大道来治理国家。

【延伸阅读】

文景之治

【原文】

孝文皇帝，高祖中子也。高祖十一年春，已破陈豨军，定代地，立为代王，都中都。太后薄氏子。即位十七年，高后八年七月，高后崩。九月，诸吕吕产等欲为乱，以危刘氏，大臣共诛之，谋召立代王，事在吕后语中。

汉兴，除秦苛政，约法令，施德惠，人人自安，难动摇，三矣。

正月，上曰："农，天下之本，其开籍田，朕亲率耕，以给宗庙粢盛。”

上曰：“古之治天下，朝有进善之旌，诽谤之木，所以通治道而来谏者。今法有诽谤妖言之罪，是使众臣不敢尽情，而上无由闻过失也。将何以来远方之贤良？其除之。民或祝诅上以相约结而后相谩，吏以为大逆，其有他言，而吏又以为诽谤。此细民之愚无知，抵死，朕甚不取。自今以来，有犯此者勿听治。”

五月，匈奴入北地，居河南为寇。帝初幸甘泉。六月，帝曰：“汉与匈奴约为昆弟，毋使害边境，所以输遗匈奴甚厚。今右贤王离其国，将众居河南降地，非常故，往来近塞，捕杀吏卒，驱保塞蛮夷，令不得居其故，陵轹边吏，入盗，甚敖无道，非约也。其发边吏骑八万五千诣高奴。”遣丞相颍阴侯灌婴击匈奴，匈奴去。发中尉材官属卫将军军长安。

上曰：“农，天下之本，务莫大焉。今勤身从事而有租税之赋，是为本末者毋以异，其于劝农之道未备。其除田之租税。”

春，上曰：“朕获执牺牲珪币以事上帝宗庙，十四年于今，历日县长，以不敏不明而久抚临天下，朕甚自愧。其广增诸祀墠场珪币。昔先王远施不求其报，望祀不祈其福，右贤左戚，先民后己，至明之极也。今吾闻祠官祝釐，皆归福朕躬，不为百姓，朕甚愧之。夫以朕不德，而躬享独美其福，百姓不与焉，是重吾不德。其令祠官致敬，毋有所祈。”

后二年，上曰：“朕既不明，不能远德，是以使方外之国或不宁息。夫四荒之外不安其生，封畿之内勤劳不处，二者之咎，皆自于朕之德薄而不能远达也。间者累年匈奴并暴边境，多杀吏民，边臣兵吏又不能谕吾内志，以重吾不德也。夫久结难连兵，中外之国将何以自宁？今朕夙兴夜寐，勤劳天下，忧苦万民，为之怛惕不安，未尝一日忘于心，故遣使者冠盖相望，结轶于道，以谕朕意于单于。今单于反古之道，计社稷之安，便万民之利，亲与朕俱弃细过，偕之大道，结兄弟之义，以全天下元元之民。和亲已定，始于今年。”

天下旱、蝗，帝加惠：令诸侯毋入贡，弛山泽，减诸服御狗马，损郎吏员，发仓庾以振贫民，民得卖爵。

孝文帝从代来，即位二十三年，宫室苑囿狗马服御无所增益，有不便，辄弛以利民。尝欲作露台，召匠计之，直百金。上曰：“百金，中民十家之产，吾奉先帝宫室，常恐羞之，何以台为？”上常衣绨衣，所幸慎夫人，令衣不得曳地，帏帐不得文绣，以示敦朴，为天下先。治霸陵，皆以瓦器，不得以金银铜锡为饰，不治坟，欲为省，毋烦民。南越王尉佗自立为武帝，然上召贵尉佗“兄弟”，以德报之，佗遂去帝称臣。与匈奴和亲，匈奴背约入盗，然令边备守，不发兵深入，恶烦苦百姓。吴王诈病不朝，就赐几杖。群臣如袁盎等称说虽切，常假借用之。群臣如张武等受赂遗金钱，觉，上乃发御府金钱赐之，以愧其心，弗下吏。专务以德化民，是以海内殷富，兴于礼义。

后七年六月己亥，帝崩于未央宫。遗诏曰：“朕闻盖天下万物之萌生，靡不有死。死者天地之理，物之自然者，奚可甚哀。当今之时，世咸嘉生而恶死，厚葬以破业，重服以伤生，吾甚不取。且朕既不德，无以佐百姓。今崩，又使重服久临，以离寒暑之数，哀人之父子，伤长幼之志，损其饮食，绝鬼神之祭祀，以重吾不德也，谓天下何！朕获保宗庙，以眇眇之身托于天下君王之上，二十有余年矣。赖天地之灵，社稷之福，方内安宁，靡有兵革。朕既不敏，常畏过行，以羞先帝之遗德；维年之久长，惧于不终。今乃幸以天年，得复供养于高庙，朕之不明与！嘉之，其奚哀悲之有！其令天下吏民，令到出临三日，皆释服。毋禁取妇、嫁女、祠祀、饮酒、食肉者。自当给丧事服临者，皆无践。绖带无过三寸，毋布车及兵器，毋发民男女哭临宫殿。宫殿中当临者，皆以旦夕各十五举声，礼毕罢。非旦夕临时，禁毋得擅哭。已下，服大红十五日，小红十四日，纤七日，释服。佗不在令中者，皆以此令比率从事。布告天下，使明知朕意。霸陵山川因其故，毋有所改。归夫人以下至少使。”令中尉亚夫为车骑将军，属国悍为将屯将军，郎中令武为复土将军，发近县见卒万六千人，发内史卒万五千人，藏郭穿复土属将军武。

乙巳，群臣皆顿首上尊号曰孝文皇帝。

太子即位于高庙，丁未，袭号曰皇帝。

孝景皇帝元年十月，制诏御史：“盖闻古者祖有功而宗有德，制礼乐各有由。闻歌者，所以发德也；舞者，所以明功也。高庙酎，奏《武德》《文始》《五行》之舞。孝惠庙酎，奏《文始》《五行》之舞。孝文皇帝临天下，通关梁，不异远方。除诽谤，去肉刑，赏赐长老，收恤孤独，以育群生。减嗜欲，不受献，不私其利也。罪人不帑，不诛无罪。除肉刑，出美人，重绝人之世。朕既不敏，不能识。此皆上古之所不及，而孝文皇帝亲行之。德厚侔天地，利泽施四海，靡不获福焉。明象乎日月，而庙乐不称。朕甚惧焉。其为孝文皇帝庙为《昭德》之舞，以明休德。然后祖宗之功德著于竹帛，施于万世，永永无穷，朕甚嘉之。其与丞相、列侯、中二千石、礼官具为礼仪奏。”丞相臣嘉等言：“陛下永思孝道，立《昭德》之舞以明孝文皇帝之盛德，皆臣嘉等愚所不及。臣谨议：世功莫大于高皇帝，德莫盛于孝文皇帝，高皇庙宜为帝者太祖之庙，孝文皇帝庙宜为帝者太宗之庙。天子宜世世献祖宗之庙，郡国诸侯宜各为孝文皇帝立太宗之庙。诸侯王列侯使者侍祠天子，岁献祖宗之庙。请著之竹帛，宣布天下。”制曰：“可。”

太史公曰：孔子言“必世然后仁。善人之治国百年，亦可以胜残去杀”。诚哉是言！汉兴，至孝文四十有余载，德至盛也。廪廪乡改正服封禅矣，谦让未成于今。呜呼，岂不仁哉！

《史记·孝文本纪》节录

【译解】

《史记·孝文本纪》记录了汉孝文帝刘恒即位后，励精图治，兴修水利，衣着朴素，废除肉刑，使汉朝进入强盛安定时期的事迹。文末“太史公曰”是司马迁对汉文帝清明政治、与民休息，开创

“文景之治”的历史评价。原文很长，在此选主要事迹讲解如下。

汉初，因多年战乱导致社会经济凋敝，汉廷推崇黄老之术，无为而治，采取“轻徭薄赋”“与民休息”的政策。

汉文帝二年和十二年分别两次“除田租税之半”，文帝十三年，还全免田赋。同时，对周边敌对国家也不轻易出兵，维持和平，以免耗损国力。这就是轻徭薄赋的政策。

汉文帝生活十分节俭，衣服简便不曳地，长期不添加衣物。也不添加车马，帷帐不施纹绣，更下诏禁止郡国贡献奇珍异物。因此，国家的开支有所节制，贵族官僚不敢奢侈无度，从而减轻了人民的负担。这就是休养生息的政策。

文帝还重视农业，曾多次下令劝课农桑，根据户口比例设置三老、孝悌、力田若干人员，并给予他们赏赐，以鼓励农民生产。奖励努力耕作的农民，劝解百官关心农桑。每年春耕时，他们亲自下地耕作，给百姓做榜样。

文景时期，重视“以德化民”，当时社会安定，百姓的日子逐步富足起来。到景帝后期时，国家的粮仓丰满起来了，府库里积满铜钱，因多年不用，以至于穿钱的绳子烂了，散钱多得无法计算。

随着生产日渐得到恢复并且迅速发展，出现了多年未有的稳定富裕的景象。人民的生活水平得到了很大程度的提升，同时汉朝的物质基础大大增强，是封建社会的第一个盛世。文景之治也为后来汉武帝征伐匈奴奠定了坚实的物质基础。

太史公司马迁评价汉文帝说：“孔子说‘一定要经过三十年，然后仁政才能成功。一个品德好的人治理国家一百年，也可以战胜残暴，废除刑杀’，这话说得真是正确啊！从汉朝建立到孝文帝，大概四十多年，德业兴盛到了极点，渐渐地向修改历法、确定服色、举行封禅这一目标接近了，可是由于谦让，至今没有完成。啊！这难道不是仁德吗！”

中　　经

【提示】

中，指内心；经，指治理。本篇说的是如何以内化外，即通过内在把握外在，以内心的力量处理好外在事物。文中列举了“见形为容，象体为貌”“闻声和音”“解仇斗郄”“缀去”“却语”“摄心”“守义”七种为人处世的技巧，将之作为本经所述法则的变通规律。

【原文】1.1

中经，谓振穷趋急[①]，施之，能言厚德之人。救拘执[②]，穷者不忘恩也。能言者，俦善博惠[③]，施德者，依道；而救拘执者，养使小人。盖士，当世异时，或当因免填坑[④]，或当伐害能言[⑤]，或当破德为雄，或当抑拘成罪，或当戚戚自善[⑥]，或当败败自立[⑦]。故道贵制人，不贵制于人也；制人者握权，制于人者失命。是以见形为容，象体为貌，闻声和音，解仇斗郄[⑧]，缀去[⑨]，却语[⑩]，摄心，守义。本经纪事者纪道数，其变要在《持枢》《中经》。

【注释】1.1

①振穷趋急：帮助走投无路和遇到急难的人。

②拘执：被困的人。

③俦（chóu）善博惠：多行善事，广施恩惠。俦，众。

④因免填（tián）坑：这里指免于祸患。有的版本写作阗。

⑤伐害能言：残害能言善辩之士。

⑥戚戚自善：心情忧愁独善其身。戚戚，忧伤的样子。

⑦败败自立：在一连串失败中自立。

⑧郄：通“隙”，间隙。

⑨缀去：与离去的人联络。缀，联络。去，离开。

⑩却语：驳斥之词。

【译文】1.1

中经，说的是帮助走投无路和遇到急难的人。能够做到这一点的人，必定是善于言辞、品性敦厚的人。救助了陷入困境的人，这些走投无路的人就不会忘记他的恩德，善于言辞的人，多做善事，广施恩惠；有德之人，行为合乎道德标准。救助那些被困的人，将他们收纳为属下。那些士人面对世道变迁，有的在乱世里幸免于难，有的因善辩而遭受迫害，有的背弃道德称雄一方，有的被拘捕治罪，有的心情郁闷，独善其身，有的在一连串失败中傲立不倒。所以处世之道贵在驾驭别人，而不被别人驾驭。驾驭别人就是掌握权力，而被别人驾驭，连命运也不能自己掌握。因此，为了驾驭别人而使用的方法有“见形为容，象体为貌，闻声和音，解仇斗郄，缀去”等。《本经》只记述了规律，而变通的要领在《持枢》《中经》篇中。

【原文】1.2

见形为容，象体为貌者，谓爻[①]为之生也，可以影响、形容、象貌而得之也。有守之人，目不视非、耳不听邪，言必《诗》《书》，行不淫僻[②]，以道为形，以德为容，貌庄色温，不可象貌而得也，如是隐情塞郄而去之。

【注释】1.2

①爻：卦中的横画。说明通过表象来推知实质。

②淫僻：邪恶淫乱。僻，不正。

【译文】1.2

所谓“见形为容，象体为貌”是指犹如卦中爻辞一样，可以通过影子、声音、形象、容貌来推知信息。恪守道德的人，他们不看不合礼数的东西，不听邪恶的声音。言谈必定以《诗经》《尚书》为依据，行为不邪恶淫乱。所言所行所想都尊崇道德标准，样貌也受到影响。面貌庄重，脸色温和。这样的人深不可测，是不能通过相貌了解他们内心想法的。遇到这样的高人，就得隐瞒实情，堵塞漏洞，离他而去。

【原文】1.3

闻声和音，谓声气不同，则恩爱不接。故商、角不二合，徵、羽不相配。[①]能为四声主，其唯宫[②]乎？故音不和则不悲，不是以声散伤丑害者，言必逆于耳也。虽有美行盛誉，不可比目[③]，合翼[④]相须也，此乃气不合、音不调者也。

【注释】1.3

①“商角”二句：古代音律包含宫、商、角、徵、羽五音。五音与五行相应。商属金，角属木，徵属火，羽属水，宫属土；金克木，水克火，所以商角、徵羽的音乐不能调和。

②宫：宫为五音之主，能调和其他四音。

③比目：指比目鱼。

④合翼：指比翼鸟。

【译文】1.3

所谓“闻声和音”说的是音声不和谐，就不能建立友好的关系。就如同在五音中，商音与角音不相调和，徵音与羽音不相配一样。大概只有宫音能调和四声成为四声的主音。所以，音声不和谐就会产生悲伤的旋律。散漫、沙哑、难听、刺耳的声音都属于不和之音。即使有美好的品行，高尚的声誉，也不能像比目鱼或比翼鸟那样和谐互助。这是由于音气不和谐，语言不协调。

【原文】1.4

解仇斗郄，谓解嬴[①]微之仇。斗郄者，斗强也。强郄既斗，称胜者，高其功，盛其势。弱者哀其负，伤其卑，污其名，耻其宗。故胜者，闻其功势，苟进而不知退。弱者闻哀其负，见其伤则强大力倍，死为是也。郄无极大，御无强大，则皆可胁而并[②]。

【注释】1.4

①嬴：弱小。

②胁而并：威胁并吞并。

【译文】1.4

所谓"解仇斗郄"说的是调解两个弱小者之间的矛盾。斗郄，就是挑拨强大者，使其互斗。强者之间因矛盾而争斗，势必一胜一败。胜利的一方，歌功颂德，耀武扬威。失败的一方，哀叹失败，自惭形秽，玷污了声名，让祖先受辱。所以，得胜者听到有人歌功颂德，就会冒进而不知退却。失败者面对自己的损失，看到他人的怜悯，就会奋发图强，拼死抗争。有嫌隙就会阻碍其强大，这样就可以趁机施加威胁来吞并。

【原文】1.5

缀去者，谓缀己之系言[①]，使有余思[②]也。故接贞信者，称其行；厉其志，言可为可复，会之期喜，以他人之庶，引验以结往，明款款而去之。

【注释】1.5

①缀己之系言：挽留离开自己的人。

②余思：离开之后仍念念不忘。

【译文】1.5

所谓“缀去”说的是用自己的言辞挽留离开自己的人，让对方离开之后仍念念不忘。因此与忠诚的人结交，要称赞他的德行，鼓励他的志向。与他探讨可行并且能够有所收获的事情，让他感到欢喜并盼望着再次相会。举别人的具体例子，说明验证自己以往的行为是否合适，来排解欲离去之人心中的疑虑，使其离开也念念不忘。

【原文】1.6

却语①者，察伺短也。故言多必有数短之外，识其短，验之。动以忌讳，示以时禁②，其人因以怀惧，然后结信以安其心，收语盖藏③而却之，无见己之所不能于多方之人④。

摄心者，谓逢好学伎术⑤者，则为之称远。方验之道，惊以奇怪，人系其心于己。效⑥之于人，验去乱其前，吾归于诚己。遭淫色酒者，为之术，音乐动之，以为必死，生日少之忧。⑦喜以自所不见之事，终可以观漫澜[8]之命，使有后会。

守义者，谓守以人义。探其在内以合也。探心，深得其主也。从外制内，事有系由而随也。故小人比人则左道[9]，而用之至能败家辱国。非贤智，不能守家以义，不能守国以道，圣人所贵道微妙者，诚以其可以转危为安，救亡使存也。

【注释】1.6

①却语：拒绝、驳斥。

②时禁：当时的禁令。

③盖藏：掩盖隐藏。

④多方之人：渊博的人。

⑤伎术：即技术。

⑥效：验证。

⑦生日少之忧：因有生之日越来越少而忧愁。

⑧漫澜：这里指无限。

⑨左道：邪道。

【译文】1.6

所谓“却语”说的是在暗中观察别人的短处。言多必失，要记住他的失误并加以验证，用忌讳的事情来使他激动，用时下的禁令使他惧怕。然后以真诚的态度安抚他恐惧的心，将刚才所说的话收回，将证据藏起替他掩饰。并告诫他：不要向有见识的人暴露自己的短处。

所谓“摄心”说的是遇到好学技艺的人，替他宣扬，让远近皆知他的名声。再想办法验证他的技艺，一旦验证就对他奇异的技术表示惊叹，这样你就笼络住了他的心。同时用前人的经验教训为例来阐述治乱的效果，那么他就会对你心悦诚服。遇到沉湎酒色的人，就用音乐触动他们，让他们意识到自己会死于酒色，为有生之日越来越少而感到忧愁。再用他们未见的事物吸引他们，让其高兴，最终对生命产生信心，对广阔的人生充满希望。

所谓“守义”说的是坚守做人的道德规范。探求别人内心的想法以求判断与事实相一致。探求别人内心的想法，就要把握他的思想意图。从外到内控制他的内心，事情就有了解决的依据。所以，小人互相勾结，用的是旁门左道，会造成家破国亡。如果不是道德高尚的圣贤，就不能通过德治而定国安邦。圣人推崇微妙的道，正是因为道可以让国家转危为安，救亡图存。

【评析】

恪守“中经”之道的人，推崇以“中经”之道施于人，而不要被他人控制。制人者掌握主动权，制于人者会失去许多机会。为人处世的技巧非常重要，《中经》篇列举了“见形为容，象体为貌”“闻声和音”“解仇斗郄”“缀去”“却语”“摄心”“守义”七种为人处世的技巧，将之作为本经所述法则的变通规律。

【延伸阅读】

吴王便服

【原文】

吴王夫差闻孔子与子贡游于吴，出求观其形，变服而行，为或人所戏而伤其指。夫差还，发兵索于国中，欲诛或人。子胥谏曰：“臣闻昔上帝之少子，下游青泠之渊，化为鲤鱼，随流而戏，渔者豫沮射而中之。上诉天帝。天帝曰：‘汝方游之时，何衣而行？’少子曰：‘我为鲤鱼。’天帝曰：‘汝乃白龙也，而变为鱼，渔者射汝，是其宜也，又何怨焉！’今夫大王弃万乘之服，而从匹夫之礼，而为或人所刑，亦其宜也。”于是，吴王默然不言。

《群书治要·吴越春秋》

【译解】

吴王夫差听说孔子和子贡来到了吴国，想看看他俩的样貌，于是穿着便服出了宫，没想到却遭到街上路人戏弄，而且弄伤了手指。吴王回宫后，怒冲冲地要发兵全城搜查那个人，非要杀掉他不可。伍子胥劝谏说："我听说昔日天帝的小儿子下界，变成一条鲤鱼，在清泉中游玩，被一个叫豫沮的打鱼人射中。他回到天宫，将此事告诉天帝。天帝说：'你穿什么衣服去玩的？'小儿子说：'我变作一条鲤鱼。'天帝说：'你本是条白龙，却变成鲤鱼，打鱼人射你也在情理之中，有什么好埋怨的呢？'如今大王出宫不穿帝王的服饰，却打扮成百姓的模样，还因此被人所伤，这也是合情合理的。"吴王听后，无言以对。

纵横派人物小传

姜 尚 传

【原文】

太公望吕尚者，东海上人。其先祖尝为四岳，佐禹平水土，甚有功。虞夏之际封于吕，或封于申，姓姜氏。夏商之时，申、吕或封枝庶子孙，或为庶人，尚其后苗裔也。本姓姜氏，从其封姓，故曰吕尚。

吕尚盖尝穷困，年老矣，以渔钓奸周西伯。西伯将出猎，卜之，曰："所获非龙非螭，非虎非罴，所获霸王之辅。"于是周西伯猎，果遇太公于渭之阳，与语大悦，曰："自吾先君太公曰'当有圣人适周，周以兴'。子真是邪？吾太公望子久矣。"故号之曰"太公望"。载与俱归，立为师。

或曰，太公博闻，尝事纣，纣无道，去之。游说诸侯，无所遇，而卒西归周西伯。或曰，吕尚处士，隐海滨。周西伯拘羑里，散宜生、闳夭素知而招吕尚。吕尚亦曰："吾闻西伯贤，又善养老，盍往焉。”三人者为西伯求美女奇物，献之于纣，以赎西伯。西伯得以出，反国。言吕尚所以事周虽异，然要之为文、武师。

周西伯昌之脱羑里归，与吕尚阴谋修德以倾商政，其事多兵权与奇计，故后世之言兵及周之阴权皆宗太公为本谋。周西伯政平，及断虞芮之讼，而诗人称西伯受命曰文王。伐崇、密须、犬夷，大作丰邑。天下三分，其二归周者，太公之谋计居多。

文王崩，武王即位。九年，欲修文王业，东伐，以观诸侯集否。师行，师尚父左杖黄钺，右把白旄以誓，曰：“苍兕苍兕，总尔众庶，与尔舟楫，后至者斩！”遂至盟津。诸侯不期而会者八百诸侯。诸侯皆曰：“纣可伐也。”武王曰：“未可。”还师，与太公作此《太誓》。

居二年，纣杀王子比干，囚箕子。武王将伐纣，卜龟兆，不吉，风雨暴至。群公尽惧，唯太公强之，劝武王，武王于是遂行。十一年正月甲子，誓于牧野，伐商纣。纣师败绩。纣反走，登鹿台，遂追斩纣。明日，武王立于社，群公奉明水，卫康叔封布采席，师尚父牵牲，史佚策祝，以告神讨纣之罪。散鹿台之钱，发巨桥之粟，以振贫民。封比干墓，释箕子囚。迁九鼎，修周政，与天下更始。师尚父谋居多。

于是武王已平商而王天下，封师尚父于齐营丘。东就国，道宿行迟。逆旅之人曰："吾闻时难得而易失。客寝甚安，殆非就国者也。"太公闻之，夜衣而行，黎明至国。莱侯来伐，与之争营丘。营丘边莱，莱人，夷也，会纣之乱而周初定，未能集远方，是以与太公争国。

太公至国，修政，因其俗，简其礼，通商工之业，便鱼盐之利，而人民多归齐，齐为大国。及周成王少时，管、蔡作乱，淮夷畔周，乃使召康公命太公曰："东至海，西至河，南至穆陵，北至无棣，五侯九伯，实得征之。"齐由此得征伐，为大国，都营丘。

《史记·齐太公世家》节选

【译文】

太公望吕尚，生于东海边。其先祖曾做四岳之官，辅佐夏禹治水立有大功，舜、禹时被封在吕，有的被封在申，姓姜。夏、商两代，申、吕有的封给旁支子孙，也有的后代沦为平民，吕尚就是其远代后裔。吕尚本姓姜，因为以其封地之名为姓，所以叫作吕尚，后来人称姜太公。

吕尚早年比较穷困，年老时，借钓鱼的机会求见周西伯。西伯在出外打猎之前，占卜一卦，卜辞上说："这次出猎所获得的不是龙不是螭，不是虎也不是罴；所得到的将是成就霸业的辅佐贤臣。"周西伯姬昌出发去打猎，果然在渭水北面遇到了姜太公，同姜太公交谈之后姬昌特别高兴，说："我的先代君主太公说：'一定会有圣贤之士来到周国，周国将因他而兴盛起来。'圣贤之士指的就是先生您吧？我太公盼望先生已经很久了。"因此称吕尚为"太公望"，姬昌用车载着他一起回到周，拜他为师。

有人说，太公博学多闻，曾在商纣朝做官。商纣无道，太公就离开了。他四处游说列国诸侯，没有遇到赏识他的君主，最终西行归服周西伯。有人说，吕尚乃一处士，隐居海滨。周西伯被囚禁在羑里时，西伯之臣散宜生、闳夭久闻吕尚之名而召请他。吕尚也认为"听说西伯贤德，又一贯尊重关心老年人，何不前往？”此三人为了营救西伯，寻找美女珍宝献给纣王，将西伯赎回。西伯得以返回周国。虽然吕尚辅佐周西伯的传说版本很多，但他是文王武王之师这一说法大体一致。

周西伯姬昌从羑里脱身之后，便同吕尚暗中谋划施行德政以推翻商朝统治。其中很多是用兵的权谋和奇计，所以后世谈论用兵以及周朝所使用的权术都尊崇太公为鼻祖。周西伯为政秉持公正，等到他裁决了虞、芮两国的争端之后，世人称道西伯姬昌是秉承了上天的旨意而称为文王。西伯又讨伐了崇国、密须和犬夷，大规模建设丰邑。天下三分之二的诸侯都归心向周，多半是太公谋划的结果。

文王死后，武王即位。九年之后，武王想继承文王未竟的大业，向东征讨商纣，以观察试探各诸侯国是否听从号令。军队出师之际，被尊称为“师尚父”的吕尚左手持黄钺（yuè），右手握秉白旄誓师，说：“苍兕（sì）啊苍兕，集合你们的部队，交给你们船只，迟到的将要处斩！”于是兵至盟津。各国诸侯不召自来有八百之多。诸侯都说：“可以征伐商纣了。”武王说：“还不行。”班师而还，与太公同写了《太誓》。

又过二年，商纣杀死王子比干，囚禁了箕子。武王准备征讨纣王，用龟甲占卜吉凶，卜辞不吉利，风雨突然降临。大臣们都十分害怕，只有太公坚决劝说武王伐纣，武王于是率兵出征。十一年正月甲子这一天，在牧野誓师，进伐商纣。商纣军队彻底崩溃。商纣回身逃跑，登上鹿台，于是被追杀。第二天，武王立于神坛前，大臣们手捧净水，卫康叔封铺彩席，师尚父牵着祭祀的牲畜，史佚诵读祭告天地的文书，向天神报告声讨商纣的罪行。武王散发商纣积聚在鹿台的钱币，发放商纣囤积在巨桥的粮食，用以赈济贫民。修整比干的坟墓，释放被纣王囚禁的箕子，迁移象征最高统治权的九只宝鼎，修明周王朝的政治；与天下人民一道除旧布新。

这时武王已消灭商朝成为天下的君主，便将师尚父封在齐国的营丘。师尚父来到东边自己的封国，边行边住，速度很慢。客舍中的人说他：“我听说时机难以得到而容易失去。客人睡得很安稳，大概不是去封国就任的吧。”太公听了此言，连夜穿衣上路，黎明就到达齐国。正遇莱侯带兵来攻，想与太公争夺营丘。营丘毗邻莱国。莱人是夷族，乘商末纣王混乱而周朝刚刚建立，还没有来得及安定远方各国之机前来同太公争夺国土。结果被太公击败。

太公到了封国之后，修明政治，顺应当地的风俗习惯，简化礼节，沟通商业和手工业，发展渔业盐业优势，因而人民多归附齐国，齐成为大国。到周成王年幼即位之时，管叔和蔡叔乘机发动叛乱，淮夷也背叛周朝，成王派召（shào）康公授权太公说：“东至大海，西至黄河，南至穆陵，北至无棣，此间五等诸侯，各地官守，如有罪愆，命你讨伐。”齐因此可以征讨各国，形成大国，定都营丘。

范 蠡 传

【原文】

三年，勾践闻吴王夫差日夜勒兵，且以报越，越欲先吴未发往伐之。范蠡谏曰：“不可。臣闻兵者凶器也，战者逆德也，争者事之末也。阴谋逆德，好用凶器，试身于所末，上帝禁之，行者不利。”越王曰：“吾已决之矣。”遂兴师。吴王闻之，悉发精兵击越，败之夫椒。越王乃以余兵五千人保栖于会稽。吴王追而围之。

越王谓范蠡曰：“以不听子故至于此，为之奈何？”蠡对曰：“持满者与天，定倾者与人，节事者以地。卑辞厚礼以遗之，不许，而身与之市。”勾践曰：“诺。”乃令大夫种行成于吴，膝行顿首曰：“君王亡臣勾践使陪臣种敢告下执事：勾践请为臣，妻为妾。”吴王将许之。子胥言于吴王曰：“天以越赐吴，勿许也。”种还，以报勾践。勾践欲杀妻子，燔宝器，触战以死。种止勾践曰："夫吴太宰嚭贪，可诱以利，请间行言之。"于是勾践乃以美女宝器令种间献吴太宰嚭。嚭受，乃见大夫种于吴王。种顿首言曰："愿大王赦勾践之罪，尽入其宝器。不幸不赦，勾践将尽杀其妻子，燔其宝器，悉五千人触战，必有当也。"嚭因说吴王曰："越以服为臣，若将赦之，此国之利也。"吴王将许之。子胥进谏曰："今不灭越，后必悔之。勾践贤君，种、蠡良臣，若反国，将为乱。"吴王弗听，卒赦越，罢兵而归。

勾践之困会稽也，喟然叹曰："吾终于此乎？"种曰："汤系夏台，文王囚羑里，晋重耳奔翟，齐小白奔莒，其卒王霸。由是观之，何遽不为福乎？"

吴既赦越，越王勾践反国，乃苦身焦思，置胆于坐，坐卧即仰胆，饮食亦尝胆也，曰："女忘会稽之耻邪？"身自耕作，夫人自织，食不加肉，衣不重采，折节下贤人，厚遇宾客，振贫吊死，与百姓同其劳。欲使范蠡治国政，蠡对曰："兵甲之事，种不如蠡，镇抚国家，亲附百姓，蠡不如种。"于是举国政属大夫种，而使范蠡与大夫柘稽行成，为质于吴。二岁而吴归蠡。

勾践自会稽归七年，拊循其士民，欲用以报吴。大夫逢同谏曰："国新流亡，今乃复殷给，缮饰备利，吴必惧，惧则难必至。且鸷鸟之击也，必匿其形。今夫吴兵加齐、晋，怨深于楚、越，名高天下，实害周室，德少而功多，必淫自矜。为越计，莫若结齐，亲楚，附晋，以厚吴。吴之志广，必轻战。是我连其权，三国伐之，越承其弊，可克也。"勾践曰："善。"

居二年，吴王将伐齐。子胥谏曰："未可。臣闻勾践食不重味，与百姓同苦乐。此人不死，必为国患。吴有越，腹心之疾，齐与吴，疥疢也。愿王释齐，先越。"吴王弗听，遂伐齐，败之艾陵，虏齐高、国以归。让子胥。子胥曰："王毋喜！"王怒，子胥欲自杀，王闻而止之。越大夫种曰："臣观吴王政骄矣，请试尝之贷粟，以卜其事。"请贷，吴王欲与，子胥谏勿与，王遂与之，越乃私喜。子胥言曰："王不听谏，后三年吴其墟乎！"太宰嚭闻之，乃数与子胥争越议，因谗子胥曰："伍员貌忠而实忍人，其父兄不顾，安能顾王？王前欲伐齐，员强谏，已而有功，用是反怨王。王不备伍员，员必为乱。"与逄同共谋，谗之王。王始不从，乃使子胥于齐，闻其托子于鲍氏，王乃大怒，曰："伍员果欺寡人！"役反，使人赐子胥属镂剑以自杀。子胥大笑曰："我令而父霸，我又立若，若初欲分吴国半予我，我不受，已，今若反以谗诛我。嗟乎，嗟乎，一人固不能独立！”报使者曰：“必取吾眼置吴东门，以观越兵入也！”于是吴任嚭政。

居三年，勾践召范蠡曰：“吴已杀子胥，导谀者众，可乎？”对曰：“未可。”

至明年春，吴王北会诸侯于黄池，吴国精兵从王，惟独老弱与太子留守。勾践复问范蠡，蠡曰“可矣”。乃发习流二千人，教士四万人，君子六千人，诸御千人，伐吴。吴师败，遂杀吴太子。吴告急于王，王方会诸侯于黄池，惧天下闻之，乃秘之。吴王已盟黄池，乃使人厚礼以请成越。越自度亦未能灭吴，乃与吴平。

其后四年，越复伐吴。吴士民罢弊，轻锐尽死于齐、晋。而越大破吴，因而留围之三年，吴师败，越遂复栖吴王于姑苏之山。吴王使公孙雄肉袒膝行而前，请成越王曰：“孤臣夫差敢布腹心，异日尝得罪于会稽，夫差不敢逆命，得与君王成以归。今君王举玉趾而诛孤臣，孤臣惟命是听，意者亦欲如会稽之赦孤臣之罪乎？”勾践不忍，欲许之。范蠡曰：“会稽之事，天以越赐吴，吴不取。今天以吴赐越，越其可逆天乎？且夫君王早朝晏罢，非为吴邪？谋之二十二年，一旦而弃之，可乎？且夫天与弗取，反受其咎。‘伐柯者其则不远’，君忘会稽之厄乎？”勾践曰：“吾欲听子言，吾不忍其使者。”范蠡乃鼓进兵，曰：“王已属政于执事，使者去，不者且得罪。”吴使者泣而去。勾践怜之，乃使人谓吴王曰：“吾置王甬东，君百家。”吴王谢曰：“吾老矣，不能事君王！”遂自杀。乃蔽其面，曰：“吾无面以见子胥也！”越王乃葬吴王而诛太宰嚭。

勾践已平吴，乃以兵北渡淮，与齐、晋诸侯会于徐州，致贡于周。周元王使人赐勾践胙，命为伯。勾践已去，渡淮南，以淮上地与楚，归吴所侵宋地于宋，与鲁泗东方百里。当是时，越兵横行于江、淮东，诸侯毕贺，号称霸王。

范蠡遂去，自齐遗大夫种书曰：“飞鸟尽，良弓藏，狡兔死，走狗烹。越王为人长颈鸟喙，可与共患难，不可与共乐。子何不去？”种见书，称病不朝。人或谗种且作乱，越王乃赐种剑，曰：“子教寡人伐吴七术，寡人用其三而败吴，其四在子，子为我从先王试之。”种遂自杀。

范蠡事越王勾践，既苦身戮力，与勾践深谋二十余年，竟灭吴，报会稽之耻，北渡兵于淮以临齐、晋，号令中国，以尊周室，勾践以霸，而范蠡称上将军。还反国，范蠡以为大名之下，难以久居，且勾践为人可与同患，难与处安，为书辞勾践曰："臣闻主忧臣劳，主辱臣死。昔者君王辱于会稽，所以不死，为此事也。今既以雪耻，臣请从会稽之诛。"勾践曰："孤将与子分国而有之。不然，将加诛于子。"范蠡曰："君行令，臣行意。"乃装其轻宝珠玉，自与其私徒属乘舟浮海以行，终不反。于是勾践表会稽山以为范蠡奉邑。

范蠡浮海出齐，变姓名，自谓鸱夷子皮，耕于海畔，苦身戮力，父子治产，居无几何，致产数千万。齐人闻其贤，以为相。范蠡喟然叹曰："居家则致千金，居官则至卿相，此布衣之极也。久受尊名，不祥。"乃归相印，尽散其财，以分与知友乡党，而怀其重宝，间行以去，止于陶，以为此天下之中，交易有无之路通，为生可以致富矣。于是自谓陶朱公。复约要父子耕畜，废居，候时转物，逐什一之利。居无何，则致资累巨万。天下称陶朱公。

朱公居陶，生少子。少子及壮，而朱公中男杀人，囚于楚。朱公曰："杀人而死，职也。然吾闻千金之子不死于市。"告其少子往视之。乃装黄金千镒，置褐器中，载以一牛车。且遣其少子。朱公长男固请欲行，朱公不听。长男曰："家有长子曰家督，今弟有罪，大人不遣，乃遗少弟，是吾不肖。”欲自杀。其母为言曰：“今遣少子，未必能生中子也，而先空亡长男，奈何？”朱公不得已而遣长子，为一封书遗故所善庄生，曰：“至则进千金于庄生所，听其所为，慎无与争事。”长男既行，亦自私赍数百金。

至楚，庄生家负郭，披藜藋到门，居甚贫。然长男发书进千金，如其父言。庄生曰：“可疾去矣，慎毋留！即弟出，勿问所以然。”长男既去，不过庄生而私留，以其私赍献遗楚国贵人用事者。

庄生虽居穷阎，然以廉直闻于国，自楚王以下皆师尊之。及朱公进金，非有意受也，欲以成事后复归之以为信耳。故金至，谓其妇曰：“此朱公之金。有如病不宿诫，后复归，勿动。”而朱公长男不知其意，以为殊无短长也。

庄生间时入见楚王，言“某星宿某，此则害于楚。”楚王素信庄生，曰：“今为奈何？”庄生曰：“独以德为可以除之。”楚王曰：“生休矣，寡人将行之。”王乃使使者封三钱之府。楚贵人惊告朱公长男曰：“王且赦。”曰：“何以也？”曰：“每王且赦，常封三钱之府。昨暮王使使封之。”朱公长男以为赦，弟固当出也，重千金虚弃庄生，无所为也，乃复见庄生。庄生惊曰：“若不去邪？”长男曰：

“固未也。初为事弟，弟今议自赦，故辞生去。”庄生知其意欲复得其金，曰：“若自入室取金。”长男即自入室取金持去，独自欢幸。

庄生羞为儿子所卖，乃入见楚王曰：“臣前言某星事，王言欲以修德报之。今臣出，道路皆言陶之富人朱公之子杀人囚楚，其家多持金钱赂王左右，故王非能恤楚国而赦，乃以朱公子故也。”楚王大怒曰：“寡人虽不德耳，奈何以朱公之子故而施惠乎！”令论杀朱公子，明日，遂下赦令。朱公长男竟持其弟丧归。

至，其母及邑人尽哀之，惟朱公独笑，曰：“吾固知必杀其弟也！彼非不爱其弟，顾有所不能忍者也。是少与我俱，见苦，为生难，故重弃财。至如少弟者，生而见我富，乘坚驱良逐狡兔，岂知财所从来，故轻弃之，非所惜吝。前日吾所为欲遣少子，固为其能弃财故也。而长者不能，故卒以杀其弟，事之理也，无足悲者。吾日夜固以望其丧之来也。”故范蠡三徙，成名于天下，非苟去而已，所止必成名。卒老死于陶，故世传曰陶朱公。

《史记·越王勾践世家》节选

昔者越王勾践困于会稽之上，乃用范蠡、计然。计然曰：“知斗则修备，时用则知物，二者形则万货之情可得而观已。故岁在金，穰；水，毁；木，饥；火，旱。旱则资舟，水则资车，物之理也。六岁穰，六岁旱，十二岁一大饥。夫粜，二十病农，九十病末。末病则财不出，农病则草不辟矣。上不过八十，下不减三十，则农末俱利，平粜齐物，关市不乏，治国之道也。积著之理，务完物，无息币。以物相贸易，腐败而食之货勿留，无敢居贵。论其有余不足，则知贵贱。贵上极则反贱，贱下极则反贵。贵出如粪土，贱取如珠玉。财币欲其行如流水。”修之十年，国富，厚赂战士，士赴矢石，如渴得饮，遂报强吴，观兵中国，称号“五霸”。

范蠡既雪会稽之耻，乃喟然而叹曰：“计然之策七，越用其五而得意。既已施于国，吾欲用之家。”乃乘扁舟浮于江湖，变名易姓，适齐为鸱夷子皮，之陶为朱公。朱公以为陶天下之中，诸侯四通，货物所交易也。乃治产积居，与时逐而不责于人。故善治生者，能择人而任时。十九年之中三致千金，再分散与贫交疏昆弟。此所谓富好行其德者也。后年衰老而听子孙，子孙修业而息之，遂至巨万。故言富者皆称陶朱公。

《史记·货殖列传》节选

【译文】

公元前496年，吴王夫差日夜操练军队，打算报复越国。越王勾践便打算先发制人，在吴还没发兵前去攻打吴国。范蠡劝谏说：“不可妄动，我听说战争为凶，攻伐是不道义的，抢先攻打是最下等的。阴谋去做违背道义的事，穷兵黩武，亲身参与下等事，定会遭到天谴，这样做绝对不利。”越王说：“我已经决定了。”于是举兵攻打吴国。吴王听到消息后，动用精兵迎击越军，在夫椒大败越军。越王带领五千残兵退守会稽。吴王乘胜追击包围了会稽。

越王对范蠡说：“因为没听您的劝谏才落到这个地步，那该怎么办呢？”范蠡回答说：“能够保全功业的人，必定效法天道；能够阻止倾覆的人，一定崇尚谦卑；能够适可而止的人，定会因地制宜。现在，您对吴王要谦卑有礼才行。咱们先派人给吴王送去丰厚的礼物，如果吴王不答应您的求和，您就亲自前往侍奉他，把自身当作人质留在吴国。”勾践说：“好吧！”于是派大夫文种去向吴王求和。

种跪在地上边向前行边叩头说："大王的亡国臣民勾践让我大胆地告诉您的侍臣：勾践请您允许他做您的仆从，允许他的妻子做您的侍妾。"吴王很高兴，准备答应种的请求。子胥对吴王说："越国被吴国吞并这是天意，不要答应他。"

种回到越国后，将经过告诉了勾践。勾践听后想杀死妻子儿女，焚烧宝器，亲赴疆场与吴国决一死战。种阻止勾践说："大王息怒，吴国的太宰嚭十分贪婪，我们可以用钱财诱惑他，请您允许我暗中去吴收买他。"于是勾践便让种给太宰嚭献上美女珍宝玉器。嚭欣然接受，于是就把大夫种引见给吴王。种叩头说："希望大王能赦免勾践的罪过，我们越国将把传国珍宝全部送给您。如果您不能饶恕他，勾践将把妻子儿女全部杀死，烧毁宝器，率领他的五千名战士与您决一死战，您也将付出相当的代价。"太宰嚭借机劝说吴王："越王已经臣服，何必再为难他？如果赦免了他，将对我国有利。"吴王这次果真答应了种。子胥得知，极力反对，又进谏说："今天不斩草除根，必定后悔莫及。勾践是贤明的君主，大夫文种、范蠡都是贤能的大臣，如果您放勾践返回越国，他必将作乱。”吴王不听子胥的谏言，终于赦免了越王，撤军回国。

勾践回国后，发愤图强，准备复仇。他怕自己贪图安逸的生活，消磨了斗志，就在房梁上挂了一只苦胆，每天必尝苦胆，以铭记屈辱。他亲自耕作，夫人亲手织布，与百姓共同劳作。他生活俭朴，吃饭从未有肉菜，不穿华丽的衣服；他谦逊诚恳，对贤人彬彬有礼，招待宾客热情周到；他矜孤恤寡，救济穷人，悼慰死者。越王想让范蠡管理国政，范蠡回答说：“用兵打仗，文种不如我；治国安邦，让百姓归顺，我不如文种。”于是越王把国政委托给大夫种，让范蠡和大夫柘稽去吴国求和，并作吴国的人质。两年后吴国才放范蠡回国。

经过艰苦奋斗，越国终于兵精粮足，转弱为强。

过了两年，吴王打算攻打齐国。子胥进谏说：“不行。越王勾践吃饭不设两样以上的菜肴，穿衣不用两种以上的颜色，吊唁死者，慰问病者，这是想要利用民众伐吴报仇啊。勾践不死，必为吴国大患。现在越国是我国的心腹大患，您却不注重，反而把力量用于齐国，岂非大错特错！”吴王不听，就出兵攻打齐国，在艾陵大败齐军，俘虏了齐国的高、国氏回吴。吴王责备子胥，子胥说：“您不要高兴太早！”吴王大怒。子胥想自杀，吴王制止了他。越国大夫种说：“我察觉吴王太骄横了。我想通过借粮来试探一下吴王对越国的态度。”种向吴王借粮。吴王同意，子胥不同意。最终吴王还是借了粮食给越国。越王心底暗含喜悦。子胥说：“君王不听我的劝谏，再过三年吴国必亡！”太宰嚭多次与子胥争论对付越国的计策，并借机诽谤子胥说：“伍子胥貌似忠厚，心底凶险，他连自己的父兄都不顾惜，怎么能顾惜君王呢？君王上次要进攻齐国，伍子胥强力阻止，后来您打了胜仗，他反而因此对您颇有微词。您不防备他，他一定作乱。”嚭如此两次三番地在君王面前诽谤子胥。吴王开始并不相信这些谗言，于是派子胥出使齐国。听说子胥把儿子托付给鲍氏，君王才大怒，说：“伍员果真欺骗我！”子胥从齐国回国后，吴王派人赐给子胥一把“属镂”剑让他自刎。子胥大笑道：“我辅佐先王称霸，又拥立你为王。当初你想与我平分吴国，我都没接受，如今你竟然因谗言杀害我。唉，一个人绝对不能独自立国！”子胥告诉使者说：“一定将我的眼睛取出挂在吴都东门上，我要亲眼看到越军攻入都城”于是吴王任用嚭执政。

过了三年，勾践召见范蠡说：“吴王已杀了子胥，阿谀奉承的人很多，是时机攻打吴国了吗？”范蠡回答说：“不是时候。”

到第二年春天，吴王到北部与诸侯会盟于黄池。吴国的精兵全都跟随吴王赴会了，只留老弱残兵和太子留守吴都。勾践又问范蠡是否可以攻打吴国。范蠡说：“可以了。”于是越王派出水战精兵两千人，训练有素的士兵四万人，素质良好、地位较高的近卫军六千人，各类技术人员一千人，攻打吴国。吴军大败，太子也被越军杀死。吴国使者赶快向吴王告急，吴王正在黄池与诸侯会盟，怕天下人听到吴国惨败的消息，于是秘不发信。吴王派人带上厚礼去向越国求和。越王估计自己力不及灭吴，就与吴国讲和了。

其后几年间，越国反复攻吴。

公元前473年，勾践又一次亲自带兵攻打吴国。这时的吴国已经是强弩之末，根本抵挡不住越国军队的强势猛攻，屡战屡败。最后，夫差又派人向勾践求和说：“臣子夫差，已孤立无助，冒昧地表露心迹，从前我曾在会稽得罪您，我不敢违命，如能够与您讲和，就撤军回国了。如今您举玉足前来诛伐孤臣，我对您唯命是从，但我还是希望您会念在会稽山赦免您的情分上，饶恕我夫差的罪过吧！”勾践不忍心，想答应吴王。范蠡说：“会稽的事，是上天把越国赐给吴国，吴国不要。如今是上天把吴国赐给越国，越国怎么能违背天意呢？再说君王早晚操劳国政，不是为了吴国吗？谋划伐吴已二十二年了，一旦放弃，行吗？且上天赐予，您却不要，那反而要受到惩罚。您忘记会稽的苦难了吗？”勾践说：“我愿意听从您的意见，但我不忍心杀他的使者。”范蠡就击鼓进军，说：“君王已经委托我处理政务，吴国使者你快离开吧，否则将要对不起你了。”吴国使者哭着走了。勾践怜悯他，就派人对吴王说：“我安置您到甬东！统治一百家。”吴王推辞说：“我年纪大了，不能侍奉您了！”说完便自杀身亡，自尽时遮住自己的脸说：“我没脸见子胥！”越王安葬了吴王，诛杀了太宰嚭。

勾践平定了吴国后，不久便称霸诸侯。

范蠡于是离开了越王，从齐国给大夫种送来一封信。信中说：“飞鸟尽，良弓藏；狡兔死，走狗烹。越王长颈鸟嘴，只可共患难，不可共享乐，你为何不离去？”种看过信后，称病不再上朝。有人陷害种，说他将要作乱。越王就赐种一把剑说：“你教我的七条伐吴计策，我只用了三条就打败了吴国，那四条还在你那里，你替我去到先王那里试一试那四条吧！”种于是自杀身亡。

范蠡侍奉越王勾践，苦心竭力、勤奋不懈，为勾践运筹谋划二十多年，终于灭了吴国，洗雪了会稽的耻辱。越军向北进军淮河，兵临齐、晋边境，号令中原各国，尊崇周室，勾践称霸，范蠡做了上将军。回国后，范蠡以为盛名之下，终难长久。况且他深知勾践为人，可与之共患难，难与之同享乐，写信辞别勾践说：“我听说，君主烦忧臣子就辛苦，君主受辱臣子就该死。过去您受会稽之辱，我之所以未死，是为了有朝一日雪耻。如今既已雪耻，臣请求您赐我会稽之辱的死罪。”勾践说：“我将和你平分越国。否则，就要降罪于你。”范蠡说：“君主可执行您的命令，臣子坚持自己的意志。”于是他打点细软，与随从从海路泛舟离去，再也未回到越国。勾践为表彰范蠡把会稽山作为他的封邑。

范蠡泛舟到了齐国，更名改姓，自称“鸱（chī）夷子皮”。他在海边耕作，吃苦耐劳，父子同心协力置办家业，没有多久，家产达到数千万。齐人听说他贤能，任用他做国相。范蠡叹息道：“居家就能积累千金资产，出仕就做到卿相高位，这是平民百姓能达到的最高地位了。久享尊号不吉祥。”于是，范蠡归还了相印，将自己的家产发散给知音好友同乡邻里，仅携带少量贵重宝物，偷偷来到陶地住下来。他认为这里是天下的中心，交通畅达，经营生意可以发财致富。于是范蠡自称陶朱公。他与儿子约定好，勤劳耕牧，伺机买卖，以获得十分之一的利润。没过多久，家资又积累巨万。天下人都称道陶朱公。

朱公住在陶地，生了小儿子。小儿子成人时，朱公的二儿子杀了人，被楚国囚禁。朱公说："杀人偿命，这是常理。可是我听说家有千金的儿子不会被杀在闹市中。"于是派小儿子去探望二儿子。并将一千镒黄金装在褐色容器中，用牛车载运，遣小儿子同去。将要出发时，朱公的长子坚决要一起去，朱公不同意。长子说："家里的长子称为家督，现在弟弟犯了罪，父亲不派长子去，却派小弟去，这说明我是不肖之子。"长子说完就要自杀。他的母亲又替他说话："现在派小儿去，未必能救二儿的命，却先丢了长子的命，如何是好？"朱公不得已就派了长子前去。他写了一封信让长子带给老友庄生，并对长子说："到楚国后，要把千金送到庄生家，一切听从他去安排，切记不要与他发生争端。"长子走时，私自带了几百镒黄金。

长子到达楚国，看见庄生家位于楚都外城，披荆斩棘才能到达庄生家门。庄生家十分贫穷。可是长子还是递交了信，并将黄金交给庄生，完全依照父亲所嘱去做。庄生说："你快走吧，此地不可久留！等弟弟放回后，不要问原因。”于是长子离开庄生家，没再回去探望，但他私自留在了楚国，把自己私带的黄金送给了楚国主事的官员。

庄生虽然住在穷乡僻壤，却因廉洁正直闻名于楚国。从楚王以下无不尊奉他为老师。朱公献上黄金，他并非有心收下，只是想等事成之后再将黄金归还给朱公以示诚信。所以黄金送来后，他对妻子说：“这是朱公的钱财，以后再如数归还朱公，但哪一天归还却不得而知，这就如同自己说不准哪天要生病一样，千万不要动用。”但朱公长子不了解庄生的意思，以为财产送给庄生不会起什么作用。

庄生乘便入宫会见楚王，说：“某星宿移到某处，这将对楚国不利。”楚王平时十分信任庄生，就问：“现在怎么办？”庄生说：“唯有实行仁政才可以免除灾难。”楚王说：“您不用多说了，我将照办。”楚王便派使者将储存三钱的仓库查封。楚国显贵吃惊地告诉朱公长子说：“楚王将要大赦。”长子问：“怎么见得呢？”贵人说：“每当楚王大赦时，常常先查封贮藏三钱的仓库。昨晚楚王已派使者将仓库查封了。”朱公长子认为既然大赦，弟弟自然可以释放了，放在庄生处的一千镒黄金没有发挥作用，于是又来到庄生家。庄生吃惊地问：“你怎么还在这里？”长子说：“始终没离开。当初我为救弟弟而来，今天楚国正要大赦，弟弟自然会被释放，所以我特来向您告辞。”庄生明白他是想拿回黄金，于是说道：“黄金在房间里，你自己去取吧。”大儿子便入室取走黄金离开庄生，暗自庆幸黄金失而复得。

庄生被小辈出卖，深感羞耻，于是他又入宫会见楚王说：“我上次所说的星宿位移的事，您说想用行善来化解它。现在，我听外面百姓议论说，陶地富翁朱公的儿子因杀人被囚禁在楚国，他家拿出很多钱来贿赂楚王身边的人，所以楚王并非体恤国民而实行大赦，而是因为朱公儿子才实行大赦的。”楚王非常生气，说道：“即便我无德，也不会因为朱公的儿子布施恩惠！”于是下令先处死朱公儿子，第二天才下达赦免的诏令。朱公长子竟然携带弟弟尸体回家了。

回到家后，母亲和乡邻们都悲痛至极，只有朱公笑着说：“我料到长子一定救不了弟弟！他不是不爱自己的弟弟，只是有不忍心放弃的。他从小与我生活在一起，吃了不少苦，知道为生的艰难，所以把钱财看得很重，不敢轻易花钱。至于小儿呢，一生下来就看到我富有的样子，乘上等车，驾千里马，到郊外去打猎，根本不知道钱财从何而来，所以把钱财看得极轻，丢弃也毫不吝惜。我本来打算让小儿去，就因为他能够舍财，但长子不能舍财，所以终归害了自己的弟弟，这也在情理之中，不值得悲痛。我本来日夜盼望的就是二儿子的尸首。”

范蠡三次搬家，名闻天下。他不是因为不随心而离开某处，而是他住在哪儿就在哪儿成名。最后，范蠡老死在陶地，所以世称陶朱公。

在《货殖列传》中，司马迁写道：范蠡帮助越王洗雪了会稽之耻后长叹道：“计然的七条策略，越国只用了其中五条，就实现了雪耻的愿望。计然七计适用于治国，我用它治家也会很奏效。”于是，他便泛舟于江湖，到齐国改名叫“鸱夷子皮”，到了陶地改名叫朱公。朱公认为陶地是天下的中心，交通四通八达，与各地诸侯国相连通，交易买卖十分便利。于是朱公就开始治理产业，囤积居奇，与时逐利，而不责求他人。所以，善于经营的人，要会用人并把握时机。十九年间，朱公三次赚得千金之财，每次赚得之后就将钱财分散给贫穷的朋友和远房同姓的兄弟。这就是所谓君子富而好德。范蠡老了之后听凭子孙安排，子孙继承了他的家业并将其发展为巨万家财。陶朱公三聚财，三舍财，终至家资巨万。所以，后世谈论富翁时，都称颂陶朱公。

苏秦传

【原文】

苏秦者，东周洛阳人也。东事师于齐，而习之于鬼谷先生。

出游数岁，大困而归。兄弟嫂妹妻妾窃皆笑之，曰："周人之俗，治产业，力工商，逐什二以为务。今子释本而事口舌，困，不亦宜乎！"苏秦闻之而惭，自伤，乃闭室不出，出其书遍观之。曰："夫士业已屈首受书，而不能以取尊荣，虽多亦奚以为！"于是得周书《阴符》，伏而读之。期年，以出揣摩，曰："此可以说当世之君矣。"求说周显王。显王左右素习知苏秦，皆少之。弗信。

乃西至秦。秦孝公卒。说惠王曰："秦四塞之国，被山带渭，东有关河，西有汉中，南有巴、蜀，北有代、马，此天府也。以秦士民之众，兵法之教，可以吞天下，称帝而治。"秦王曰："毛羽未成，不可以高蜚；文理未明，不可以并兼。"

方诛商鞅，疾辩士，弗用。

乃东之赵。赵肃侯令其弟成为相，号奉阳君。奉阳君弗说之，去。

游燕，岁余而后得见。说燕文侯曰："燕东有朝鲜、辽东，北有林胡、楼烦，西有云中、九原，南有呼沱、易水，地方二千余里，带甲数十万，车六百乘，骑六千匹，粟支数年。南有碣石、雁门之饶，北有枣栗之利，民虽不佃作而足于枣栗矣。此所谓天府者也。

"夫安乐无事，不见覆军杀将，无过燕者。大王知其所以然乎？夫燕之所以不犯寇被甲兵者，以赵之为蔽其南也。秦赵五战，秦再胜而赵三胜。秦赵相弊，而王以全燕制其后，此燕之所以不犯寇也。且夫秦之攻燕也，逾云中、九原，过代、上谷，弥地数千里，虽得燕城，秦计固不能守也。秦之不能害燕亦明矣。今赵之攻燕也，发号出令，不至十日而数十万之军军于东垣矣。渡滹沱，涉易水，不至四五日而距国都矣。故曰秦之攻燕也，战于千里之外；赵之攻燕也，战于百里之内。夫不忧百里之患而重千里之外，计无过于此者。是故愿大王与赵从亲，天下为一，则燕国必无患矣。"

文侯曰："子言则可，然吾国小，西迫强赵，南近齐，齐、赵强国也。子必欲合从以安燕，寡人请以国从。”

于是资苏秦车马金帛以至赵。而奉阳君已死，即因说赵肃侯曰：“天下卿相人臣及布衣之士，皆高贤君之行义，皆愿奉教陈忠于前之日久矣。虽然，奉阳君妒君而不任事，是以宾客游士莫敢自尽于前者。今奉阳君捐馆舍，君乃今复与士民相亲也，臣故敢进其愚虑。

“窃为君计者，莫若安民无事，且无庸有事于民也。安民之本，在于择交，择交而得则民安，择交而不得则民终身不安。请言外患：齐、秦为两敌而民不得安，倚秦攻齐而民不得安，倚齐攻秦而民不得安。故夫谋人之主，伐人之国，常苦出辞断绝人之交也。愿君慎勿出于口。请别白黑，所以异阴阳而已矣。君诚能听臣，燕必致旃裘狗马之地，齐必致鱼盐之海，楚必致橘柚之园，韩、魏、中山皆可使致汤沐之奉，而贵戚父兄皆可以受封侯。夫割地包利，五伯之所以覆军禽将而求也；封侯贵戚，汤、武之所以放弑而争也。今君高拱而两有之，此臣之所以为君愿也。

“今大王与秦，则秦必弱韩、魏；与齐，则齐必弱楚、魏。魏弱则割河外，韩弱则效宜阳，宜阳效则上郡绝，河外割则道不通，楚弱则无援。此三策者，不可不孰计也。

“夫秦下轵道，则南阳危；劫韩包周，则赵氏自操兵；据卫取淇卷，则齐必入朝秦。秦欲已得乎山东，则必举兵而向赵矣。秦甲渡河逾漳，据番吾，则兵必战于邯郸之下矣。此臣之所为君患也。

“当今之时，山东之建国莫强于赵。赵地方二千余里，带甲数十万，车千乘，骑万匹，粟支数年。西有常山，南有河漳，东有清河，北有燕国。燕固弱国，不足畏也。秦之所害于天下者莫如赵，然而秦不敢举兵伐赵者，何也？畏韩、魏之议其后也。然则韩、魏，赵之南蔽也。秦之攻韩，魏也，无有名山大川之限，稍蚕食之，傅国都而止。韩、魏不能支秦，必入臣于秦。秦无韩、魏之规，则祸必中于赵矣。此臣之所为患也。

“臣闻尧无三夫之分，舜无咫尺之地，以有天下；禹无百人之聚，以王诸侯；汤、武之士不过三千，车不过三百乘，卒不过三万，立为天子：诚得其道也。是故明主外料其敌之强弱，内度其士卒贤不肖，不待两军相当而胜败存亡之机固已形于胸中矣，岂揜于众人之言而以冥冥决事哉！

“臣窃以天下之地图案之，诸侯之地五倍于秦，料度诸侯之卒十倍于秦。六国为一，并力西乡而攻秦，秦必破矣。今西面而事之，见臣于秦。夫破人之与见破于人也，臣人之与见臣于人也，岂可同日而论哉！

“夫衡人者，皆欲割诸侯之地以予秦。秦成，则高台榭，美宫室，听竽瑟之音，前有楼阙轩辕，后有长姣美人，国被秦患而不与其忧。是故夫衡人日夜务以秦权恐愒诸侯以求割地，故愿大王孰计之也。

“臣闻明主绝疑去谗，屏流言之迹，塞朋党之门，故尊主广地强兵之计臣得陈忠于前矣。故窃为大王计，莫如一韩、魏、齐、楚、燕、赵以从亲，以畔秦。令天下之将相会于洹水之上，通质，刳白马而盟，要约曰：‘秦攻楚，齐、魏各出锐师以佐之，韩绝其粮道，赵涉河漳，燕守常山之北。秦攻韩、魏，则楚绝其后，齐出锐师而佐之，赵涉河漳，燕守云中。秦攻齐，则楚绝其后，韩守城皋，魏塞其道，赵涉河漳、博阙，燕出锐师以佐之。秦攻燕，则赵守常山，楚军武关，齐涉勃海，韩、魏皆出锐师以佐之。秦攻赵，则韩军宜阳，楚军武关，魏军河外，齐涉清河，燕出锐师以佐之。诸侯有不如约者，以五国之兵共伐之。’六国从亲以宾秦，则秦甲必不敢出于函谷以害山东矣。如此，则霸王之业成矣。”

赵王曰：“寡人年少，立国日浅，未尝得闻社稷之长计也。今上客有意存天下，安诸侯，寡人敬以国从。”乃饰车百乘，黄金千镒，白璧百双，锦绣千纯，以约诸侯。

是时周天子致文、武之胙于秦惠王。惠王使犀首攻魏，禽将龙贾，取魏之雕阴，且欲东兵。苏秦恐秦兵之至赵也，乃激怒张仪，入之于秦。

于是说韩宣王曰：“韩北有巩洛、成皋之固，西有宜阳、商阪之塞，东有宛、穰、洧水，南有陉山，地方九百余里，带甲数十万，天下之强弓劲弩皆从韩出。谿子、少府时力、距来者，皆射六百步之外。韩卒超足而射，百发不暇止，远者括蔽洞胸，近者镝弇心。韩卒之剑戟皆出于冥山、棠溪、墨阳、合赙、邓师、宛冯、龙渊、太阿，皆陆断牛马，水截鹄雁，当敌则斩坚甲铁幕，革抉㕮芮，无不毕具。以韩卒之勇，被坚甲，蹠劲弩，带利剑，一人当百，不足言也。夫以韩之劲与大王之贤，乃西面事秦，交臂而服，羞社稷而为天下笑无大于此者矣。是故愿大王孰计之。

“大王事秦，秦必求宜阳、成皋。今兹效之，明年又复求割地。与则无地以给之，不与则弃前功而受后祸。且大王之地有尽而秦之求无已，以有尽之地而逆无已之求，此所谓市怨结祸者也，不战而地已削矣。臣闻鄙谚曰：‘宁为鸡口，无为牛后。’今西面交臂而臣事秦，何异于牛后乎？夫以大王之贤，挟强韩之兵，而有牛后之名，臣窃为大王羞之。”

于是韩王勃然作色，攘臂瞋目，按剑仰天太息曰：“寡人虽不肖，必不能事秦。今主君诏以赵王之教，敬奉社稷以从。”

又说魏襄王曰：“大王之地，南有鸿沟、陈、汝南、许、郾、昆阳、召陵、舞阳、新都、新郪，东有淮、颍、煮枣、无胥，西有长城之界，北有河外、卷、衍、酸枣，地方千里。地名虽小，然而田舍庐庑之数，曾无所刍牧。人民之众，车马之多，日夜行不绝，𫐄𫐄殷殷，若有三军之众。臣窃量大王之国不下楚。然衡人怵王交强虎狼之秦以侵天下，卒有秦患，不顾其祸。夫挟强秦之势以内劫其主，罪无过此者。魏，天下之强国也；王，天下之贤王也。今乃有意西面而事秦，称东籓，筑帝宫，受冠带，祠春秋，臣窃为大王耻之。

“臣闻越王勾践战敝卒三千人，禽夫差于干遂；武王卒三千人，革车三百乘，制纣于牧野：岂其士卒众哉，诚能奋其威也。今窃闻大王之卒，武士二十万，苍头二十万，奋击二十万，厮徒十万，车六百乘，骑五千匹。此其过越王勾践、武王远矣，今乃听于群臣之说而欲臣事秦。夫事秦必割地以效实，故兵未用而国已亏矣。凡群臣之言事秦者，皆奸人，非忠臣也。夫为人臣，割其主之地以求外交，偷取一时之功而不顾其后，破公家而成私门，外挟强秦之势以内劫其主，以求割地，愿大王孰察之。

“《周书》曰：‘绵绵不绝，蔓蔓奈何？豪氂不伐，将用斧柯。’前虑不定，后有大患，将奈之何？大王诚能听臣，六国从亲，专心并力壹意，则必无强秦之患。故敝邑赵王使臣效愚计，奉明约，在大王之诏诏之。”

魏王曰：“寡人不肖，未尝得闻明教。今主君以赵王之诏诏之，敬以国从。”

因东说齐宣王曰：“齐南有泰山，东有琅邪，西有清河，北有勃海，此所谓四塞之国也。齐地方二千余里，带甲数十万，粟如丘山。三军之良，五家之兵，进如锋矢，战如雷霆，解如风雨。即有军役，未尝倍泰山，绝清河，涉勃海也。临菑之中七万户，臣窃度之，不下户三男子，三七二十一万，不待发于远县，而临菑之卒固已二十一万矣。临菑甚富而实，其民无不吹竽鼓瑟，弹琴击筑，斗鸡走狗，六博蹋鞠者。临菑之涂，车毂击，人肩摩，连衽成帷，举袂成幕，挥汗成雨，家殷人足，志高气扬。夫以大王之贤与齐之强，天下莫能当。今乃西面而事秦，臣窃为大王羞之。

“且夫韩、魏之所以重畏秦者，为与秦接境壤界也。兵出而相当，不出十日而战胜存亡之机决矣。韩、魏战而胜秦，则兵半折，四境不守；战而不胜，则国已危，亡随其后。是故韩、魏之所以重与秦战，而轻为之臣也。今秦之攻齐则不然。倍韩、魏之地，过卫阳晋之道，径乎亢父之险，车不得方轨，骑不得比行，百人守险，千人不敢过也。秦虽欲深入，则狼顾，恐韩、魏之议其后也。是故恫疑虚喝，骄矜而不敢进，则秦之不能害齐亦明矣。

“夫不深料秦之无奈齐何，而欲西面而事之，是群臣之计过也。今无臣事秦之名而有强国之实，臣是故原大王少留意计之。”

齐王曰：“寡人不敏，僻远守海，穷道东境之国也，未尝得闻余教。今足下以赵王诏诏之，敬以国从。”

乃西南说楚威王曰：“楚，天下之强国也；王，天下之贤王也。西有黔中、巫郡，东有夏州、海阳，南有洞庭、苍梧，北有陉塞、郇阳，地方五千余里，带甲百万，车千乘，骑万匹，粟支十年。此霸王之资也。夫以楚之强与王之贤，天下莫能当也。今乃欲西面而事秦，则诸侯莫不西面而朝于章台之下矣。

“秦之所害莫如楚，楚强则秦弱，秦强则楚弱，其势不两立。故为大王计，莫如从亲以孤秦。大王不从（亲），秦必起两军，一军出武关，一军下黔中，则鄢、郢动矣。

“臣闻治之其未乱也，为之其未有也。患至而后忧之，则无及已。故愿大王早孰计之。

“大王诚能听臣，臣请令山东之国奉四时之献，以承大王之明诏，委社稷，奉宗庙，练士厉兵，在大王之所用之。大王诚能用臣之愚计，则韩、魏、齐、燕、赵、卫之妙音美人必充后宫，燕、代橐驼良马必实外厩。故从合则楚王，衡成则秦帝。今释霸王之业，而有事人之名，臣窃为大王不取也。

“夫秦，虎狼之国也，有吞天下之心。秦，天下之仇雠也。衡人皆欲割诸侯之地以事秦，此所谓养仇而奉雠者也。夫为人臣，割其主之地以外交强虎狼之秦，以侵天下，卒有秦患，不顾其祸。夫外挟强秦之威以内劫其主，以求割地，大逆不忠，无过此者。故从亲则诸侯割地以事楚，衡合则楚割地以事秦，此两策者相去远矣，二者大王何居焉？故敝邑赵王使臣效愚计，奉明约，在大王诏之。”

楚王曰：“寡人之国西与秦接境，秦有举巴蜀、并汉中之心。秦，虎狼之国，不可亲也。而韩、魏迫于秦患，不可与深谋，与深谋恐反人以入于秦，故谋未发而国已危矣。寡人自料以楚当秦，不见胜也；内与群臣谋，不足恃也。寡人卧不安席，食不甘味，心摇摇然如县旌而无所终薄。今主君欲一天下，收诸侯，存危国，寡人谨奉社稷以从。”

于是六国从合而并力焉。苏秦为从约长，并相六国。

北报赵王，乃行过洛阳，车骑辎重，诸侯各发使送之甚众，疑于王者。周显王闻之恐惧，除道，使人郊劳。苏秦之昆弟妻嫂侧目不敢仰视，俯伏侍取食。苏秦笑谓其嫂曰：“何前倨而后恭也？”嫂委蛇蒲服，以面掩地而谢曰：“见季子位高金多也。”苏秦喟然叹曰：“此一人之身，富贵则亲戚畏惧之，贫贱则轻易之，况众人乎！且使我有洛阳负郭田二顷，吾岂能佩六国相印乎？”于是散千金以赐宗族朋友。初，苏秦之燕，贷人百钱为资，乃得富贵，以百金偿之。遍报诸所尝见德者。其从者有一人独未得报，乃前自言，苏秦曰：“我非忘子。子之与我至燕，再三欲去我易水之上，方是时，我困，故望子深，是以后子，子今亦得矣。”

苏秦既约六国从亲，归赵，赵肃侯封为武安君，乃投从约书于秦。秦兵不敢窥函谷关十五年。

其后秦使犀首欺齐、魏，与共伐赵，欲败从约。齐、魏伐赵，赵王让苏秦。苏秦恐，请使燕，必报齐。苏秦去赵而从约皆解。

秦惠王以其女为燕太子妇。是岁，文侯卒，太子立，是为燕易王。易王初立，齐宣王因燕丧伐燕，取十城。易王谓苏秦曰："往日先生至燕，而先王资先生见赵，遂约六国从。今齐先伐赵，次至燕，以先生之故为天下笑，先生能为燕得侵地乎？"苏秦大惭，曰："请为王取之。"

苏秦见齐王，再拜，俯而庆，仰而吊。齐王曰："是何庆吊相随之速也？"苏秦曰："臣闻饥人所以饥而不食乌喙者，为其愈充腹而与饿死同患也。今燕虽弱小，即秦王之少婿也。大王利其十城而长与强秦为仇。今使弱燕为雁行而强秦敝其后，以招天下之精兵，是食乌喙之类也。"齐王愀然变色曰："然则奈何？"苏秦曰："臣闻古之善制事者，转祸为福，因败为功。大王诚能听臣计，即归燕之十城。燕无故而得十城，必喜；秦王知以己之故而归燕之十城，亦必喜。此所谓弃仇雠而得石交者也。夫燕，秦俱事齐，则大王号令天下，莫敢不听。是王以虚辞附秦，以十城取天下。此霸王之业也。"王曰："善。"于是乃归燕之十城。

人有毁苏秦者曰："左右卖国反覆之臣也，将作乱。"苏秦恐得罪归而燕王不复官也。苏秦见燕王曰："臣，东周之鄙人也，无有分寸之功，而王亲拜之于庙而礼之于廷。今臣为王却齐之兵而得十城，宜以益亲。今来而王不官臣者，人必有以不信伤臣于王者。臣之不信，王之福也。臣闻忠信者，所以自为也，进取者，所以为人也。且臣之说齐王，曾非欺之也。臣弃老母于东周，固去自为而行进取也。今有孝如曾参，廉如伯夷，信如尾生。得此三人者以事大王，何若？"王曰："足矣。"苏秦曰："孝如曾参，义不离其亲一宿于外，王又安能使之步行千里而事弱燕之危王哉？廉如伯夷，义不为孤竹君之嗣，不肯为武王臣，不受封侯而饿死首阳山下。有廉如此，王又安能使之步行千里而行进取于齐哉？信如尾生，与女子期于梁下，女子不来，水至不去，抱柱而死。有信如此，王又安能使之步行千里却齐之强兵哉？臣所谓以忠信得罪于上者也。"燕王曰："若不忠信耳，岂有以忠信而得罪者乎？"苏秦曰："不然。臣闻客有远为吏而其妻私于人者，其夫将来，其私者忧之，妻曰'勿忧，吾已作药酒待之矣'。居三日，其夫果至，妻使妾举药酒进之。妾欲言酒之有药，则恐其逐主母也，欲勿言乎，则恐其杀主父也。于是乎详僵而弃酒。主父大怒，笞之五十。故妾一僵而覆酒，上存主父，下存主母，然而不免于笞，恶在乎忠信之无罪也？夫臣之过，不幸而类是乎！”燕王曰：“先生复就故官。”益厚遇之。

易王母，文侯夫人也，与苏秦私通。燕王知之，而事之加厚。苏秦恐诛，乃说燕王曰：“臣居燕不能使燕重，而在齐则燕必重。”燕王曰：“惟先生之所为。”于是苏秦详为得罪于燕而亡走齐，齐宣王以为客卿。

齐宣王卒，湣王即位，说湣王厚葬以明孝，高宫室大苑囿以明得意，欲破敝齐而为燕。燕易王卒，燕哙立为王。其后齐大夫多与苏秦争宠者，而使人刺苏秦，不死，殊而走。齐王使人求贼，不得。苏秦且死，乃谓齐王曰：“臣即死，车裂臣以徇于市，曰‘苏秦为燕作乱于齐’，如此则臣之贼必得矣。”于是如其言，而杀苏秦者果自出，齐王因而诛之。燕闻之，曰：“甚矣，齐之为苏生报仇也！”

苏秦既死，其事大泄。齐后闻之，乃恨怒燕。燕甚恐。苏秦之弟曰代，代弟苏厉，见兄遂，亦皆学。及苏秦死，代乃求见燕王，欲袭故事，曰：“臣，东周之鄙人也。窃闻大王义甚高，鄙人不敏，释钼耨而干大王。至于邯郸，所见者绌于所闻于东周，臣窃负其志。及至燕廷，观王之群臣下吏，王，天下之明王也。”燕王曰：“子所谓明王者何如也？”对曰：“臣闻明王务闻其过，不欲闻其善，臣请谒王之过。夫齐、赵者，燕之仇雠也；楚、魏者，燕之援国也。今王奉仇雠以伐援国，非所以利燕也。王自虑之，此则计过，无以闻者，非忠臣也。”王曰：“夫齐者固寡人之仇，所欲伐也，直患国敝力不足也。子能以燕伐齐，则寡人举国委子。”对曰：“凡天下战国七，燕处弱焉。独战则不能，有所附则无不重。南附楚，楚重；西附秦，秦重；中附韩、魏，韩、魏重。且苟所附之国重，此必使王重矣。今夫齐，长主而自用也。南攻楚五年，畜聚竭；西困秦三年，士卒罢敝；北与燕人战，覆三军，得二将。然而以其余兵南面举五千乘之大宋，而包十二诸侯。此其君欲得，其民力竭，恶足取乎！且臣闻之，数战则民劳，久师则兵敝矣。”燕王曰：“吾闻齐有清济、浊河可以为固、长城、巨防足以为塞，诚有之乎？”对曰：“天时不与，虽有清济、浊河，恶足以为固！民力罢敝，虽有长城、巨防，恶足以为塞！且异日济西不师，所以备赵也；河北不师，所以备燕也。今济西河北尽已役矣，封内敝矣。夫骄君必好利，而亡国之臣必贪于财。王诚能无羞宠子母弟以为质，宝珠玉帛以事左右，彼将有德燕而轻亡宋，则齐可亡已。”燕王曰：

“吾终以子受命于天矣。”燕乃使一子质于齐。而苏厉因燕质子而求见齐王。齐王怨苏秦，欲囚苏厉。燕质子为谢，已遂委质为齐臣。

燕相子之与苏代婚，而欲得燕权，乃使苏代侍质子于齐。齐使代报燕，燕王哙问曰：“齐王其霸乎？”曰：“不能。”曰：“何也？”曰：“不信其臣。”于是燕王专任子之，已而让位，燕大乱。齐伐燕，杀王哙，子之。燕立昭王，而苏代、苏厉遂不敢入燕，皆终归齐，齐善待之。

苏代过魏，魏为燕执代。齐使人谓魏王曰：“齐请以宋地封泾阳君，秦必不受。秦非不利有齐而得宋地也，不信齐王与苏子也。今齐魏不和如此其甚，则齐不欺秦。秦信齐，齐秦合，泾阳君有宋地，非魏之利也。故王不如东苏子，秦必疑齐而不信苏子矣。齐秦不合，天下无变，伐齐之形成矣。”于是出苏代。代之宋，宋善待之。

齐伐宋，宋急，苏代乃遗燕昭王书曰：

> 夫列在万乘而寄质于齐，名卑而权轻，奉万乘助齐伐宋，民劳而实费；夫破宋，残楚淮北，肥大齐，仇强而国害。此三者皆国之大败也。然且王行之者，将以取信于齐也。齐加不信于王，而忌燕愈甚，是王

之计过矣。夫以宋加之淮北，强万乘之国也，而齐并之，是益一齐也。北夷方七百里，加之以鲁、卫，强万乘之国也，而齐并之，是益二齐也。夫一齐之强，燕犹狼顾而不能支，今以三齐临燕，其祸必大矣。

虽然，智者举事，因祸为福，转败为功。齐紫败素也，而贾十倍；越王勾践栖于会稽，复残强吴而霸天下。此皆因祸为福，转败为功者也。

今王若欲因祸为福，转败为功，则莫若挑霸齐而尊之，使使盟于周室，焚秦符，曰"其大上计，破秦；其次，必长宾之"。秦挟宾以待破，秦王必患之。秦五世伐诸侯，今为齐下，秦王之志苟得穷齐，不惮以国为功。然则王何不使辩士以此言说秦王曰："燕、赵破宋肥齐，尊之为之下者，燕、赵非利之也。燕、赵不利而势为之者，以不信秦王也。然则王何不使可信者接收燕、赵，令泾阳君、高陵君先于燕、赵？秦有变，因以为质，则燕、赵信秦。秦为西帝，燕为北帝，赵为中帝，立三帝以令于天下。韩、魏不听则秦伐之，齐不听则燕、赵伐之，天下孰敢不听？天下服听，因驱韩、魏以伐齐，曰'必反宋地，归楚淮北。’反宋地，归楚淮北，燕、赵之所利也；并立三帝，燕、赵之所愿也，夫实得所利，尊得所愿，燕、赵弃齐如脱蹝矣。今不收燕、赵，齐霸必成。诸侯赞齐而王不从，是国伐也；诸侯赞齐而王从之，是名卑也。今收燕、赵，国安而名尊；不收燕、赵，国危而名卑。夫去尊、安而取危、卑，智者不为也。”秦王闻若说，必若刺心然。则王何不使辩士以此苦言说秦？秦必取，齐必伐矣。

夫取秦，厚交也；伐齐，正利也。尊厚交，务正利，圣王之事也。

燕昭王善其书，曰：“先人尝有德苏氏，子之之乱而苏氏去燕。燕欲报仇于齐，非苏氏莫可。”乃召苏代，复善待之，与谋伐齐。竟破齐，湣王出走。

久之，秦召燕王，燕王欲往，苏代约燕王曰：“楚得枳而国亡，齐得宋而国亡，齐、楚不得以有枳、宋而事秦者，何也？则有功者，秦之深仇也。秦取天下，非行义也，暴也。秦之行暴，正告天下。

“告楚曰：‘蜀地之甲，乘船浮于汶，乘夏水而下江，五日而至郢。汉中之甲，乘船出于巴，乘夏水而下汉，四日而至五渚。寡人积甲宛东下随，智者不及谋，勇士不及怒，寡人如射隼矣。王乃欲待天下之攻函谷，不亦远乎！’楚王为是故，十七年事秦。

“秦正告韩曰：‘我起乎少曲，一日而断大行。我起乎宜阳而触平阳，二日而莫不尽繇。我离两周而触郑，五日而国举。’韩氏以为然，故事秦。

“秦正告魏曰：‘我举安邑，塞女戟，韩氏太原卷。我下轵，道南阳，封冀，包两周。乘夏水，浮轻舟，强弩在前，铁戈在后，决荥口，魏无大梁；决白马之口，魏无外黄、济阳；决宿胥之口，魏无虚、顿丘。陆攻则击河内，水攻则灭大梁。’魏氏以为然，故事秦。

“秦欲攻安邑，恐齐救之，则以宋委于齐。曰：‘宋王无道，为木人以写寡人，射其面。寡人地绝兵远，不能攻也。王苟能破宋有之，寡人如自得之。’已得安邑，塞女戟，因以破宋为齐罪。

“秦欲攻韩，恐天下救之，则以齐委于天下。曰：‘齐王四与寡人约，四欺寡人，必率天下以攻寡人者三。有齐无秦，有秦无齐，必伐之，必亡之。’已得宜阳、少曲，致蔺、石，因以破齐为天下罪。

“秦欲攻魏重楚，则以南阳委于楚。曰：‘寡人固与韩且绝矣。残均陵，塞鄳阨，苟利于楚，寡人如自有之。’魏弃与国而合于秦，因以塞鄳阨为楚罪。

“兵困于林中，重燕、赵，以胶东委于燕，以济西委于赵。已得讲于魏，至公子延，因犀首属行而攻赵。

“兵伤于谯石，而遇败于阳马，而重魏，则以叶、蔡委于魏。已得讲于赵，则劫魏，不为割。困，则使太后弟穰侯为和；嬴，则兼欺舅与母。

“适燕者曰‘以胶东’，适赵者曰‘以济西’，适魏者曰‘以叶、蔡’，适楚者曰‘以塞鄳阨’，适齐者曰‘以宋’，此必令言如循环，用兵如刺蜚，母不能制，舅不能约。“龙贾之战，岸门之战，封陵之战，高商之战，赵庄之战，秦之所杀三晋之民数百万，今其生者皆死秦之孤也。西河之外，上洛之地，三川晋国之祸，三晋之半，秦祸如此其大也。而燕、赵之秦者，皆以争事秦说其主，此臣之所大患也。”

燕昭王不行。苏代复重于燕。

燕使约诸侯从亲如苏秦时，或从或不，而天下由此宗苏氏之从约。代、厉皆以寿死，名显诸侯。

太史公曰：苏秦兄弟三人，皆游说诸侯以显名，其术长于权变。而苏秦被反间以死，天下共笑之，讳学其术。然世言苏秦多异，异时事有类之者皆附之苏秦。夫苏秦起闾阎，连六国从亲，此其智有过人者。吾故列其行事，次其时序，毋令独蒙恶声焉。

《史记·苏秦列传》

【译文】

苏秦是东周洛阳人，他曾到齐国拜师求学。拜在鬼谷子先生门下学习。

苏秦外出游历多年，最后穷困潦倒地回到家里。兄嫂、弟妹、妻妾私下里都嘲笑他，说："周国人历来治理产业，从事农业、工商，积少成多成就家业。你不守本分，而去干耍嘴皮子的事，如今穷困潦倒，真是活该呀！"苏秦听了这些嘲笑，暗自惭愧、伤感，就闭门不出，把自己所藏的书都看了一遍，说："读书人既然已经受教诲，读圣贤书，却不能凭借所学获得荣华富贵，那么即使读书再多，又有什么用呢？”于是他找到一本周书《阴符》，开始研读它。苦读一年后，苏秦觉得悟到了此书的真谛，说：“凭书中所讲足可以游说当代的国君了。”他求见并游说周显王。可是显王周围的那些臣子都了解苏秦的为人，对他颇有微词，周显王也因此不信任他。

于是，他向西到了秦国。当时秦孝公已经死了。于是苏秦就游说惠王说：“秦国四面山关险固，群山围绕，水泽丰沛，东有关河，西有汉中，南有巴蜀，北有代马，真是个占尽地利，土地肥沃，物产丰富的天府之国啊！秦国凭借人口众多，军队训练有素，完全可以一统天下，成就帝业，统御四方。”秦惠王说：“鸟儿的羽毛还没长丰满，不可能展翅高飞；国家的政策纲纪还没有明确，不可能兼并天下。”秦国刚刚处死商鞅，忌讳游说的人，因而不任用苏秦。

于是，他向东到了赵国。赵肃侯让自己的弟弟赵成担任国相，封号奉阳君。奉阳君不喜欢苏秦。

苏秦又去燕国游说，等了一年多才见到燕王。他劝燕文侯说：“燕国东有朝鲜、辽东，北有林胡、楼烦，西有云中、九原，南有滹沱、易水，土地方圆二千多里，武装部队几十万人，战车六百辆，战马六千匹，粮食储备够用好几年。南有碣石、雁门的丰饶土地，北有红枣和板栗的收益，百姓即使不种田，光靠这红枣、板栗的收益也足够富裕的了。这就是所说的天然府库啊！

“能安居乐业、家国太平，不见军队覆灭、大将被杀的惨状，这一点谁能比得上燕国？大王知道其中的原因吗？燕国免遭侵犯的原因是有赵国在燕国的南面作为屏障。秦赵交战五次，秦国胜了两次而赵国胜了三次。两国相斗，彼此削弱，而大王可以凭借整个燕国的势力，在后边牵制着他们，这就是燕国免遭侵犯的原因。况且秦国如果攻打燕国，就要跨过云中和九原，穿过代郡和上谷，远离几千里，即便攻克了燕国的城池，秦国也考虑到很难守住它。秦国不能侵犯燕的道理很明显了。如今赵国要攻打燕国，只要发出号令，不到十天，就会有几十万大军挺进东桓，再渡过滹沱，涉过易水，用不了四五天的时间，就会攻到燕国的都城。所以说秦国攻打燕国，是战于千里之外；赵国攻打燕国，是战于百里以内。不担忧百里以内的祸患而担心千里以外的敌人，还有比这更错误的策略吗？因此希望大王与赵国合纵，亲密合作，天下联盟，那么燕国就没有祸患了。”

文侯说：“您的话当然不错，但是我国弱小，西边靠近强大的赵国，南边邻近齐国，齐、赵都是强国啊。您一定要用合纵相亲的办法使燕国安全无事，我愿倾国相随。”

于是就资助苏秦车马钱财到赵国。此时奉阳君已经去世了。苏秦就趁机游说赵肃侯说：“从天下卿相大臣到穿着粗布衣服的有识之士，都仰慕您贤明仁义，都希望能在您面前听从教诲，陈述忠言，为时很久了。虽然如此，然而奉阳君嫉贤妒能而您又不理政事，因此宾客和游说之士没有谁敢和您亲近。如今奉阳君已经离世，您又可以和士民百姓畅所欲言了，所以我才敢于向您陈述愚见。

“我私下为您考虑，没有比百姓安居乐业，国家太平，没有战事更重要的了。使人民安定的根本，在于选择邦交，邦交选择得当，人民就安定；邦交选择不得当，人民就不能安居。请听我分析赵国的外患：

假如赵国与齐、秦两国为敌，那么人民就得不到安宁，如果依靠秦国攻打齐国，人民也不会得到安宁，假如依靠齐国攻打秦国，人民还是得不到安宁。所以想要计算别国的国君，攻打别人的国家，常常苦于说出跟别国断交的话，希望您谨慎想一想，不要轻易把这话说出来。请让我为您分析这种黑白、阴阳极其明显的利害得失吧。大王若真能采纳我的意见，燕国一定会把出产毡、裘、狗、马的好地方献给您，齐国一定会把海边出产鱼盐的地盘献给您，楚国一定会把出产橘柚的云梦之地献给您，韩国、魏国也必然献出很多城池和县邑，大王的父兄外戚都可以得到分封的土地。当年五霸不惜牺牲将士的生命去占领别国土地，得到别国财货；从前，商汤放逐夏桀、周武王讨伐殷纣王才争得天下，使贵戚得以封侯。现在大王不用费力气就可以得到这两种东西，我为大王的英明感到欣慰。

“大王如果与秦国结盟，秦国必然去进攻韩、魏；大王如果与齐国结盟，齐国必然去进攻楚、魏；魏国国势衰弱，必然将河外之地割让；韩国国势衰弱，必然会献出宜阳。献出了宜阳，通往上郡的路就被切断了；河外被割让了，道路就无法通往上郡；楚国国势衰弱，赵国就面临孤立无援。这三个方面，一定要权衡利弊，慎重考虑。

“秦国攻下轵道，那么南阳就会动摇；再挟持韩国包围周室，那么赵国就会自行削弱；秦国进一步占领卫都濮阳夺取淇水之地，那么齐国必然会向秦国俯首称臣。假如秦国能在山东得到这些，势必会进攻赵国。秦军渡过黄河，涉过漳水，占据番吾，那么秦兵必将与赵国交战于邯郸城下。想到这些，我真为大王感到担忧啊！

“现在，赵国是山东各国中最强大的。赵国土地方圆两千里，精兵几十万，战车几千辆，战马上万匹。军粮储备十年也用不完。西边有常山，南边有黄河、漳水，东边有清河，北边有燕国。燕国本是一个弱国，不足畏惧。在诸侯国中，对秦国构成最大威胁的是赵国。然而，秦国为什么不敢发兵讨伐赵国呢？是因为秦国担心韩、魏两国在后边威胁它。如此看来，韩、魏两国形成了赵国南边的屏障。秦国攻打韩、魏则情况大不相同。韩、魏没有山川河泽的保护，秦国只要一点点地对它们进行蚕食，直到把国都吞食完为止就可以了。韩、魏没有能力抵抗秦国，必然会向秦称臣。韩、魏臣服于秦后，韩、魏便不再是秦进攻赵国的障碍，那时候赵国就危险了。这也是我为大王担忧的地方。

“我听说尧过去的领地不足三百亩，舜连一尺那么大的地盘都没有，他们竟然拥有了天下。禹的部落不足百人，竟成为诸侯的领袖。商汤、周武王的兵士不足三千，战车不到三百辆，最后统一了天下。这都是因为他们遵循天地之大道治理国家。所以英明的国君，对外要衡量敌国的强弱，对内要掌握士卒的多寡、贤与不贤。这样用不着等到双方军队接触，胜败存亡的关键所在早就了然于胸了。怎么会被众人的议论所蒙蔽，而昏昧不清地决断国家大事呢？

“我私下查看地图，诸侯的土地相当于秦国的五倍，诸侯的兵力相当于秦国的十倍。假如六国能够团结起来去攻打秦国，秦国必亡无疑。现在各国将要被秦国消灭，却面朝西方共同侍奉秦国，向秦国称臣。

灭掉他国或被他国灭掉，让他国臣服或臣服于他国，两者绝不能同日而语。那些主张连横的人，都想通过割让诸侯的土地来与秦国议和。一旦能和秦国议和，他们就可以高筑宫室台榭，日日笙歌燕舞。然而一旦秦国发兵攻打诸侯，他们却不与诸侯共同承担忧患。因此主张连横的人日夜谋求靠秦国的势力来恐吓诸侯，达到割地给秦国的目的。请大王深思熟虑。

“我听说贤明的君主不怀疑他人，不轻信谗言，阻断一切流言蜚语的滋生，杜绝党派的门户之争。这样就能实现君主尊贵、疆域广大和兵力强大的目的了。我也能有机会在大王面前尽忠了。所以我为大王谋划，我们应该团结韩、魏、齐、楚、燕、赵，使六国合纵，互相帮扶，以此抵抗秦国。传令给天下的将相，到洹水之畔集会，交换人质，杀白马缔结盟约。盟约可以这样写：假如秦国进攻楚国，齐、魏都要出精兵救援楚国，韩国负责阻断秦国的粮道，赵国渡过黄河、漳水，燕国派大军在常山以北驻守。假如秦国攻打韩、魏，楚国就阻断秦国的后路，齐国派精兵支援韩、魏，赵国则渡过黄河、漳水，燕国派兵守住云中。秦国如果向齐国进攻，楚国就负责阻断秦国的后路，韩国守住成皋而魏国封锁午道，赵国越过黄河、漳水、博关，燕国派兵援助齐国。假如秦兵向燕国进攻，那赵国就驻守常山，楚国进兵武关，齐军渡过渤海，韩、魏两国各出精兵援救。秦兵如果攻打赵国，那韩国就要镇守宜阳，楚军在武关排兵布阵，魏军屯驻在河外，齐军渡过渤海，燕国发兵救赵。假如有的诸侯违背盟约，便用其他五国的军队共同讨伐他。假如六国相亲结成一体共同抵抗秦国，那么秦国一定不敢从函谷关出兵侵犯山东六国了。这样，您霸主的事业就成功了。”

赵王说：“我年纪尚轻，即位不长时间，还没有人向我进献使国家长治久安的策略。如今您有意使天下得以生存，使各诸侯国得以安定，我愿诚恳地倾国相从。”于是装饰车子一百辆，载上黄金一千镒，白璧一百双，绸缎一千匹，用来游说各诸侯国加盟。

这时，周天子把祭祀文王、武王用过的肉赐给秦惠王。惠王就派犀首攻打魏国，活捉了魏将龙贾，攻克了魏国的雕阴，并打算挥师向东挺进。苏秦恐怕秦国的军队攻到赵国，就设计激怒张仪，迫使他投奔秦国。

于是苏秦去游说韩宣王说：“韩国北部有坚固的巩洛、城皋，西部有宜阳、商阪的要塞，东有宛、穰、洧水，南有陉山，区域纵横九百多里，武装部队有几十万，天下的强弓硬弩都是韩国制造的。像豀（溪）子弩，以及少府时力、距来，射程都在六百步以外。韩国士兵脚踏连弩而射，能连续发射一百箭，不间断。可以射穿远处敌人胸前的铠甲、胸膛；可以射透近处敌人的心脏。韩国士兵使用的剑、戟都是从冥山、棠溪、墨阳、合赙、邓师、宛冯、龙渊、太阿冶炼而成的，这些锋利的武器都能在陆上截断牛马，水上能劈天鹅、大雁，抵挡敌人能斩断坚固的铠甲、铁衣，从臂套、盾牌到系在盾牌上的丝带，没有不具备的。凭借韩国士兵的英勇善战，披着坚固的铠甲，拉着强劲的硬弩，佩带着锋利的宝剑，即使以一人对抗一百人也不在话下。凭着韩国强大的军事力量和大王的贤明，却臣服于西边的秦国，使国家蒙受耻辱被天下人耻笑，这太严重了。因此希望大王采纳我的计策啊。

“如果大王臣服于秦国，秦国必定会向您索取宜阳、成皋。今年割让土地给他，明年又要继续索取。给他吧，已经无地可给；不给吧，以前割地求好的功效功亏一篑，而继续陷于祸患。况且大王的土地是有限的，而秦国的贪婪是没有止境的，拿有限的土地应对无止境的索取，这就叫作以恩招怨，纠结祸端。不动一兵一卒，而土地就被割去了。我听说过一句俗话：‘宁做鸡嘴，不做牛尾。’现在，如果向西拱手臣服，和做牛尾有什么区别呢？凭着大王的英明，又拥有力量强大的军队，却蒙受做牛尾的丑名，我私下为大王感到耻辱啊。”

韩王听到这里，突然变了脸色，捋起袖子，怒瞪双眼，手按宝剑，仰望天空浩叹说道：“我虽然无才，也决不会去臣服秦国。如今您转达了赵王的教诲，愿将国家托付给您，听从您的安排。”

苏秦又游说魏襄王说：“大王的国土，南边有鸿沟、陈地、汝南、许地、郾地、昆阳、召陵、舞阳、新都、新郪，东边有淮河、颍河、煮枣、无胥，西边有长城为界，北边有河外、卷地、衍地、酸枣，国土纵横千里。地方名义上虽小，然而田间盖满了房屋，稠密得连牧放牛羊的地方都没有。我私下估量大王的国势和楚国不相上下。可是那些主张连横的人引诱您臣服秦国，伙同虎狼般凶恶的秦国侵扰天下，如果魏国突然遭到秦国的危害，没有谁会顾及您的灾祸。倚仗着强大的秦国的势力在内部劫持别国的国君，没有比这更严重的了。魏，是天下强国；王，是天下贤君。现在您竟然有意臣服秦国，以秦国东方的属国自称，为秦国建筑宫殿，接受秦国封赏，采用秦国的服饰，给秦国纳贡，我私下为大王感到耻辱。

“我听说越王勾践凭着三千疲惫的士兵作战，在干遂生擒吴王夫差；武王凭着三千士兵，三百辆蒙着皮革的战车，在牧野制服了商纣：难道他们是靠着军事力量雄厚吗？实在是因为他们的强大威力。现在，我私下听说大王的精锐部队二十万，裹着青色头巾的部队二十万，先锋部队二十万，勤杂兵十万，战车六百辆，战马五千匹。这些实力远远超过越王勾践和周武王的军队，可是，如今您却听信群臣的劝说，想臣服秦国。如果侍奉秦国，必然要割让土地以示忠诚，因此，还没动武，国家却已损失了。凡是群臣中主张事秦的，都是奸佞之人，而不是忠勇之士。他们作为君主的臣子，却宁愿割让国君的土地，以求得与秦国的交好，偷取一时之功而不顾后果，以国家的利益为代价成就个人的好处，对外依靠强秦的势力，对内挟持自己的国君，以达到割地求和的目的，希望大王明察。

“《周书》上说：‘草木滋长出微小的嫩枝时，如果不及时去掉它，到处蔓延了怎么办呢？细枝不及时砍掉它，等长粗壮了，就得用斧头了。’事前不深思熟虑，事后必然大患临头，那时对它将怎么办呢？大王如果能采纳我的建议，六国联合相亲，同心协力，就一定能消除强秦侵害的隐患。所以敝国的赵王派我来献上不成熟的策略，奉上详明的盟约，盼大王下诏令召集众人。”

魏王说：“我没有才能，从没听说过如此贤明的教诲，如今您奉赵王的使命来指教我，我将严肃地率领全国民众听从您的安排。”

接着，苏秦又向东去游说齐宣王，说："齐国南有泰山，东有琅玡山，西有清河，北有渤海，可以说是四面据险。齐国的土地纵横两千余里，武装部队几十万人，粮食堆积如山。三军精良，联合起五家的兵卒，进攻勇猛捷速，作战好像雷霆震怒，撤退好像风雨骤散。自有战役以来，未曾征调过泰山以南的军队，也不曾涉过清河、渤海去征调这二部的士兵。光是临淄就有居民七万户，我私下计算，每户不少于三个男子，三七二十一万，用不着征调远处县邑的兵源，光是临淄的士兵就够二十一万了。临淄殷实，这里的居民生活悠闲。临淄的街道上车子拥挤，人们摩肩接踵，衣襟连起来，可以形成围幔，举起衣袖，可以成为遮幕，大家挥洒的汗水，如同下雨一样，家家殷实，人人富足，志向高远，意志飞扬。凭借着大王的贤明和齐国的富强，天下没有国家堪比。如今您却要向西去臣服秦国，我私下替大王感到耻辱。

"况且韩、魏之所以非常害怕秦国，是因为与秦国地界边境接壤。假如双方交战，不出十天，胜败的局势就定了。如果韩、魏战胜了秦国，那么自己的兵力要损失一半，国境无法守卫；如果不能取胜，那么国家就会陷入危亡。这就是韩、魏重视与秦国作战，想要侍奉秦国的原因。现在，秦国攻打齐国的情况就不同了，秦国背靠着韩、魏的土地，要经过卫国阳晋的要道，穿过齐国亢父的要塞，战车不能并驶，战马不能并行，只要有一百人驻守险要，就是有一千人也无法通过，秦国军队即使想要深入，也会疑虑重重，前瞻后顾，生怕韩、魏暗算它。所以它虚张声势，恐吓威胁。它虽然骄矜却不敢冒进，那么秦国不能危害齐国的形势也就相当明了啦。

“秦国对齐国实际上是没有办法的，不能准确估计这个情况，反而要向西而奉侍秦国，这是群臣们策略上的错误。现在，齐国有强大的国家实力，还没有背负事秦的丑名，所以我希望大王稍微留心考虑一下，以便决定对策。”

齐王说：“我不是一个有谋略的人，居住在偏远的国家，从未听到过如此高明的教诲。如今您奉赵王的使命来指教我，我将听从您的安排。”

于是，苏秦又去游说楚威王，说：“楚国，是强大的国家；大王，是贤明的国王。楚国西边有黔中、巫郡，东边有夏州、海阳，南边有洞庭、苍梧，北边有陉塞、郇阳，土地纵横五千多里，武装部队一百万，战车千辆，战马万匹，粮草储备够用十年。这是成就霸业的资本啊。凭借着楚国的强大和大王的贤明，天下没有哪个国家能与您堪比。如今您这样强大的国家都想向西事秦，那么，天下就再没有不向西侍奉秦国的诸侯国了。

“楚国是秦国最大的忧患，楚国强，秦国就会弱；秦国强，楚国就会弱。从这种情势判断，两国不能并立。所以，我劝大王不如与六国合纵互助，来孤立秦国。如果大王不采纳合纵政策，秦国一定会出动两支军队，一支从武关出击，一支直下黔中，那么鄢郢便危在旦夕了。

“我听说应该防患于未然。如果等到祸患临头，再去解决它，就来不及了。所以希望大王能早做打算。大王如果真能采纳我的建议，我能使山东各国向您进献四时的礼物，接受您英明的教诲，把国家委托给您，奉献宗庙请您保护，操练兵马，听任大王的指挥。大王如果能采纳我这不成熟的计策，那么，韩、魏、齐、燕、赵、卫等国的音乐和美女，燕国、代地的骆驼、良马都属于您。所以，合纵成功，楚国就能称王。连横成功，秦国就能称帝。如今您要放弃霸业，背负事秦的丑名，我私下认为大王这种做法欠妥。

“秦，是虎狼一样凶猛的国家，有吞并天下的野心。它也是天下的共敌。凡主张连横的人都想分割各诸侯的土地奉献给秦国，这就叫养虎为患。作为臣子，却要分割自己国家的土地给秦国，就为了和凶猛的强秦交好，以侵扰天下。一旦自己的国家遭受强秦侵略，这些臣子反而不顾及这些灾祸。依仗强秦的威势挟持自己的国君，索取割地，这是大逆不道。没有比这更严重的罪过了。所以，合纵互助，诸侯就会割地事楚；连横成功，楚国就要割地事秦，两种策略有着截然不同的两种结果。大王要采纳哪一种呢？所以敝国赵王派我来奉献这不成熟的策略，奉上具体方案，全靠大王昭告众人知晓。”

楚王说：“我国西边和秦国接壤，秦国有夺取巴、蜀，吞并汉中的野心。秦，是虎狼一样凶猛的国家，不可亲近。韩、魏一直处于被秦国侵害的威胁中，不可以和他们深交。否则，怕被叛徒泄露机密给秦国，以致计划中止，国家面临危机。我估计，楚国对抗秦国，不一定取胜；朝廷内的群臣又不可信赖。我寝食难安，心神恍惚，好像挂在空中的旗子，心里没着没落。现在您打算统一天下，团结诸侯，使处于危境的国家得以保全，我愿意恭恭敬敬地奉上整个国家，听从您的安排。”

于是，六国合纵了。苏秦做了合纵联盟的总指挥，并且担任了六国的国相。

苏秦北上向赵王复命，途中经过洛阳，随行的车辆马匹满载着行装，各诸侯派来很多使者送行，气派堪比帝王。周显王闻听这个消息感到恐慌，赶快派人为他扫清道路，并派使臣到郊外迎接慰劳。苏秦的兄嫂、妻子垂着眼不敢抬头看他，俯伏在地上，非常恭敬地服侍他用饭。苏秦笑着对嫂子说：“你为什么以前对我那么傲慢，而现在却对我这么恭顺呢？”他的嫂子赶紧弯着身子匍匐到他面前，脸贴着地面请罪说："因为我看到小叔您飞黄腾达了啊。"苏秦慨叹道："人还是我这个人，富贵了，就敬畏我；贫贱时，就瞧不起我。一家人都这样，何况别人呢！假使我当初甘于在洛阳郊外耕种二顷良田，如今，我还能佩戴得上六个国家的相印吗？"当时他就将千金赏赐给亲戚朋友。

当初，苏秦到燕国去，向人家借过一百钱做路费。现在富贵了，就拿出一百金（一百万钱）报答那个人的恩情。并且报答了以前所有有恩于他的人。他的随从人员中，只有一个人没得到报偿，于是这个人上前去为自己申请。苏秦说："我不是忘了您，当初您跟我到燕国去，在易水边上，您再三要离开我，那时我正困窘不堪，所以我深责于您，而把您放在最后，您现在也可以得到赏赐了。"

苏秦定立六国联盟之后，回到赵国。赵肃侯封他为武安君。于是，苏秦把合纵盟约送交秦国。从此秦国长达十五年不敢窥伺函谷关以外的国家。

后来秦国派使臣犀首欺骗齐国和魏国，联合它们攻打赵国，打算破坏合纵联盟。齐、魏攻打赵国，赵王追责苏秦。苏秦害怕，请求出使燕国，一定要报复齐国。苏秦一离开赵国，合纵盟约便瓦解了。

秦惠王把女儿嫁给了燕国太子。这一年，燕文侯去世，太子即位，这就是燕易王。易王刚刚登基，齐宣王趁着燕国发丧之机，进攻燕国，一连攻克了十座城池。易王对苏秦说："从前先生到燕国来，先王资助您去见赵王，于是才有了六国合纵联盟。如今齐国首先攻打赵国，接着又攻打燕国，我们被天下人耻笑，都是因为先生的缘故。先生能替燕国收复被侵占的土地吗？"苏秦惭愧不已，说："我愿意替大王把失地收复。"

苏秦见到齐王，拜了两拜，弯腰向齐王表示庆贺；仰起头来，又向齐王表示哀悼。齐王说："一下庆贺，一下哀悼，是怎么回事呢？"苏秦说："我听说饥饿的人，宁愿饥饿也不吃有毒的食物，是因为有毒的东西能填满肚子的同时也能毒死人。这和饿死没有区别。现在，燕国虽然弱小，但燕王是秦王的女婿。大王虽然一时占了他十座城池，却长久地和强秦结怨。如今，弱小的燕国在前面飞行，强大的秦国跟在它的后面做掩护，从而招致天下的精锐部队攻击你，这和吃有毒的乌头充饥没有两样啊。”齐王的脸色一下子变得凝重起来，说：“既然如此，那怎么办呢？”苏秦说：“我听说古代智者能够遇难成祥，转败为胜。大王如果能采纳我的计策，立即将十座城池归还燕国。燕国不费力气收回十城，一定很高兴。秦王得知燕国是因为他的关系而收复十城，也一定很高兴。这就叫冰释前嫌，友谊长存。燕国、秦国都来奉侍齐国，那么大王诏令天下就没有敢不听的。这就等于表面依附秦国，实际上却以十城的代价取得天下，这是称霸天下的功业啊。”齐王说：“不错啊。”于是就将十座城池归还了燕国。

有人毁谤苏秦说：“苏秦是个摇摆不定、出卖国家、出尔反尔的臣子，他要作乱。”苏秦害怕获罪，回到燕国，而燕王却不肯封他官职。苏秦求见燕王说：“我是东周一个鄙陋的无功之人，而大王却封我官职于宗庙，在朝廷上以礼相待。如今，我为大王说退了齐国的军队，又收回了十座城池，应该对我越发地亲近。如今我回到燕国而大王不封我官职，一定有人以不忠的罪名在您面前毁谤我。其实我的‘不忠’，正是大王的福气啊。我听说忠实的人，一切为己；奋发进取的人，一切为别人。况且我游说齐王，并没有使用欺骗他的手段啊。我把老母抛在东周，本来就不打算以忠信的名声立身，而决心帮助国君成就霸业。现在，假如让像曾参一样孝顺，像伯夷一样廉洁，像尾生一样诚信的人来奉侍大王，您认为怎样？”燕王回答说：“足够了。”苏秦说：“像曾参一样孝顺，为尽孝道，决不离开父母在外面过夜。像这样他又怎么能步行千里，来到弱小的燕国，为处在危困中的国君您出谋划策呢？像伯夷一样的廉洁，坚守正义，不愿做孤竹君的继承人，不肯作周武王的臣子，不接受封赏而最终饿死在首阳山下。像他这样廉洁，又怎么能步行千里到齐国游说取回十座城池呢？像尾生那样信守诺言，和女子约会桥下，女子没来，他还坚持等，洪水来了也不离去，紧抱桥柱被淹死。像这样的诚信，他又怎么能步行千里说退齐国强大的军队呢？我正是以所谓的忠诚信实在国君面前获罪的呀。”燕王说：“你不忠信倒是真的，难道还因为忠信而获罪吗？”苏秦说：“不是这样的。我听说有一个人在远地做官，他的妻子私通别人。她的丈夫快要回来时，和她私通的人就很担忧。妻子说：‘你无须担心，我已经备好毒酒等着他。’三天之后，她丈夫果然回来了。妻子让婢女端毒酒给他喝。婢女想告诉他酒中有毒，又恐怕他把夫人赶走；可是不告诉他吧，又害怕老爷被毒死。于是她假装跌倒，把酒打翻。老爷大发雷霆，打了她五十竹板。婢女这一跤打翻了毒酒，在上保护了老爷，在下保护了夫人，可是自己却免不掉挨竹板子，怎么能说忠信就不能获罪呢？我的罪过跟婢女的遭遇类似啊！”燕王说：“先生复职吧。”从此燕王愈发厚待苏秦。

燕文侯的夫人，也就是燕易王的母亲，与苏秦私通。燕易王得知此事后，反而对苏秦更加优待。苏秦害怕被杀，就劝说燕王：“我留在燕国，不能提高燕国的地位，假如我到齐国，就一定能提高燕国的地位。”燕王说：“一切任凭先生去做。”于是，苏秦假装得罪燕王而逃到齐国。齐宣王便收他为客卿。

齐宣王去世，湣王继位。苏秦劝湣王隆重地安葬宣王，来表明自己的孝道；建筑高大的宫室，修造阔大的园林，以表明自己得志。其实苏秦打算使齐国破败，从而有利于燕国。燕易王去世，燕哙做了国君。此后，齐国许多臣子与苏秦争宠，因而派人刺杀苏秦。苏秦受伤没死，带伤逃跑了。齐王派人捉拿凶手，却没有抓到。苏秦快死了，便对齐王说“我马上就要死了，请您在闹市把我五马分尸示众，就说‘苏秦为了燕国在齐国谋乱’，这样做一定可以抓到刺杀我的凶手。”当时，齐王按苏秦说的做了，杀苏秦的凶手果然自己站了出来，齐王把他杀了。燕王听到这个消息说：“齐国为苏先生报仇的方法太过分啦。”

苏秦死后不久，他为燕破齐的阴谋泄露出来。后来，齐国得知后迁怒于燕国。燕王很害怕。苏秦的弟弟苏代、苏厉，他们看到哥哥功成名就，志得意满，也都发奋学习纵横之术。等到苏秦死了，苏代就去求见燕王，想继承苏秦的旧业。燕王说：“齐国是我的宿仇，但我担心国家衰弱，没有足够的力量对付它。假如您能以燕国现有的力量讨伐齐国，那么，我愿把整个国家托付给您。”苏代回答说：“天下能够互相征战的国家共有七个，燕国处于弱小的地位。单独作战不能取胜，但只要有所依附，那么就没有不提高声威的。如今齐国的国君，固执己见，听不进别人的意见。他攻打楚国消耗尽了财富；西边被秦国困扰了多年，士兵们已疲惫；向北攻打燕国，结果三军覆没，仅仅俘虏了两名将领。然而，还要向南攻打拥有五千辆战车的宋国，吞并十二个小诸侯国。可是他们的国力已经枯竭。连续打仗，百姓、士兵疲惫不堪。”燕王说：“我听说齐国据有清济、浊河可以用来固守，长城、巨防足以作为要塞，果真是这样吗？”苏代回答说：“不占天时，即使有清济、浊河也不能固守。百姓已经疲乏，即使有长城、巨防，也起不到要塞的作用。况且，以前不征发济州以西的兵力，目的是为了防备赵国的入侵，不征发漯河以北的兵力，目的是为了防备燕国的入侵。如今，济西、河北的兵力都被征发参战了，防卫力量已很薄弱。骄横的国君一定好利，亡国的臣子一定贪财。假如大王确实能不因侄子弟弟作为人质感到羞耻，用珠宝锦缎来买通齐王的近臣，那齐王就一定会惠待燕国而轻易地出兵消灭宋国，那么齐国就可以灭掉了。”燕王说：“我终于因为您而承受灭齐的天命了。”燕王就派了一位公子到齐国做人质。苏厉也借着燕国派人质的机会求见齐王。齐王怨恨苏秦，打算把苏厉囚禁起来。燕国质子替他在齐王面前请罪，随后苏厉就委身做了齐国的臣子。

燕国的宰相子之与苏代结为姻亲。子之想夺取燕国的政权，派苏代到齐国去侍奉质子。齐王派苏代回燕国复命，燕王哙问道：“齐王要称霸了吧？”苏代回答说：“不能。”燕王说：“为什么呢？”苏代回答说：“齐王不信任臣子。”于是，燕王专用子之，不久又把王位禅让给子之，燕国大乱。齐国趁机进攻燕国，杀了燕王哙和子之。燕昭王即位，而苏代、苏厉再不敢回燕国，都归附了齐国，齐王对待他们很好。

苏代经过魏国，魏国替燕国拘捕了苏代。齐王派人去对魏王说：“齐国要把宋地封给秦王的弟弟泾阳君，秦王一定不肯接受。秦国并不是不想因齐国的协助而得到宋国的土地，而是不相信齐王与苏先生。如今齐国与魏国严重不和，那么齐国就不会欺骗秦国。秦国也会信任齐国，齐、秦联手，泾阳君就会得到宋国的土地，这件事不利于魏国。所以大王不如让苏先生回到齐国，秦王一定会对齐王生疑，而又不信任苏先生。齐、秦不能联合，天下的局势就不会有大的改变，攻打齐国的条件就具备了。”于是魏国放了苏代。苏代到了宋国，宋王友好地对待他。

齐国攻打宋国，宋国危急，苏代就给燕昭王写了一封信，说：“燕国是万乘大国，却向齐国派遣了人质，名卑权微；派出众多军队助齐攻宋，劳民伤财；纵然攻破宋国残害楚国的淮北，也只能壮大齐国，使仇敌日益强盛而残害了自己的国家：这三个方面都是燕国最大的失策。可是大王还在继续这样干，为的是取得齐国的信任。齐国对大王更加不信任，而且对燕国的忌恨越来越深，这就说明大王的策略是错误的。把宋国和楚国淮北加在一起，抵得上一个万乘之国，齐国吞并了它，就等于增加一倍的国力。北夷纵横七百里，再把鲁国和卫国加上，又抵得上一个万乘之国。齐国吞并了它们，这就等于增加双倍国力。面对一个强大的齐国，燕国只有忧虑而不能支持，如今把三个齐国那么强大的力量压到燕国头上，这个祸害就一定大了。

“虽然如此，但是智者做事，能够遇难成祥，转败为胜。如今，假若大王怂恿各国尊奉齐国为霸主，公开派遣使臣到周王室去结盟，烧毁秦国的信符，宣告说：‘最高明的谋略就是攻破秦国；其次是一定要永远遗弃它。’秦国遭到排斥面临威胁，秦王必定忧虑。秦国曾五代攻打诸侯，如今居齐国之下，按照秦王的意志，如果能逼迫齐国走投无路，就不怕拿整个国家作赌注以求得成功。既然如此，那么大王何不派遣说客去劝说秦王：燕国、赵国攻打宋国壮大齐国，各国都尊崇他。燕、赵并没有得到好处。燕、赵得不到利益而又一定这么干的原因，那就在于不信任秦王。既然如此，然而大王为什么不派值得信赖的人去联络燕国、赵国，让泾阳君、高陵君先到燕国，赵国去呢？如果秦国违背信义，就用他们做人质，这样燕国和赵国就信任秦国了。这样一来，秦国在西方称霸，燕国在北方称霸，赵国在中部称霸，三个帝王统治天下。假如韩国、魏国不服从，那么，秦国就攻打它。齐国不服从，那么，燕国、赵国就攻打它。这样一来，天下还有谁敢不服从呢？天下都服从命令，就驱使韩国、魏国来攻打齐国，说：一定要交出宋地，归还楚国的淮北。交出宋国的失地，归还楚国的淮北，对燕国和赵国都有利；并立三帝是燕、赵共同的愿望。他们实际上得到了利益，也得到了渴望的名分，那么让燕、赵抛弃齐国，就好像脱鞋一样容易。现在您如果不联络燕国、赵国，齐国称霸的事就确定无疑了。诸侯们都拥护齐国而唯独您例外，这就会遭到诸侯的讨伐；诸侯都拥护齐国而您也不例外，这样你的声望就降低了。如今，您联络燕、赵，可使国家安定而扬名；不联络燕、赵，国家就会危险而声望降低。抛弃名尊国安而选择国危名卑，这不是智者的选择。秦王听到像这样说一定像剑刺他的心一样。那么大王为什么不派说客去如此游说秦王呢？秦王听到了一定会采纳，齐国一定会遭到讨伐。

“结交秦国，是有利的外交；讨伐齐国，是正当的利益。奉行有利的外交政策，谋取正当的利益，是圣王所做的事业啊。”

燕昭王认为他写的这封信太好了，就说：“先王曾有恩于苏家，后来因为子之作乱，苏氏才离开了燕国。燕国要向齐国报仇，非得苏氏不可。”于是就召回苏代，给他很好的待遇，同他一块策划攻打齐国的事情。终于打败了齐国，齐湣王被迫逃离齐国。

过了很久，秦国对燕王发出邀请。燕王想前往，苏代劝阻燕王说：“楚国贪得了枳地而使国家危亡，齐国贪得了宋国而使国家危亡，齐国、楚国因为得到了枳地、宋国反而要臣服秦国，这是为什么呢？那是因为凡是成功的国家，都是秦国最忌讳的强大敌人。秦国夺取天下，不是凭借弘扬正义，而是依靠暴力。秦国暴力征讨，是公开宣告于天下的。他曾警告楚国说：‘蜀地的军队趁着夏季盛大的水势五天就能抵达郢都。汉中的军队，趁着夏季盛涨的水势四天就能抵达五渚。我亲自在宛东集结军队，直下随邑，智者勇者措手不及，我进攻你们如同射鹰隼一样神速。而楚王你还想等待天下各国团结一致攻打函谷关，岂不是遥不可及吗？’楚王就是因为这个缘故，侍奉秦国十七年。

“秦国又警告韩国说：‘我的军队从少曲出发，一天不到就能阻断太行山的通道。我的军队从宜阳出发，直接攻击平阳，两天之内韩国各地局势必乱。我的军队攻击新郑，五天之内将攻克整个韩国。’韩国认为他说的有道理，所以奉侍秦国。

“秦国还警告魏国说：‘我的军队攻克安邑、女戟，逼临韩国的太原。我的军队直下轵道，通过南阳，封锁冀邑，包抄东西两周，趁着夏季旺盛的水势，驾着轻便的战船，强弩在前，利矛在后，掘开荥泽水口，魏国的大梁就会被洪水吞没；掘开白马河的水口，魏国的外黄、济阳也会被洪水吞没；掘开宿胥河的水口，魏国的虚地、顿丘也会被洪水淹没。在陆地上作战，就攻击河内，利用水攻就可毁灭大梁。’魏国认为他说的有道理，所以奉侍秦国。

“秦国欲攻打安邑，担心齐国增援它，就把宋地许给齐国。说：‘宋王无道，做了个木头人就像我，拿箭射它脸。我的国土与宋国隔绝，军队离得远，无法攻打，齐王您如果能打败宋国占领它，就如同我自己占有它一样高兴。’后来，秦国攻下了魏国的安邑，围困了女戟，反而把攻破宋国归罪于齐国。

“秦国想攻打韩国，怕各国诸侯援救，就把齐国让给各国诸侯去征伐。说：‘齐王四次和我建立同盟，四次欺骗我，多次率领天下的军队进攻我国。齐国、秦国不共戴天。秦国一定要讨伐、毁灭它’。等到秦国夺取了韩国的宜阳、少曲，攻克了蔺邑、离石，却又把打败齐国归罪天下诸侯。

“秦国打算攻打魏国，就先尊崇楚国，便把南阳许给楚国。说：‘我本来就和韩国断绝了来往。摧毁均陵，围困鄳阨，假如对楚国有利，那就像我占有它一样高兴。’等到魏国背弃盟约结交秦国，秦国却以围困鄳阨作为楚国的罪名。

“秦国的军队被困林中，就尊崇燕国和赵国，把胶东许给燕国，把济西许给赵国。等到秦、魏和解，就把公子延作为人质，利用犀首军队接连攻打赵国。

“秦国的军队在谯石遭遇重创，在阳马又被打败，就尊崇魏国，便把叶地和蔡地许给魏国。等到他和赵国和解后，就威胁魏国而背弃诺言不肯分割土地。秦军陷入困境，就派太后的弟弟穰侯去讲和，成功后，连自己的舅舅和母亲也都欺骗。

“秦国诘责燕国时说‘是因为进攻胶东’，诘责赵国时说‘是因为进攻济西’，诘责魏国时说‘是因为进攻叶、蔡’，诘责楚国时说‘是因为围困了’，诘责齐国时说‘是因为进攻宋地’。这样，他的外交辞令循环往复，作战易如刺杀飞虫。秦王飞扬跋扈，就连他的母亲、舅舅都无法制止约束他。

“龙贾之战，岸门之战，封陵之战，高商之战，赵庄之战，秦国所杀韩、赵、魏三国百姓有几百万，现在活着的都是死于对秦作战的将士遗孤。西河以外，上洛地区，三川一带经常遭受秦国的进攻，这是晋国的灾难！秦国殃及了韩、赵、魏的一半土地，秦国造成的灾难是如此严重啊！而燕国、赵国到秦国去游说的人，却都争相劝说自己的君王侍奉秦王，这是我非常忧虑的事啊。”

燕昭王没有去秦国，苏代又被燕王所重用。

燕王派苏代去游说诸侯合纵相亲就像苏秦在世时一样，诸侯们有的加入合纵联盟，有的没有加入合纵联盟，而各国从此都尊崇苏氏所倡导的合纵联盟。苏代、苏厉都寿终天年，他们扬名于各诸侯国。

太史公说："苏秦三兄弟，都是因为游说而名扬天下，他们擅长权谋机变。而苏秦因背负反间计的罪名被杀，天下人都嘲笑他，讳忌研习他的学说。然而流传于民间的苏秦事迹与实际有很大出入，凡是和苏秦相类似的事迹，都附会到苏秦身上。苏秦出身于民间，却能联络六国合纵相亲，这正说明他有过人的才智。所以，我将他的事迹列出来，按着正确的时间顺序加以陈述，不要让他只蒙受不好的名声。"

张 仪 传

【原文】

张仪者，魏人也。始尝与苏秦俱事鬼谷先生学术，苏秦自以不及张仪。

张仪已学而游说诸侯。尝从楚相饮，已而楚相亡璧，门下意张仪，曰："仪贫无行，必此盗相君之璧。"共执张仪，掠笞数百，不服，醳之。其妻曰："嘻！子毋读书游说，安得此辱乎？"张仪谓其妻曰："视吾舌尚在不？"其妻笑曰："舌在也。"仪曰："足矣。"

苏秦已说赵王而得相约从亲，然恐秦之攻诸侯，败约后负，念莫可使用于秦者，乃使人微感张仪曰："子始与苏秦善，今秦已当路，子何不往游，以求通子之愿？"张仪于是之赵，上谒求见苏秦。苏秦乃诫门下人不为通，又使不得去者数日。已而见之，坐之堂下，赐仆妾之食。因而数让之曰："以子之材能，乃自令困辱至此。吾宁不能言而富贵子，子不足收也。”谢去之。张仪之来也，自以为故人，求益，反见辱，怒，念诸侯莫可事，独秦能苦赵，乃遂入秦。

苏秦已而告其舍人曰：“张仪，天下贤士，吾殆弗如也。今吾幸先用，而能用秦柄者，独张仪可耳。然贫，无因以进。吾恐其乐小利而不遂，故召辱之，以激其意。子为我阴奉之。”乃言赵王，发金币车马，使人微随张仪，与同宿舍，稍稍近就之，奉以车马金钱，所欲用，为取给，而弗告。张仪遂得以见秦惠王。惠王以为客卿，与谋伐诸侯。

苏秦之舍人乃辞去。张仪曰：“赖子得显，方且报德，何故去也？”舍人曰：“臣非知君，知君乃苏君。苏君忧秦伐赵败从约，以为非君莫能得秦柄，故感怒君，使臣阴奉给君资，尽苏君之计谋。今君已用，请归报。”张仪曰：“嗟乎，此在吾术中而不悟，吾不及苏君明矣！吾又新用，安能谋赵乎？为吾谢苏君，苏君之时，仪何敢言。且苏君在，仪宁渠能乎！”张仪既相秦，为文檄告楚相曰：“始吾从若饮，我不盗而璧，若笞我。若善守汝国，我顾且盗而城！”

苴蜀相攻击，各来告急于秦。秦惠王欲发兵以伐蜀，以为道险狭难至，而韩又来侵秦，秦惠王欲先伐韩，后伐蜀，恐不利；欲先伐蜀，恐韩袭秦之敝。犹豫未能决。司马错与张仪争论于惠王之前，司马错欲伐蜀，张仪曰：“不如伐韩。”王曰：“请闻其说。”

仪曰：“亲魏善楚，下兵三川，塞什谷之口，当屯留之道，魏绝南阳，楚临南郑，秦攻新城、宜阳，以临二周之郊，诛周王之罪，侵楚，魏之地。周自知不能救，九鼎宝器必出。据九鼎，案图籍，挟天子以令于天下，天下莫敢不听，此王业也。今夫蜀，西僻之国而戎翟之伦也，敝兵劳众不足以成名，得其地不足以为利。臣闻争名者于朝，争利者于市。今三川、周室，天下之朝、市也，而王不争焉，顾争于戎翟，去王业远矣。”

司马错曰：“不然。臣闻之，欲富国者务广其地，欲强兵者务富其民，欲王者务博其德，三资者备而王随之矣。今王地小民贫，故臣愿先从事于易。夫蜀，西僻之国也，而戎翟之长也，有桀、纣之乱。以秦攻之，譬如使豺狼逐群羊。得其地足以广国，取其财足以富民缮兵，不伤众而彼已服焉。拔一国而天下不以为暴，利尽西海而天下不以为贪，是我一举而名实附也，而又有禁暴止乱之名。今攻韩，劫天子，恶名也，而未必利也，又有不义之名，而攻天下所不欲，危矣。臣请论其故：周，天下之宗室也；齐，韩之与国也。周自知失九鼎，韩自知亡三川，将二国并力合谋，以因乎齐、赵而求解乎楚、魏，以鼎与楚，以地与魏，王弗能止也。此臣之所谓危也。不如伐蜀完。”

惠王曰：“善，寡人请听子。”卒起兵伐蜀，十月，取之，遂定蜀，贬蜀王更号为侯，而使陈庄相蜀。蜀既属秦，秦以益强，富厚，轻诸侯。

秦惠王十年，使公子华与张仪围蒲阳，降之。仪因言秦复与魏，而使公子繇质于魏。仪因说魏王曰：“秦王之遇魏甚厚，魏不可以无礼。”魏因入上郡、少梁，谢秦惠王。惠王乃以张仪为相，更名少梁曰夏阳。

仪相秦四岁，立惠王为王。居一岁，为秦将，取陕。筑上郡塞。

其后二年，使与齐、楚之相会啮桑。东还而免相，相魏以为秦，欲令魏先事秦而诸侯效之。魏王不肯听仪。秦王怒，伐取魏之曲沃、平周，复阴厚张仪益甚。张仪惭，无以归报。留魏四岁而魏襄王卒，哀王立。张仪复说哀王，哀王不听。于是张仪阴令秦伐魏。魏与秦战，败。

明年，齐又来败魏于观津。秦复欲攻魏，先败韩申差军，斩首八万，诸侯震恐。而张仪复说魏王曰：“魏地方不至千里，卒不过三十万。地四平，诸侯四通辐凑，无名山大川之限。从郑至梁二百余里，车驰人走，不待力而至。梁南与楚境，西与韩境，北与赵境，东与齐境，卒戍四方，守亭鄣者不下十万。梁之地势，固战场也。梁南与楚而不与齐，则齐攻其东；东与齐而不与赵，则赵攻其北；不合于韩，则韩攻其西；不亲于楚，则楚攻其南：此所谓四分五裂之道也。

“且夫诸侯之为从者，将以安社稷尊主强兵显名也。今从者一天下，约为昆弟，刑白马以盟洹水之上，以相坚也。而亲昆弟同父母，尚有争钱财，而欲恃诈伪反覆苏秦之余谋，其不可成亦明矣。

“大王不事秦，秦下兵攻河外，据卷、衍、[燕]、酸枣，劫卫取阳晋，则赵不南，赵不南而梁不北，梁不北则从道绝，从道绝则大王之国欲毋危不可得也，秦折韩而攻梁，韩怯于秦，秦韩为一，梁之亡可立而须也。此臣之所为大王患也。

“为大王计，莫如事秦。事秦则楚、韩必不敢动；无楚、韩之患，则大王高枕而卧，国必无忧矣。

“且夫秦之所欲弱者莫如楚，而能弱楚者莫如梁。楚虽有富大之名而实空虚；其卒虽多，然而轻走易北，不能坚战。

悉梁之兵南面而伐楚，胜之必矣。割楚而益梁，亏楚而适秦，嫁祸安国，此善事也。大王不听臣，秦下甲士而东伐，虽欲事秦，不可得矣。

“且夫从人多奋辞而少可信，说一诸侯而成封侯，是故天下之游谈士莫不日夜扼腕瞋目切齿以言从之便，以说人主。人主贤其辩而牵其说，岂得无眩哉。

“臣闻之，积羽沉舟，群轻折轴，众口铄金，积毁销骨，故愿大王审定计议，且赐骸骨辟魏。”

哀王于是乃倍从约而因仪请成于秦。张仪归，复相秦。三岁而魏复背秦为从。秦攻魏，取曲沃。明年，魏复事秦。

秦欲伐齐，齐楚从亲，于是张仪往相楚。楚怀王闻张仪来，虚上舍而自馆之，曰：“此僻陋之国，子何以教之？”仪说楚王曰：“大王诚能听臣，闭关绝约于齐，臣请献商、于之地六百里，使秦女得为大王箕帚之妾，秦楚娶妇嫁女，长为兄弟之国。此北弱齐而西益秦也，计无便此者。”楚王大说而许之。群臣皆贺，陈轸独吊之。楚王怒曰：“寡人不兴师发兵得六百里地，群臣皆贺，子独吊，何也？”陈轸对曰：“不然。以臣观之，商、于之地不可得而齐秦合，齐秦合，则患必至矣。”楚王曰：“有说乎？”陈轸对曰：“夫秦之所以重楚者，以其有齐也。今闭关绝约于齐，则楚孤。秦奚贪夫孤国，而与之商、于之地六百里？张仪至秦，必负王，是北绝齐交，西生患于秦也，而两国之兵必俱至。善为王计者，不若阴合而阳绝于齐，使人随张仪。苟与吾地，绝齐未晚也；不与吾地，阴合谋计也。”楚王曰：“愿陈子闭口毋复言，以待寡人得地。”乃以相印授张仪，厚赂之。于是遂闭关绝约于齐，使一将军随张仪。

张仪至秦，详失绥堕车，不朝三月。楚王闻之，曰：“仪以寡人绝齐未甚邪？”乃使勇士至宋，借宋之符，北骂齐王。齐王大怒，折节而下秦。秦齐之交合，张仪乃朝，谓楚使者曰：“臣有奉邑六里，愿以献大王左右。”楚使者曰：“臣受令于王，以商、于之地六百里，不闻六里。”还报楚王，楚王大怒，发兵而攻秦。陈轸曰：“轸可发口言乎？攻之不如割地反以赂秦，与之并兵而攻齐，是我出地于秦，取偿于齐也，王国尚可存。”楚王不听，卒发兵而使将军屈匄击秦。秦齐共攻楚，斩首八万，杀屈匄，遂取丹阳、汉中之地。楚又复益发兵而袭秦，至蓝田，大战，楚大败，于是楚割两城以与秦平。

秦要楚欲得黔中地，欲以武关外易之。楚王曰：“不愿易地，愿得张仪而献黔中地。”秦王欲遣之，口弗忍言。张仪乃请行。惠王曰：“彼楚王怒子之负以商、于之地，是且甘心于子！”张仪曰：“秦强楚弱，臣善靳尚，尚得事楚夫人郑袖，袖所言皆从。且臣奉王之节使楚，楚何敢加诛。假令诛臣而为秦得黔中之地，臣之上愿。”遂使楚。楚怀王至则囚张仪，将杀之。靳尚谓郑袖曰：“子亦知子之贱于王乎？”郑袖曰：“何也？”靳尚曰：“秦王甚爱张仪而不欲出之，今将以上庸之地六县赂楚，以美人聘楚，以宫中善歌讴者为媵。楚王重地尊秦，秦女必贵而夫人斥矣。不若为言而出之。”于是郑袖日夜言怀王曰：“人臣各为其主用。今地未入秦，秦使张仪来，至重王。王未有礼而杀张仪，秦必大怒攻楚。妾请子母俱迁江南，毋为秦所鱼肉也。”怀王后悔，赦张仪，厚礼之如故。

张仪既出，未去，闻苏秦死，乃说楚王曰：“秦地半天下，兵敌四国，被险带河，四塞以为固。虎贲之士百余万，车千乘，骑万匹，积粟如丘山。法令既明，士卒安难乐死，主明以严，将智以武，虽无出甲，席卷常山之险，必折天下之脊，天下有后服者先亡。且夫为从者，无以异于驱群羊而攻猛虎，虎之与羊不格明矣。今王不与猛虎而与群羊，臣窃以为大王之计过也。

“凡天下强国，非秦而楚，非楚而秦，两国交争，其势不两立。大王不与秦，秦下甲据宜阳，韩之上地不通。下河东，取成皋，韩必入臣，梁则从风而动。秦攻楚之西，韩、梁攻其北，社稷安得毋危？

“且夫从者聚群弱而攻至强，不料敌而轻战，国贫而数举兵，危亡之术也。臣闻之，兵不如者勿与挑战，粟不如者勿与持久。夫从人饰辩虚辞，高主之节，言其利不言其害，卒有秦祸，无及为已。是故愿大王之孰计之。

“秦西有巴蜀，大船积粟，起于汶山，浮江已下，至楚三千余里。舫船载卒，一舫载五十人与三月之食，下水而浮，一日行三百余里，里数虽多，然而不费牛马之力，不至十日而距扞关。扞关惊，则从境以东尽城守矣，黔中、巫郡非王之有。秦举甲出武关，南面而伐，则北地绝。秦兵之攻楚也，危难在三月之内，而楚待诸侯之救，在半岁之外，此其势不相及也。夫待弱国之救，忘强秦之祸，此臣所以为大王患也。

“大王尝与吴人战，五战而三胜，阵卒尽矣；偏守新城，存民苦矣。臣闻功大者易危，而民敝者怨上。夫守易危之功而逆强秦之心，臣窃为大王危之。

“且夫秦之所以不出兵函谷十五年以攻齐、赵者，阴谋有合天下之心。楚尝与秦构难，战于汉中，楚人不胜，列侯执珪死者七十余人，遂亡汉中。楚王大怒，兴兵袭秦，战于蓝田。此所谓两虎相搏者也。夫秦楚相敝，而韩魏以全制其后，计无危于此者矣。愿大王孰计之。

“秦下甲攻卫阳晋，必大关天下之匈。大王悉起兵以攻宋，不至数月而宋可举，举宋而东指，则泗上十二诸侯尽王之有也。

“凡天下而以信约从亲相坚者苏秦，封武安君，相燕，即阴与燕王谋伐破齐而分其地；乃详有罪出走入齐，齐王因受而相之；居二年而觉，齐王大怒，车裂苏秦于市。夫以一诈伪之苏秦，而欲经营天下，混壹诸侯，其不可成亦明矣。

“今秦与楚接境壤界，固形亲之国也。大王诚能听臣，臣请使秦太子入质于楚，楚太子入质于秦，请以秦女为大王箕帚之妾，效万室之都以为汤沐之邑，长为昆弟之国，终身无相攻伐。臣以为计无便于此者。”

于是楚王已得张仪而重出黔中地与秦，欲许之。屈原曰：“前大王见欺于张仪，张仪至，臣以为大王烹之；今纵弗忍杀之，又听其邪说，不可。”怀王曰：“许仪而得黔中，美利也。后而倍之，不可。”故卒许张仪，与秦亲。

张仪去楚，因遂之韩，说韩王曰：“韩地险恶山居，五谷所生非菽而麦，民之食大抵饭菽藿羹。一岁不收，民不餍糟糠。地不过九百里，无二岁之食。料大王之卒，悉之不过三十万，而厮徒负养在其中矣。除守徼亭鄣塞，见卒不过二十万而已矣。秦带甲百余万，车千乘，骑万匹，虎贲之士跿跔科头贯颐奋戟者，至不可胜计。秦马之良，戎兵之众，探前趹后蹄间三寻腾者，不可胜数。山东之士被甲蒙胄以会战，秦人捐甲徒裼以趋敌，左挈人头，右挟生虏。夫秦卒与山东之卒，犹孟贲之与怯夫；以重力相压，犹乌获之与婴儿。夫战孟贲、乌获之士以攻不服之弱国，无异垂千钧之重于鸟卵之上，必无幸矣。

“夫群臣诸侯不料地之寡，而听从人之甘言好辞，比周以相饰也，皆奋曰‘听吾计可以强霸天下’。夫不顾社稷之长利而听须臾之说，诖误人主，无过此者。

“大王不事秦，秦下甲据宜阳，断韩之上地，东取成皋、荥阳，则鸿台之宫、桑林之苑非王之有也。夫塞成皋，绝上地，则王之国分矣。先事秦则安，不事秦则危。夫造祸而求其福报，计浅而怨深，逆秦而顺楚，虽欲毋亡，不可得也。

“故为大王计，莫如为秦。秦之所欲莫如弱楚，而能弱楚者莫如韩。非以韩能强于楚也，其地势然也。今王西面而事秦以攻楚，秦王必喜。夫攻楚以利其地，转祸而说秦，计无便于此者。”

韩王听仪计。张仪归报，秦惠王封仪五邑，号曰武信君。使张仪东说齐滑王曰：“天下强国无过齐者，大臣父兄殷众富乐。然而为大王计者，皆为一时之说，不顾百世之利。从人说大王者，必曰‘齐西有强赵，南有韩与梁。齐，负海之国也，地广民众，兵强士勇，虽有百秦，将无奈齐何’。大王贤其说而不计其实。夫从人朋党比周，莫不以从为可。臣闻之，齐与鲁三战而鲁三胜，国以危，亡随其后，虽有战胜之名，而有亡国之实。是何也？齐大而鲁小也。今秦之与齐也，犹齐之与鲁也。秦赵战于河漳之上，再战而赵再胜秦；战于番吾之下，再战又胜秦。四战之后，赵之亡卒数十万，邯郸仅存，虽有战胜之名而国已破矣。是何也？秦强而赵弱。

“今秦楚嫁女娶妇，为昆弟之国。韩献宜阳，梁效河外；赵入朝渑池，割河间以事秦。大王不事秦，秦驱韩，梁攻齐之南地，悉赵兵渡清河，指博关，临菑、即墨非王之有也。国一日见攻，虽欲事秦，不可得也。是故愿大王孰计之也。”

齐王曰：“齐僻陋，隐居东海之上，未尝闻社稷之长利也。”乃许张仪。

张仪去，西说赵王曰："敝邑秦王使使臣效愚计于大王。大王收率天下以宾秦，秦兵不敢出函谷关十五年。大王之威行于山东，敝邑恐惧慑伏，缮甲厉兵，饰车骑，习驰射，力田积粟，守四封之内，愁居慑处，不敢动摇，惟大王有意督过之也。

"今以大王之力，举巴蜀，并汉中，包两周，迁九鼎，守白马之津。秦虽僻远，然而心忿含怒之日久矣。今秦有敝甲凋兵，军于渑池，愿渡河逾漳，据番吾，会邯郸之下，愿以甲子合战，以正殷纣之事，敬使使臣先闻左右。

"凡大王之所信为从者恃苏秦。苏秦荧惑诸侯，以是为非，以非为是，欲反齐国，而自令车裂于市。夫天下之不可一亦明矣。今楚与秦为昆弟之国，而韩、梁称为东籓之臣，齐献鱼盐之地，此断赵之右臂也。夫断右臂而与人斗，失其党而孤居，求欲毋危，岂可得乎？

"今秦发三将军：其一军塞午道，告齐使兴师渡清河，军于邯郸之东；一军军成皋，驱韩、梁军于河外；一军军于渑池。约四国为一以攻赵，赵，必四分其地。是故不敢匿意隐情，先以闻于左右。臣窃为大王计，莫如与秦王遇于渑池，面相见而口相结，请案兵无攻。愿大王之定计。"

赵王曰："先王之时，奉阳君专权擅势，蔽欺先王，独擅绾事，寡人居属师傅，不与国谋计。先王弃群臣，寡人年幼，奉祀之日新，心固窃疑焉，以为一从不事秦，非国之长利也。乃且愿变心易虑，割地谢前过以事秦。方将约车趋行，适闻使者之明诏。"赵王许张仪，张仪乃去。

北之燕，说燕昭王曰："大王之所亲莫如赵。昔赵襄子尝以其姊为代王妻，欲并代，约与代王遇于句注之塞。乃令工人作为金斗，长其尾，令可以击人。与代王饮，阴告厨人曰：'即酒酣乐，进热啜，反斗以击之。'于是酒酣乐，进热啜，厨人进斟，因反斗以击代王，杀之，王脑涂地。其姊闻之，因摩笄以自刺，故至今有摩笄之山。代王之亡，天下莫不闻。

"夫赵王之狼戾无亲，大王之所明见，且以赵王为可亲乎？赵兴兵攻燕，再围燕都而劫大王，大王割十城以谢。今赵王已入朝渑池，效河间以事秦。今大王不事秦，秦下甲云中、九原，驱赵而攻燕，则易水、长城非大王之有也。

"且今时赵之于秦犹郡县也，不敢妄举师以攻伐。今王事秦，秦王必喜，赵不敢妄动，是西有强秦之援，而南无齐、赵之患，是故愿大王孰计之。"

燕王曰："寡人蛮夷僻处，虽大男子裁如婴儿，言不足以采正计。今上客幸教之，请西面而事秦，献恒山之尾五城。”燕王听仪。仪归报，未至咸阳而秦惠王卒，武王立。武王自为太子时不说张仪，及即位，群臣多谗张仪曰：“无信，左右卖国以取容。秦必复用之，恐为天下笑。”诸侯闻张仪有却武王，皆畔衡，复合从。

秦武王元年，群臣日夜恶张仪未已，而齐让又至。张仪惧诛，乃因谓秦武王曰：“仪有愚计，愿效之。”王曰：“奈何？”对曰：“为秦社稷计者，东方有大变，然后王可以多割得地也。今闻齐王甚憎仪，仪之所在，必兴师伐之。故仪愿乞其不肖之身之梁，齐必兴师而伐梁。梁、齐之兵连于城下而不能相去，王以其间伐韩，入三川，出兵函谷而毋伐，以临周，祭器必出。挟天子，按图籍，此王业也。”秦王以为然，乃具革车三十乘，入仪之梁。齐果兴师伐之。梁哀王恐。张仪曰：“王勿患也，请令罢齐兵。”乃使其舍人冯喜之楚，借使之齐，谓齐王曰：“王甚憎张仪；虽然，亦厚矣王之托仪于秦也！”齐王曰：“寡人憎仪，仪之所在，必兴师伐之，何以托仪？”对曰：“是乃王之托仪也。夫仪之出也，固与秦王约曰：‘为王计者，东方有大变，然后王可以多割得地。今齐王甚憎仪，仪之所在，必兴师伐之。故仪愿乞其不肖之身之梁，齐必兴师伐之。齐、梁之兵连于城下而不能相去，王以其间伐韩，入三川，出兵函谷而无伐，以临周，祭器必出。挟天子，案图籍，此王业也。’秦王以为然，故具革车三十乘而入之梁也。今仪入梁，王果伐之，是王内罢国而外伐与国，广邻敌以内自临，而信仪于秦王也。此臣之所谓‘托仪’也。”齐王曰：“善。”乃使解兵。

张仪相魏一岁，卒于魏也。

张仪已卒之后，犀首入相秦。尝佩五国之相印，为约长。

太史公曰：三晋多权变之士，夫言从衡强秦者大抵皆三晋之人也。夫张仪之行事甚于苏秦，然世恶苏秦者，以其先死，而仪振暴其短以扶其说，成其衡道。要之，此两人真倾危之士哉！

《史记·张仪列传》节选

【译文】

张仪是魏国人。当初曾和苏秦一起拜鬼谷子为师，学习游说之术。苏秦自认为才学比不上张仪。

张仪学成之后，就去游说诸侯。他曾陪楚相喝酒。席间，楚相的一块玉璧丢了。门客们怀疑张仪，说："张仪贫穷，品行不端，一定是他偷了国相的玉璧。"于是，大家把张仪抓起来，拷打了几百下。张仪始终不肯承认，只好放了他。他的妻子又悲又恨地说："唉！您要是不学习游说，也不至于受到这样的屈辱。"张仪对他的妻子说："你看我的舌头还在吗？"他的妻子笑着说："舌头还在呀。"张仪说："这就够了。"

那时，苏秦已经劝说赵王同意他在各国推行合纵政策。可是他担心秦国趁机进攻各诸侯国，盟约还没结缔就被破坏，又考虑到没有合适人选可派往秦国，于是派人暗中诱导张仪说："您当初和苏秦交情很好，现在苏秦已经当权，您为什么不去投奔他，以实现建功立业的愿望呢？"于是张仪前往赵国，呈上名帖，求见苏秦。苏秦就告诉门人不给张仪通报，让他不能离去。几天之后，苏秦才接见了他。让他坐在堂下，给他吃奴仆婢女吃的饭菜，还屡次谴责他说："凭着您的才能，却让自己潦倒到这样的地步。难道我不能举荐您，给您富贵吗？只是您不值得录用罢了。”说完就把张仪打发走了。张仪来投奔苏秦，本以为都是老友，能够得到好处，不料反遭羞辱，很生气，又考虑到诸侯中没有值得侍奉的君主，只有秦国能侵扰赵国，于是就到秦国去了。

不久苏秦对他左右的人说：“张仪是天下最有才能的人，我比不上他呀。如今，幸亏我早他一步受重用，而能够掌握秦国权柄的，唯有张仪。然而，他很穷困，没什么进身的依靠。我担心他因满足小利而不能成就大业，所以借机羞辱他，以激发他的意志。您替我暗中照顾他。”苏秦奏禀赵王，发给他金钱、财物和车马，派人暗中跟随张仪，和他同宿一地，逐渐接近他，奉送他金钱马车，凡是他需要的，都供给他，却不告诉他是谁给的。于是张仪才有机会拜见了秦惠王。惠王拜他为客卿，和他商议攻打诸侯的计划。

这时，苏秦派来跟随张仪的门客要告辞离去，张仪说：“承蒙您鼎力相助，我才有今天显贵的地位，还未来得及报答您的恩德，怎么就要走呢？”

门客说："了解您的不是我，而是苏先生。苏先生担忧秦国进攻赵国，破坏合纵盟约，认为只有您能掌握秦国的大权，所以激怒先生，派我暗中资助您钱财，这都是苏先生的安排。如今先生已被重用，请让我回去复命吧！"张仪说："哎呀，这些权谋都是我研习过的而我却没有觉察，和苏先生比我还不够高明啊！况且我刚刚任职，又怎么能谋取赵国呢？请替我感谢苏先生，苏先生掌握权柄的时代，我张仪怎么敢多言呢？"张仪出任秦国相国以后，写信警告楚国相国说："当初我陪着你饮酒，并没偷你的玉璧，你却拷打我。你好好地守住你的国家吧，我要攻取你的城池了！"

苴国和蜀国互相开战，分别向秦国告急。秦惠王要发兵征讨蜀国，又觉得道路险狭，难以到达。这时韩国又来侵犯秦国。秦惠王要先攻伐韩国，然后再征讨蜀国，恐怕不利；要先进攻蜀国，又怕韩国趁秦国疲惫之机来袭击，犹豫不能决断。司马错和张仪在惠王面前争论不休，司马错主张伐蜀，张仪说："不如伐韩。"惠王说："说说你们各自的理由吧。"

张仪说："我们和魏国、楚国亲善友好，然后进军三川，阻塞什谷的隘口，挡住屯留的要道。这样，断绝魏国到南阳的通道，让楚国出兵逼近南郑，秦军进攻新城和宜阳，径直逼近西周和东周的城郊，征讨周王的罪恶，再攻占楚、魏的国土。周王自己知道不堪挽救，一定会将传国的九鼎宝物献出。秦国得到了九鼎之宝，依照地图和户籍，就可以挟天子以令诸侯，天下各国都不敢不听。这是统一天下的大业啊！如今蜀国是地处西方偏僻之地的国家，像戎狄一样的落后，搞得我们兵疲民苦，也很难扬名天下，攻占了他们的国土也得不到实际的利益。我听说到朝廷去扬名，到市场去追求利益。如今，三川、周室，如同朝廷和市场，大王却不到那里去征讨，反而到戎狄一类的落后地区去征讨，这离帝王之业就太远了。"

司马错说："不是这个道理。我听说，想使国家富强必须要开疆拓土；想使军队强大必须使百姓富足；想要统一天下必须广施恩德。这三种条件俱足，统一大业便水到渠成。如今，大王的疆土还狭小，百姓还穷困，所以我希望大王先从容易的地方下手。蜀国是西方偏僻的国家，却是戎狄的首领，已经发生了夏桀、商纣之类的祸乱。出动秦国强大的军队去攻伐它，就如同豺狼追逐羊群一样。攻占了它的疆土就可以扩大秦国的疆域，夺取了它的财富就可以富民强兵。没有损失，他们就屈服了。天下人不会因为我们攻克一个国家就认为我们残暴；天下人不会因为我们夺取西方的全部财富而认为我们贪婪。我们这一行动，使得声望、利益都有增益，还能得到禁止暴乱的好名声。如今去进攻韩国，劫持天子，会得到恶名，未必得到利益，还背负不义的丑名。而违背天下人的意志去攻打，那就危险了。请让我陈述一下理由：周王是天下的宗主，和齐、韩交往密切。周王自知要失掉传国九鼎，韩国自知将会失去三川，这二国必将通力合谋，凭借齐国和赵国的力量，与楚国、魏国谋求和解。如果他们把九鼎宝器给楚国，把土地给魏国，大王是阻止不了的，这就是我说的危险所在，所以不如攻打蜀国。”

惠王说：“说的好，我听您的。”终于出兵征讨蜀国。当年十月攻占了蜀国。于是，平定了蜀国暴乱，贬谪蜀王，改封号为蜀侯，派遣陈庄出任相国。得到蜀国后，秦国因此更加富强，更加瞧不起其他诸侯了。

惠王十年，派遣公子华和张仪围攻并收服了魏国的蒲阳。张仪就此事劝说秦王把它归还魏国，而且派公子繇到魏国去作人质。张仪又趁机劝说魏王道："秦国对魏国不薄，魏国不可不以礼相报。"魏国因此将上郡、少梁献给秦国，用以报答秦惠王。惠王任用张仪为国相，把少梁改名叫夏阳。

张仪出任秦国国相四年，拥戴惠王为王。过了一年，张仪担任秦国的将军，夺取了陕邑，修筑了上郡要塞。

此后二年，秦王派张仪和齐、楚两国的国相在啮桑谈判。他从东方归来，被免去了秦国国相的职务，为了秦国的利益去魏国担任国相，打算让魏国首先向秦国臣服而让其他诸侯国效法它。魏王没有接受张仪的建议，秦王大怒，即刻出兵攻占了魏国的曲沃、平周，暗中更加厚待张仪。张仪觉得有愧，感到无以报答秦王。他留任魏国四年，魏襄侯去世，哀王即位。

张仪又继续劝说哀王，哀王也不听从。于是，张仪暗中让秦国进攻魏国。魏国和秦国交战，以失败告终。

第二年，齐国于观津打败了魏军。秦国想要再次进攻魏国，先打败了韩国申差的部队，杀死了八万官兵，诸侯们皆惊慌。张仪再次游说魏王说："魏国土地不足一千里，士兵不到三十万。四周地势平阔，像辐辏畅通四方的诸侯国，又没有山川的隔绝。从新郑到大梁只有二百多里，战车、士兵飞奔，不用费力就已经到了。魏国的南边和楚国接壤，西边和韩国接壤，北边和赵国接壤，东边和齐国接壤，士兵在四面边境驻守，光是防守边塞的人就不止十万。魏国的地势本来就是个战场。假如魏国向南与楚国结交而不和齐国结交，那么齐国就会从东面攻打你；向东与齐国结交而不和赵国结交，那么赵国就会从北面攻打你；与韩国关系不好，那么韩国从西面进攻你；不与楚国亲善，那么楚国就会从南面攻打你；这就是所谓的四分五裂的地形。

"况且，诸侯缔结合纵盟约的目的是为了凭它使国家得到安宁，君主尊崇，军队强大，显扬美名。如今，那些主张合纵的人想使天下合为一体，如兄弟手足般合作，在洹水边上杀白马，歃血为盟，彼此发誓信守盟约。然而，即使是同胞亲兄弟，还有争夺财利的，您还打算依靠苏秦伪诈无常的策略成功，那必将失败。

“假如大王不臣服秦国，秦国出兵攻打河外、占领卷地、衍地、燕地、酸枣，劫持卫国夺取阳晋，那么赵国的军队就无法南下援助魏国，赵军不能南下而魏军不能北上，魏军不能北上，合纵联盟的通道就被阻断了。合纵联盟的道路断绝，那么，大王的国家想免受危难是不可能了。秦国使韩国屈服，进而进攻魏国，韩国害怕秦国，秦、韩联合，那么魏国的灭亡快得简直来不及坐下就来到了。这是我替大王担忧的啊。

“我替大王考虑，不如奉侍秦国。如果您奉侍秦国，那么楚国、韩国一定不敢轻举妄动；没有楚国、韩国的外患，那么大王就可以高枕无忧了，国家一定没有什么可以担忧的事了。

“况且，秦国想要削弱的莫过于楚国，而能够削弱楚国的莫过于魏国。楚国虽然号称富强，而实际很空虚；它虽然兵力充足，然而总是轻易地溃逃，做不到艰苦奋战。假如魏国以全部兵力向南面攻打楚国，必胜无疑。宰割楚国使魏国得到利益，亏耗楚国而归服秦国，转嫁祸殃，使自己的国家安定，这是好事啊。假如大王不采纳我的意见，等到秦国出动精兵向东进攻，那时您再想奉侍秦国就完了。

“况且，那些主张合纵的游说之士，大多只会讲大话，唱高调，很少让人信服。他们为了达到通过游说国君而封侯的目的，大谈合纵的好处，用以游说诸侯。国君欣赏他们的口才，被他们游说得迷迷糊糊，真是糊涂啊。

“我听说，羽毛虽轻，积多可以使船沉没；货物虽轻，载多可以折断车轴；众口一词，可以熔化金石；谗言诽谤可以离散骨肉至亲。所以我希望大王审慎地制定策略，并且请准许我全身引退，离开魏国。”

于是，哀王背弃了合纵盟约，听从张仪和秦国和解。张仪回到秦国，重新出任国相。三年后，魏国又背弃了秦国加入合纵盟约。秦国就出兵攻打魏国，夺取了曲沃。第二年，魏国再次臣服秦国。

秦国想要进攻齐国，然而齐、楚两国缔结了合纵盟约，于是张仪来到楚国出任国相。楚怀王听说张仪来，提供上等的馆驿，亲自到馆驿迎接张仪，说："我国偏僻鄙陋，愿听您的教诲。"张仪游说楚王说："大王如果真要采纳我的意见，就和齐国绝交，解除盟约，我请秦王献出商、于一带六百里的土地，让秦国的女子来服侍大王，秦、楚之间联姻，永远结为兄弟国家，这样向北可削弱齐国而向西利益秦国，没有比这更好的策略了。"楚王非常高兴地答应了他。大臣们都向楚王表示祝贺，唯独陈轸为他哀悼。楚王很生气地说："我不费一兵一卒就得到六百里土地，臣子们向我祝贺，唯独你为我哀悼，这是为什么？"陈轸回答说："不是这样，在我看来，不仅得不到商、于一带的土地，而且齐国和秦国可能会联手。齐、秦一联合，那就大祸临头了。"楚王说："能说一说理由吗？"陈轸回答说："秦国之所以看重楚国，是因为楚国和齐国结盟。如今和齐国断交，废除盟约，那么楚国就会陷于孤立。秦国凭什么讨好一个孤立无援的楚国，而给它六百里土地呢？张仪回到秦国，一定会背弃向大王的承诺。这样楚国在北方断绝了与齐国的外交关系，又招来来自西方秦国的祸患，两国的军队必然会一起进攻楚国。我向大王献出一计，不如暗中和齐国联盟而表面上断绝来往，并派人跟随张仪去秦国。假如秦国给了我们土地，再和齐国断交也为时不晚；假如秦国不给我们土地，就中了我们的计策。”楚王说：“陈先生您还是闭上嘴，不要再讲话了，您就等着看我得到土地吧。”就授给了张仪相印，还馈赠了他大量的财物。于是楚国和齐国断绝了来往，废除了盟约，派了一位将军同张仪一道去秦国接收土地。

张仪回到秦国，故意没拉住车上的绳索，跌下车来受了伤，一连三个月没上朝，楚王听到这件事，说：“张仪认为我与齐国断交还不彻底吧？”就派英勇之士到宋国，借了宋国的符节，到北方的齐国辱骂齐王。齐王大怒，斩断符节而委屈地和秦国结交。秦、齐建立了联盟，张仪才上朝。他对楚国的使者说："我有秦王赐给的六里封地，愿把它献给楚王。"楚国使者说："我奉楚王的旨意，来接收商、于六百里土地，不曾听说过六里。"使者回报楚王，楚王怒火中烧，立刻要出兵攻打秦国。陈轸说："我可以张嘴说话了吗？与其进攻秦国，不如割让土地讨好秦国，和他联合进攻齐国，我们把割让给秦国的土地，再从齐国夺回来，这样，大王的国家还有生存的希望。"楚王不听，最终还是派将军屈匄带兵攻打秦国。秦、齐两国联合攻打楚国，杀死官兵八万，屈匄也被杀死了。于是楚国丢了丹阳、汉中的土地。楚国又派出更多的军队去袭击秦国，到蓝田，展开大规模的进攻，楚军以大败告终，于是楚国又割让两座城池和秦国媾和。

秦国要挟楚国，向它索要黔中一带的土地，并表示用武关以外的土地作为交换。楚王说："我不愿意交换土地，只要得到张仪，愿献出黔中地区。"秦王想要派遣张仪到楚国，又不忍说出来。张仪却主动请缨。惠王说："因先生背弃奉送商、于土地的承诺，楚王对您十分恼恨，这是存心要报复您。"张仪说："秦国强大，楚国弱小，我和楚国大夫靳尚关系不错。靳尚可以去奉承楚国夫人郑袖，而楚王对郑袖是言听计从的。况且我是奉大王之命出使楚国的，楚王怎敢杀我。假如我死能替秦国取得黔中的土地，这也是我的最高愿望。"于是，他出使楚国。张仪一到楚怀王就把他囚禁起来，要杀掉他。靳尚对郑袖说："您知道您将被大王嫌弃吗？"郑袖说："为什么？"靳尚说："秦王特别钟爱张仪而打算营救他，如今将要用上庸六个县的土地贿赂楚国，送美女给楚王，用宫中歌姬作陪嫁。楚王看重土地，就会敬重秦国。秦国的美女一定会得宠而尊贵，这样，夫人也将被嫌弃了。您不如替张仪说情，将他放出来。"于是郑袖日夜替张仪向怀王讲情："身为臣子，各为其主。现在土地还没有给秦国，秦王就派张仪来了，可见秦国对大王有多么尊重了。大王还没有回礼却要杀张仪，秦王必定大怒出兵攻打楚国。我请求让我们母子都搬去江南住，不要像鱼肉一样地被秦国欺凌屠戮。"怀王懊悔不已，赦免了张仪，像过去一样厚待他。

张仪被释放不久，还没离去，就听说苏秦死了。于是他游说楚怀王说："秦国占有天下一半的土地，军队的实力可挡四方的国家，地势险要，黄河如带，四周可以坚守。拥有一百多万勇武的战士，千辆战车，万匹战马，储粮堆积如山。法令严明，士兵们都不畏艰险，愿意为国牺牲。国君贤明而威严。将帅智勇。即使没有出兵，它的声威也能席卷险要的常山，折断天下的脊梁。后臣服的国家首先被灭亡。而且，那些合纵的国家要与秦国较量，无异于驱赶羊群进攻猛虎，猛虎和绵羊差距悬殊，显然不能成为对手。如今，大王不亲善老虎而去亲善绵羊，我认为大王计策有误。

"当今天下，强国非秦、楚莫属。两国相互争战，从形势看，不可能两个国家并存。如果大王不去亲附秦国，秦国就会出兵攻占宜阳，韩国的土地就被截断。出兵河东，夺取城皋，韩国必然要向秦国臣服，魏国就会闻风而动。秦国进攻楚国的西边，韩国、魏国进攻楚国的北边，国家怎么会不危险呢？

"而且，合纵派聚集了一群弱小的国家进攻最强大的国家，不权衡敌对国的力量而轻易地发动战争，国家穷困而又战争频仍，这样的策略势必导致危亡。我听说，您的军队不如别国强大，就不要挑起战争；您的粮食不如人家多，就不要恋战。那些合纵派，说得好听，议论空洞，抬高他们国君的德行，对国君只说利益，不说危害，一旦招致秦国的祸殃，就来不及应付了。所以希望大王审慎考虑。

“秦国拥有西方的巴郡、蜀郡，用船满载粮食，从汶山起程，顺江而下，到楚国三千多里。两船运送士兵，一条船载五十人和三个月的粮食，顺流而下，一天可走三百多里。即使路程较长，也可不费牛马之力，不到十天就可以到达扞关。扞关形势一紧张，那么边境以东的国家就都要守卫了。黔中、巫郡将不再属于大王所有。秦国发兵出武关，向南进攻，切断楚国的北部地区。秦军进攻楚国，三个月内楚国必然陷于危难。而楚国需要半年以上的时间才能等到其他诸侯的救援。从这形势看来，根本来不及。指望弱小国家的救援，忽视强秦带来的祸患，这是我替大王担忧的原因啊。

“大王曾经和吴国人作战，五战三胜，士兵都死光了；楚军在偏远的地方守卫着新占领的城池，活着的百姓辛苦不堪。我听说功业过大的国君，容易遭到危险，而百姓疲惫困苦就怨恨国君。守着危险的功业而违背强秦的意志，我替大王感到危险。

“秦国十五年不出兵函谷关攻打齐、赵两国，其原因是秦国在暗中谋划，要一举吞并天下。楚国曾经给秦国造成祸患，汉中之战，楚国没有取得胜利，却有七十多位重将战死，丢掉了汉中。楚王大怒，出兵进攻秦国，又战于蓝田。这就是所说的两虎相斗啊。秦国和楚国互斗，疲惫困顿。韩国和魏国保全国力从后边进攻，再没有比这更危险的策略了。希望大王慎重考虑。

“假如秦国出兵进攻魏国的阳晋，必像锁住天下的胸膛一样。大王调动全部军队进攻宋国，不消几个月宋国就会被攻占。之后挥师向东进发，那么泗水流域的许多小国便全归顺大王了。

“游说各国合纵结盟的人就是苏秦。他被封为武安君，出任燕国的国相，却在暗中与燕王策划攻破齐国，并且分割它的土地；假装获罪于燕王，逃亡到齐国。齐王收留并任用他作了国相；两年后事发，齐王大怒，在刑场上把苏秦五马分尸。靠一个奸诈虚伪的苏秦，想要统治整个天下。显然他的策略不可能成功。

“如今，秦国和楚国接壤，从地形上看也应该是亲近的国家。大王如果能采纳我的建议，我请秦国、楚国互派太子作人质，请秦王将女儿送给大王做姬妾。进献有一万户居民的都邑，作为大王征收赋税供给汤沐之具的地方，睦邻友好，兄弟友邦。我认为没有比这更合适的策略了。”

此时，楚王虽已得到张仪，却又难于让出黔中土地给秦国，想要采纳张仪的建议。屈原说：“前次大王被张仪蒙骗。张仪来到楚国，我认为大王会煮死他，如今放了他，还听信他的邪妄之言，这可不行。”怀王说：“采纳张仪的建议可以保住黔中土地，这是好事。已经答应而又食言，这可不行。”所以最终采纳张仪的建议，和秦国相亲善。

张仪离开楚国，趁机前往韩国，游说韩王说：

“韩国地险，百姓生活在山区，生产的粮食只有麦、豆，人们吃的大都是豆子饭、豆叶汤。一年没收成，人们连糟糠都吃不饱。土地不足九百里，存粮不足吃两年。估计大王的士兵全数超不过三十万人。除掉驿亭、边防、要塞的守兵。现有的军队超不过二十万。而秦国武装部队就一百多万，战车千辆，战马万匹，那战士勇武飞奔，勇往直前；战马精良，多到没法数清。山东六国的士兵穿戴头盔铠甲，会合作战。秦国的军队却脱掉战袍，赤裸光脚扑向敌人，左手提着人头，右手挟着俘虏。秦兵与山东六国的兵相比，如同勇猛的大力士孟贲和软弱的胆小鬼；用强大的军队去攻打不服从的弱小国家，无异于把千钧的重量压在鸟卵上，不要奢望侥幸逃脱。

“那些诸侯、大臣们不掂量自己的土地狭小，却听信合纵派鼓吹，他们结党营私，互相粉饰，振奋地说：‘采纳我的策略，可以称霸天下。’不顾国家的长远利益而听从片面的游说，贻误国家，没有比这更为严重的了。

“假如大王不臣服秦国。秦国出兵占据宜阳，截断韩国的土地，向东夺取成皋、荥阳，那么大王就不再拥有鸿台的宫殿、桑林的林苑。再说，成皋、上地被阻断，大王的国土就被分割了。首先臣服秦国就安全，不臣服秦国就危险。制造祸端却想求得吉祥的回报，计谋短浅而结下的仇怨，背秦事楚，这样做想不灭亡，那是不可能的。

“所以我替大王谋划，不如协助秦国。秦国最希望削弱楚国。而韩国是削弱楚国的不二人选。不是因为韩国比楚国强大，而是因为韩国占据地形优势。如今，假如大王向西臣服秦国进攻楚国，秦王一定高兴。进攻楚国，取得利益，转移祸患而使秦国高兴，没有比这计策更适宜的了。”

韩王采纳了张仪的策略。张仪回到秦国复命。秦惠王便赏给张仪五个都邑，封他为武信君。又派张仪向东游说齐湣王说：“天下强大的国家没有可与齐国比肩的。大臣及子民兴旺安乐。然而，替大王谋划的人，都为了一时享乐，置国家长远利益于不顾。合纵派游说大王，必定会说：‘齐国西面有强大的赵国，南面有韩国和魏国，齐国背靠大海，疆域广阔，人口众多，军队强大，士兵勇猛，即使有一百个秦国，对齐国也无可奈何。’大王认为他们的说法很高明，却忽略了实际情况。合纵派结党营私，排斥异己，都认为合纵可行。我听说，齐、鲁打了三次仗，而鲁国胜了三次，国家却因战争随后就灭亡了。鲁国虽然因战胜赢得了声誉，却不得不面对国家灭亡的现实。这是为什么呢？齐国强大而鲁国弱小啊。现在，秦国与齐国就如同齐国和鲁国一样。秦国和赵国交战于漳河边，赵国两战两胜；两国又在番吾城下交战，赵国又是两战两胜。四次战役之后，赵国损失几十万士兵才勉强保住了邯郸。即使赵国赢得了胜利的名声，国家却凋敝不堪了。这是为什么呢？秦国强大而赵国弱小啊。

“如今秦、楚两国联姻，结成兄弟盟国。韩国献出宜阳，魏国献出河外，赵国在渑池朝拜秦王，割让河间来奉侍秦国。假如大王不臣服秦国，秦国就会指使韩国、魏国进攻齐国的南方。赵国出动全部军队，渡过清河，直指博关、临菑，大王就会失掉即墨。国家一旦被进攻，到时候即便想要臣服秦国，也不可能了，因此希望大王三思。”

齐王说：“齐国地处东海边上，偏僻落后，不曾听过为国家长远利益打算的道理。”于是齐王就采纳了张仪的建议。

张仪离开齐国，向西游说赵王说：“敝邑秦王派我这个使臣给大王献上愚见。大王率领天下诸侯来抵抗秦国，秦国的军民十五年不敢出函谷关。大王的声威震慑山东各国，敝邑惶恐，不敢轻举妄动，秣马厉兵，练习骑射，努力耕种，储存粮食，守卫四方边境，担惊受怕地生活着，唯恐大王责备我们的过失。

“如今，在大王的督促下，秦国已经攻克了巴、蜀，吞并了汉中，夺取了东周、西周，迁走了国宝九鼎，据守白马渡口。秦国虽说地处边远，然而过了太久愤怒压抑的日子。现在，秦国渑池正驻扎着一支疲敝的秦军，他们正打算渡过黄河，涉过漳水，攻占番吾，同贵军相会在邯郸城下，将于甲子这一天与贵军交战，以效法武王伐纣，所以秦王郑重地遣使先来敬告大王及其左右。

“大王倡议合纵联盟的原因是苏秦。苏秦迷惑诸侯，颠倒是非。他想要反对齐国，而自己在齐国被五马分尸。显然天下诸侯不可能统一。如今，楚国和秦国已结成了兄弟同盟，而韩国和魏国也已臣服秦国，成为东方的属国。齐国奉献出鱼盐的产地，这就等于斩断了赵国的右臂。断了右臂而和人争斗，失去同伙而孤立无援，想要国家不危险，那是不可能的啊。

“现在，秦国派出三支军队：其中一支军队堵塞午道，通知齐国调兵渡过清河，驻扎在邯郸的东面；一支军队驻扎在成皋，让韩魏的军队驻扎在河外；一支军队驻扎在渑池。四国军队相约联合攻赵。攻破赵国之后，它的土地必然由四国瓜分。所以我不敢隐瞒实情，先把情况告诉大王左右。我私下替大王考虑，不如与秦王在渑池会晤，面对面作个口头约定，请求按兵不动，不要进攻。希望大王拿定主意。”

赵王说：“先王在世的时候，奉阳君专权，蒙骗先王。我深居宫内，跟随老师读书学习，不参与国事。先王谢世时，我还年轻，继位时间也不长，我心中确实对这种做法暗自怀疑，认为各国联合，不奉侍秦国，不是我国长远的利益。于是，我打算改变想法，去掉疑虑，割让土地臣服秦国以谢往日的罪过，我刚备车前往，正遇上听到您高明的训示。”赵王采纳了张仪的建议，张仪才离去。

向北到了燕国，游说燕昭王说：“赵国是大王最亲近的国家。过去赵襄子曾经把自己的姐姐嫁给代王为妻，想吞并代国，约定在句注要塞和代王会晤，命令工匠做了一个加长斗柄的金斗，用它来作为袭击人的武器。赵王与代王共饮，暗中叮嘱厨工：‘趁酒喝到兴起时，你送上热羹，趁机翻转斗柄击杀他。’于是当喝酒喝到酣畅时，送上热腾腾的汤羹，厨工趁机反转斗柄击杀了代王。代王的脑浆迸出，溅了一地。赵王的姐姐听说了这件事，磨快了簪子自杀了，所以遗留了一个摩笄的山名。代王的死，天下人皆知。

“赵王暴戾，六亲不认，大王是有明确见识的，那还能认为赵王可亲吗？赵国出兵攻打燕国，两次围困燕国首都并劫持大王。大王还要割让十座城池向他道歉。如今，赵王已经到渑池朝拜秦王，将河间一带土地献出以奉侍秦国。如今，假如大王不奉侍秦国，秦国将出动武力直下云中、九原，驱遣赵国进攻燕国，那么易水、长城就不再属于大王了。

“而且，现在的赵国与秦国，就如同郡和县的关系，不敢胡乱出兵攻打其他国家。如今，假如大王奉侍秦国，秦王一定高兴，赵国也不敢妄动，这就等于西边有强秦支援，而南边解除了齐国、赵国的忧虑，所以希望大王三思。”

燕王说：“我就像蛮夷一样处于落后荒僻的地方，这里的人即使是男子汉，都仅仅像个婴儿，无法凭借他们的言论做出正确的决策。如今，承蒙您的教诲，我愿意向西面奉侍秦国，献出恒山下五座城池。”燕王采纳了张仪的建议。张仪向秦王复命，还没走到咸阳，秦惠王就去世了，武王即位。武王还是太子时，他就不喜欢张仪，等到继承王位，很多大臣在他面前说张仪的坏话：“张仪不诚信，出尔反尔，出卖国家，以博取国君的宠信。秦国如果再任用他，恐怕被天下人耻笑。”诸侯们听说张仪和武王不和，都纷纷背叛了连横政策，又恢复了合纵联盟。

秦武王元年，大臣们不停地诋毁张仪，而齐国又派人来指责张仪。张仪怕死，就趁机对武王说：“我有个不成熟的计策，希望献给大王。”武王说：“是什么？”张仪说：“为秦国着想，必须使东方各国发生重大变故，大王才能多获得土地。如今，听说齐王恨透了我，我在哪个国家，他就出兵讨伐哪个国家。所以，我希望让我到魏国去，齐国必然要出兵进攻魏国。魏国和齐国的军队厮杀于城下的时候，大王利用这个空隙攻打韩国，攻进三川，军队开出函谷关而不要进攻其他国家，直接挺进周都，周天子一定会将祭器献出。这时，大王就可以挟天子以令诸侯，这是帝王的功业啊。”秦王认为他说的有道理，就备了三十辆兵车，送张仪到魏国。齐王果然出兵进攻魏国。梁哀王很害怕。张仪说：“大王不要担忧，我有办法让齐国罢兵。”于是，张仪就派门客冯喜到楚国，再借楚国的使臣到齐国，对齐王说：“大王恨透了张仪；即便如此，可是大王让张仪在秦国有所依托，也算周到了啊！”齐王说：“我对张仪恨之入骨，张仪在哪里，我就出兵攻打哪里，我怎么让张仪有所依托呢？”回答说：“这就是大王让张仪有所依托呀。张仪离开秦国时，本来与秦王约定说：‘替大王着想，必须使东方各国发生重大变化，大王才能获得更多的土地。如今齐国恨透了我，我在哪个国家，他就出兵攻打哪个国家。所以我希望让我这个不成才的人到魏国，齐国一定会出兵攻打魏国。魏国和齐国的军队厮杀于城下的时候，大王利用这个间隙进攻韩国，打进三川，军队开出函谷关而不要攻打别的国家，直接挺进周都，周天子一定会献出祭器。大王就可以挟天子以令诸侯，这是帝王的功业啊。’秦王认为他说的有道理，所以准备了兵车三十辆，送张仪去了魏国。如今，张仪去了魏国，大王果然攻打它。这样在国内疲敝的时候向外攻打自己的邦国，广泛地树敌，祸殃自身，却让张仪获得秦国的信任。这就是我所说的‘让张仪有所依托’呀。”齐王说：“好。”就取消了攻打魏国的战争。

张仪出任魏国国相一年，就死在魏国了。

张仪死了以后，犀首到秦国出任国相。曾经佩戴五国相印，做了联盟的领袖。

太史公说：三晋之地出了很多权变的人物，那些主张合纵、连横使秦国强大的人物多是三晋人。张仪的手段比苏秦更狠，可是社会上多厌恶苏秦，其原因是因为他死在先而张仪暴露了他合纵政策的短处，用来维护自己的主张，促成连横政策的成功。总而言之，这两个人都是倾危之士。

张 良 传

【原文】

留侯张良者，其先韩人也。大父开地，相韩昭侯、宣惠王、襄哀王。父平，相釐王、悼惠王。悼惠王二十三年，平卒。卒二十岁，秦灭韩。良年少，未宦事韩。韩破，良家僮三百人，弟死不葬，悉以家财求客刺秦王，为韩报仇，以大父、父五世相韩故。

良尝学礼淮阳。东见仓海君，得力士，为铁椎重百二十斤。秦皇帝东游，良与客狙击秦皇帝博浪沙中，误中副车。秦皇帝大怒，大索天下，求贼甚急，为张良故也。良乃更名姓，亡匿下邳。

良尝闲从容步游下邳圯上，有一老父，衣褐，至良所，直堕其履圯下，顾谓良曰："孺子，下取履！"良愕然，欲殴之，为其老，强忍，下取履。父曰："履我！"良业为取履，因长跪履之。父以足受，笑而去。良殊大惊，随目之，父去里所，复还，曰："孺子可教矣。后五日平明，与我会此。"良因怪之，跪曰："诺。"五日平明，良往。父已先在，怒曰："与老人期，后，何也？"去，曰："后五日早会。"五日鸡鸣，良往。父又先在，复怒曰："后，何也？"去，曰："后五日复早来。"五日，良夜未半往。有顷，父亦来，喜曰："当如是。"出一编书，曰："读此则为王者师矣。后十年兴，十三年孺子见我济北，谷城山下黄石即我矣。"遂去，无他言，不复见。旦日视其书，乃《太公兵法》也。良因异之，常习诵读之。

居下邳，为任侠。项伯常杀人，从良匿。

后十年，陈涉等起兵，良亦聚少年百余人。景驹自立为楚假王，在留。良欲往从之，道遇沛公。沛公将数千人，略地下邳西，遂属焉。沛公拜良为厩将。良数以《太公兵法》说沛公，沛公善之，常用其策。良为他人者，皆不省。良曰："沛公殆天授。"故遂从之，不去见景驹。

及沛公之薛，见项梁。项梁立楚怀王。良乃说项梁曰："君已立楚后，而韩诸公子横阳君成贤，可立为王，益树党。"项梁使良求韩成，立以为韩王。以良为韩申徒，与韩王将千余人西略韩地，得数城，秦辄复取之，往来为游兵颍川。

沛公之从洛阳南出轘辕，良引兵从沛公，下韩十余城，击破杨熊军。沛公乃令韩王成留守阳翟，与良俱南，攻下宛，西入武关。沛公欲以兵二万人击秦峣下军，良说曰："秦兵尚强，未可轻。臣闻其将屠者子，贾竖易动以利。愿沛公且留壁，使人先行，为五万人具食，益为张旗帜诸山上，为疑兵，令郦食其持重宝啖秦将。"秦将果畔（叛），欲连和俱西袭咸阳。沛公欲听之。良曰："此独其将欲叛耳，恐士卒不从。不从必危，不如因其解击之。"沛公乃引兵击秦军，大破之。（遂）北至蓝田，再战，秦兵竟败。遂至咸阳，秦王子婴降沛公。

沛公入秦宫，宫室帷帐狗马重宝妇女以千数，意欲留居之。樊哙谏沛公出舍，沛公不听。良曰："夫秦为无道，故沛公得至此。夫为天下除残贼，宜缟素为资。今始入秦，即安其乐，此所谓'助桀为虐'。且'忠言逆耳利于行，毒药苦口利于病'，愿沛公听樊哙言。"沛公乃还军霸上。

项羽至鸿门下，欲击沛公，项伯乃夜驰入沛公军，私见张良，欲与俱去。良曰："臣为韩王送沛公，今事有急，亡去不义。"乃具以语沛公。沛公大惊，曰："为将奈何？"

良曰："沛公诚欲倍项羽邪？"沛公曰："鲰生教我距关无内诸侯，秦地可尽王，故听之。"良曰："沛公自度能却项羽乎？"沛公默然良久，曰："固不能也。今为奈何？"良乃固要项伯。项伯见沛公。沛公与饮为寿，结宾婚。令项伯具言沛公不敢倍项羽，所以距关者，备他盗也。及见项羽后解，语在项羽事中。

汉元年正月，沛公为汉王，王巴蜀。汉王赐良金百镒，珠二斗，良具以献项伯。汉王亦因令良厚遗项伯，使请汉中地。项王乃许之，遂得汉中地。汉王之国，良送至褒中，遣良归韩。良因说汉王曰："王何不烧绝所过栈道，示天下无还心，以固项王意。"乃使良还。行，烧绝栈道。

良至韩，韩王成以良从汉王故，项王不遣成之国，从与俱东。良说项王曰："汉王烧绝栈道，无还心矣。"乃以齐王田荣反，书告项王。项王以此无西忧汉心，而发兵北击齐。

项王竟不肯遣韩王，乃以为侯，又杀之彭城。良亡，间行归汉王，汉王亦已还定三秦矣。复以良为成信侯，从东击楚。至彭城，汉败而还。至下邑，汉王下马踞鞍而问曰："吾欲捐关以东等弃之，谁可与共功者？"良进曰："九江王黥布，楚枭将，与项王有郄，彭越与齐王田荣反梁地：此两人可急使。而汉王之将独韩信可属大事，当一面。即欲捐之，捐之此三人，则楚可破也。”汉王乃遣随何说九江王布，而使人连彭越。及魏王豹反，使韩信将兵击之，因举燕、代、齐、赵。然卒破楚者，此三人力也。

张良多病，未尝特将也，常为画策臣，时时从汉王。

汉三年，项羽急围汉王荥阳，汉王恐忧，与郦食其谋桡楚权。食其曰：“昔汤伐桀，封其后于杞。武王伐纣，封其后于宋。今秦失德弃义，侵伐诸侯社稷，灭六国之后，使无立锥之地。陛下诚能复立六国后世，毕已受印，此其君臣百姓必皆戴陛下之德，莫不乡风慕义，愿为臣妾。德义已行，陛下南乡称霸，楚必敛衽而朝。”汉王曰：“善。趣刻印，先生因行佩之矣。”

食其未行，张良从外来谒。汉王方食，曰：“子房前！客有为我计桡楚权者。”具以郦生语告于子房，曰：“何如？”良曰：“谁为陛下画此计者？陛下事去矣。”汉王曰：“何哉？”张良对曰：“臣请藉前箸为大王筹之。”曰：“昔者汤伐桀而封其后于杞者，度能制桀之死命也。今陛下能制项籍之死命乎？”曰：“未能也。”“其不可一也。武王伐纣，封其后于宋者，度能得纣之头也。今陛下能得项籍之头乎？”

曰："未能也。""其不可二也。武王入殷，表商容之闾，释箕子之拘，封比干之墓。今陛下能封圣人之墓，表贤者之闾，式智者之门乎？"曰："未能也。""其不可三也。发巨桥之粟，散鹿台之钱，以赐贫穷。今陛下能散府库以赐贫穷乎？"曰："未能也。""其不可四矣。殷事已毕，偃革为轩，倒置干戈，覆以虎皮，以示天下不复用兵。今陛下能偃武行文，不复用兵乎？"曰："未能也。""其不可五矣。休马华山之阳，示以无所为。今陛下能休马无所用乎？"曰："未能也。""其不可六矣。放牛桃林之阴，以示不复输积。今陛下能放牛不复输积乎？"曰："未能也。""其不可七矣。且天下游士离其亲戚，弃坟墓，去故旧，从陛下游者，徒欲日夜望咫尺之地。今复六国，立韩、魏、燕、赵、齐、楚之后，天下游士各归事其主，从其亲戚，反其故旧坟墓，陛下与谁取天下乎？其不可八矣。且夫楚唯无强，六国立者复桡而从之，陛下焉得而臣之？诚用客之谋，陛下事去矣。"汉王辍食吐哺，骂曰："竖儒，几败而公事！"令趣销印。

汉四年，韩信破齐而欲自立为齐王，汉王怒。张良说汉王，汉王使良授齐王信印，语在淮阴事中。

其秋，汉王追楚至阳夏南，战不利而壁固陵，诸侯期不至。良说汉王，汉王用其计，诸侯皆至。语在项籍事中。

汉六年正月，封功臣。良未尝有战斗功，高帝曰："运筹策帷帐中，决胜千里外，子房功也。自择齐三万户。"良曰："始臣起下邳，与上会留，此天以臣授陛下。陛下用臣计，幸而时中，臣愿封留足矣，不敢当三万户。"乃封张良为留侯，与萧何等俱封。

六年上已封大功臣二十余人，其余日夜争功不决，未得行封。上在洛阳南宫，从复道望见诸将往往相与坐沙中语。上曰："此何语？"留侯曰："陛下不知乎？此谋反耳。"上曰："天下属安定，何故反乎？"留侯曰："陛下起布衣，以此属取天下；今陛下为天子，而所封皆萧、曹故人所亲爱，而所诛者皆生平所仇怨。今军吏计功，以天下不足遍封，此属畏陛下不能尽封，恐又见疑平生过失及诛，故即相聚谋反耳。"上乃忧曰："为之奈何？"留侯曰："上平生所憎，群臣所共知，谁最甚者？"上曰："雍齿与我故，数尝窘辱我。我欲杀之，为其功多，故不忍。"留侯曰："今急先封雍齿以示群臣，群臣见雍齿封，则人人自坚矣。"于是上乃置酒，封雍齿为什方侯，而急趣丞相、御史定功行封。群臣罢酒，皆喜曰："雍齿尚为侯，我属无患矣。"

刘敬说高帝曰："都关中。"上疑之。左右大臣皆山东人，多劝上都洛阳："洛阳东有成皋，西有殽、黾，倍河，向伊、洛，其固亦足恃。"留侯曰："洛阳虽有此固，其中小，不过数百里，田地薄，四面受敌，此非用武之国也。夫关中左殽、函，右陇、蜀，沃野千里，南有巴蜀之饶，北有胡苑之利，阻三面而守，独以一面东制诸侯。诸侯安定，河、渭漕挽天下，西给京师；诸侯有变，顺流而下，足以委输。此所谓金城千里，天府之国也，刘敬说是也。"于是高帝即日驾，西都关中。

留侯从入关。留侯性多病，即道引不食谷，杜门不出岁余。

上欲废太子，立戚夫人子赵王如意。大臣多谏争，未能得坚决者也。吕后恐，不知所为。人或谓吕后曰："留侯善画计策，上信用之。"吕后乃使建成侯吕泽劫留侯，曰："君常为上谋臣，今上欲易太子，君安得高枕而卧乎？"留侯曰："始上数在困急之中，幸用臣策。今天下安定，以爱欲易太子，骨肉之间，虽臣等百余人何益。"吕泽强要曰："为我画计。"留侯曰："此难以口舌争也。顾上有不能致者，天下有四人。四人者年老矣，皆以为上慢侮人，故逃匿山中，义不为汉臣。然上高此四人。今公诚能无爱金玉璧帛，令太子为书，卑辞安车，因使辩士固请，宜来。来，以为客，时时从入朝，令上见之，则必异而问之。问之，上知此四人贤，则一助也。”于是吕后令吕泽使人奉太子书，卑辞厚礼，迎此四人。四人至，客建成侯所。

汉十一年，黥布反，上病，欲使太子将，往击之。四人相谓曰：“凡来者，将以存太子。太子将兵，事危矣。”乃说建成侯曰：“太子将兵，有功则位不益太子；无功还，则从此受祸矣。且太子所与俱诸将，皆尝与上定天下枭将也，今使太子将之，此无异使羊将狼也，皆不肯为尽力，其无功必矣。臣闻‘母爱者子抱’，今戚夫人日夜待御，赵王如意常抱居前，上曰‘终不使不肖子居爱子之上’，明乎其代太子位必矣。君何不急请吕后承间为上泣言：‘黥布，天下猛将也，善用兵，今诸将皆陛下故等夷，乃令太子将此属，无异使羊将狼，莫肯为用，且使布闻之，则鼓行而西耳。上虽病，强载辎车，卧而护之，诸将不敢不尽力。上虽苦，为妻子自强。’”于是吕泽立夜见吕后，吕后承间为上泣涕而言，如四人意。上曰：“吾惟竖子固不足遣，而公自行耳。”于是上自将兵而东，群臣居守，皆送至霸上。留侯病，自强起，至曲邮，见上曰：“臣宜从，病甚。楚人剽疾，愿上无与楚人争锋。”因说上曰：“令太子为将军，监关中兵。”上曰：“子房虽病，强卧而傅太子。”是时叔孙通为太傅，留侯行少傅事。

汉十二年，上从击破布军归，疾益甚，愈欲易太子。留侯谏，不听，因疾不视事。叔孙太傅称说引古今，以死争太子。上详许之，犹欲易之。及燕，置酒，太子侍。四人从太子，年皆八十有余，须眉皓白，衣冠甚伟。上怪之，问曰：“彼何为者？”四人前对，各言名姓，曰东园公，角里先生，绮里季，夏黄公。上乃大惊，曰：“吾求公数岁，公辟逃我，今公何自从吾儿游乎？”四人皆曰：“陛下轻士善骂，臣等义不受辱，故恐而亡匿。窃闻太子为人仁孝，恭敬爱士，天下莫不延颈欲为太子死者，故臣等来耳。”上曰：“烦公幸卒调护太子。”

四人为寿已毕，趋去。上目送之，召戚夫人指示四人者曰：“我欲易之，彼四人辅之，羽翼已成，难动矣。吕后真而主矣。”戚夫人泣，上曰：“为我楚舞，吾为若楚歌。”歌曰：“鸿鹄高飞，一举千里。羽翮已就，横绝四海。横绝四海，当可奈何！虽有矰缴，尚安所施！”歌数阕，戚夫人嘘唏流涕，上起去，罢酒。竟不易太子者，留侯本招此四人之力也。

留侯从上击代，出奇计马邑下，及立萧何相国，所与上从容言天下事甚众，非天下所以存亡，故不著。留侯乃称曰："家世相韩，及韩灭，不爱万金之资，为韩报仇强秦，天下振动。今以三寸舌为帝者师，封万户，位列侯，此布衣之极，于良足矣。愿弃人间事，欲从赤松子游耳。"乃学辟谷，道引轻身。会高帝崩，吕后德留侯，乃强食之，曰："人生一世间，如白驹过隙，何至自苦如此乎！"留侯不得已，强听而食。

后八年卒，谥为文成侯。子不疑代侯。

子房始所见下邳圯上老父与《太公书》者，后十三年从高帝过济北，果见谷城山下黄石，取而葆祠之。留侯死，并葬黄石冢。每上冢伏腊，祠黄石。

留侯不疑，孝文帝五年坐不敬，国除。

太史公曰：学者多言无鬼神，然言有物。至如留侯所见老父予书，亦可怪矣。高祖离困者数矣，而留侯常有功力焉，岂可谓非天乎？上曰："夫运筹策帷帐之中，决胜千里外，吾不如子房。"余以为其人计魁梧奇伟，至见其图，状貌如妇人好女。盖孔子曰："以貌取人，失之子羽。"留侯亦云。

《史记·留侯世家》

【译文】

留侯张良，他是韩国人的后裔。祖父开地，做过韩昭侯、宣惠王、襄哀王的相。父亲平，做过釐王、悼惠王的相。悼惠王二十三年（前250），父亲平去世。张良的父亲死后二十年，秦国灭亡了韩国。张良当时年纪轻，没有在韩国做官。韩国灭亡后，张良家有奴仆三百人，弟弟死了不厚葬，用全部财产寻求勇士谋刺秦王，为韩国报仇，这是因为他的祖父、父亲任过五代韩王之相的缘故。

张良曾经在淮阳学习礼法，到东方见到了仓海君。他找到一个大力士，造了一个一百二十斤重的铁锤。秦始皇到东方巡游，张良与大力士在博浪沙这个地方袭击秦始皇，结果误中了副车。秦始皇大怒，在全国大肆搜捕、寻拿刺客，非常急迫。张良于是改名换姓，逃到下邳躲藏起来。

张良闲暇时在下邳桥上散步。有一个穿着粗布衣裳的老人走到张良跟前，故意把他的鞋甩到桥下，之后看着张良，说："小子，去，把鞋给我捡上来！"

张良有些惊讶，想打他，因为见他年纪大了，勉强地忍了下来，下去捡来了鞋。老人说：“给我把鞋穿上！”张良既然已经替他把鞋捡了上来，就跪着帮他穿好。老人穿上鞋，笑着走了。张良十分惊讶，久久望着老人的身影。老人离开了约有一里路，又返回来，说：“你这个孩子秉性不错，可以教导教导。五天以后天刚亮时，我们在这里见面。”张良觉得这件事很奇怪，跪下来答应说：“是。”五天后的拂晓，张良去到那里。老人已先在那里等候了，他愠怒地说：“跟老年人约好了，反而迟到，是何缘故？”老人离去，并说：“五天以后还在这里见面，早点来。”五天后鸡一叫，张良就去了。老人又等在那里，生气地说：“又来晚了，这是为什么？”老人离开说：“五天后再早点儿来。”五天后，张良不到半夜就去了。过了一会儿，老人也来了，高兴地说：“应当像这样才好。”老人拿出一部书，说：“读懂了这部书就有能力做帝王的老师了。十年以后你就会发迹。十三年后你到济北来找我，谷城山下的黄石就是我。”说完便走了，没有留下别的话，从此也没有见到这位老人。天明时，张良打开老人送的书一看，原来是《太公兵法》。张良觉得这部书非同寻常，经常学习、诵读它。

张良住在下邳时，尚义任侠。项伯曾经杀了人，跟随张良躲藏起来。

十年后，陈涉等人起兵反秦，张良也招募了一百多个青年。景驹自立为代理楚王，驻在留县。张良打算前去投奔他，途中遇见了沛公。沛公率领几千人，夺取下邳以西的地方，张良便追随了他。沛公封张良为厩将。张良多次根据《太公兵法》向沛公献策，沛公对他非常赏识，常常采纳他的计策。张良对别人讲这些，别人都不能明白。张良说："沛公大概是天赐予人间的。"所以张良就归服了沛公，没有离开他去见景驹。

沛公后来到了薛地，会见项梁。项梁拥立了楚怀王。张良于是劝项梁道："您已经拥立了楚王的后人，韩国各位公子中数横阳君韩成最贤能，可以拥立为王，增加同盟力量。"项梁派张良去寻找韩成，立他为韩王。封张良为韩国司徒，随韩王率领一千多人向西收复韩国的失地。夺得几座城池，随即又被秦军夺了回去，韩军在颍川一带游击作战。

沛公从洛阳向南过轘辕山时，张良跟从沛公攻下韩地十余座城池，打败了杨熊的军队。沛公于是让韩王成留守在阳翟，自己同张良南下，进攻宛县，向西攻入武关。沛公打算以两万兵力进攻秦朝峣关的军队，张良劝阻说：“秦军仍旧强大，不可小视。我听说把守峣关的将领是屠夫的儿子，市侩容易利诱。希望沛公留守军营，派人先去打探，预备五万人的粮草，在各个山头上多挂几面旗帜，叫郦食其（yì jī）带着珍宝利诱秦军的将领。”秦军的将领果然见利忘义，背叛了秦朝，打算跟沛公联合起来向西进攻咸阳。沛公打算采纳秦将的计策。张良说：“目前只是峣关的守将想反叛罢了，他部下的士兵们恐怕不听从。士兵不从必定带来损失，不如趁着他们松懈时攻打他们。”沛公于是率兵攻打秦军，大败敌兵。然后追击败军到蓝田，第二次交战，秦兵终于溃败。沛公于是攻占了咸阳，秦王子婴投降了沛公。

沛公进入秦宫，那里的王宫、帐幕、狗马、珍宝、美女，数以千计。沛公的意图是打算留在宫里住下。樊哙劝沛公出去住，沛公不听。张良说：“秦朝残暴无道，所以沛公才能来到这里替天下铲除暴秦。现在主上刚刚攻入秦都，应该以清廉朴素为本。这时就要安逸享乐，那真是人们说的‘助桀为虐’。况且‘忠言逆耳利于行，良药苦口利于病’，希望沛公能够听进樊哙的意见。”沛公这才回车驻在霸上。

项羽驻扎在鸿门下，想要攻打沛公。项伯连夜急驰，来到沛公的军营，私下里会见张良，想让张良随他一道离开。张良说：“我是替韩王陪伴沛公的，如今情况危急，此时逃离不合道义。”于是就将情况向沛公如实禀报。沛公吃惊不小，说：“怎么办才好呢？”张良说：“沛公真的要背叛项羽吗？”沛公说：“无知小人教我封锁函谷关阻止诸侯们进来，说这样就可以在秦朝的土地上称王了，于是就听从了这种意见。”张良说：“沛公您认为自己能够打退项羽吗？”沛公沉吟半晌，说：“本来是不能的。现在怎么办好呢？”张良于是邀请项伯见沛公。项伯与沛公见面同饮，为他敬酒祝福，并结为姻亲。沛公请项伯向项羽说明沛公不敢背叛项羽，沛公之所以封锁函谷关，是为了防备强盗。等到沛公见了项羽以后，双方和解。

汉元年（前206）正月，沛公做了汉王，统辖巴蜀地区。汉王赏赐张良黄金百镒，珍珠二斗，张良把它们都转赠给了项伯。汉王也因此让张良厚赠项伯，请项伯代他谋求汉中地区。项王答应了汉王的请求，汉王于是得到了汉中地区。汉王到封国去，张良送他到褒中。汉王让张良返回韩国。张良便劝说汉王："大王为何不将所经过的栈道烧断，向天下表示不再回来的决心，以此稳住项王。"汉王便让张良返回韩国。汉王行进中，烧断栈道。

张良到了韩国。因为张良跟随汉王的缘故，项王不派韩成到封国去，让他跟自己东去。张良向项王解释说："汉王烧断了栈道，已经没有回来的意思了。"张良便把齐王田荣反叛之事写信报告项王。项王由此对西边的汉王很是放心，开始起兵攻打北方的齐国。

项王最终不肯派韩王回韩国，于是贬他为侯，又于彭城杀了他。张良逃跑，走小路偷偷回到汉王处。汉王这时平定了三秦。汉王又封张良为成信侯，随同东征楚国。到了彭城，汉军战败而归。行至下邑，汉王下马靠着马鞍问道："我打算舍弃函谷关以东作为封赏，谁能够同我一起建立功业呢？"张良进言说："九江王黥布是楚国的一员猛将，同项王有嫌隙；彭越与齐王田荣在梁地反楚。这两个人可用。汉王的将领中只有韩信可托付大事。如果要舍弃这些地方，就把它们送给这三个人，那么就可以打败楚国了。"于是汉王派随何去劝说九江王黥布，又派人去联系彭越。等到魏王豹反汉，汉王派韩信率兵进攻他，乘势占领了燕、代、齐、赵等国的土地。而最终依靠这三个人的力量击败了楚国。

张良身体病弱，不曾独立带兵作战，一直作为谋臣，时时跟从汉王。

汉三年（前204），项羽把汉王围困在荥阳。汉王惊恐忧虑，与郦食其商议如何削弱楚国的势力。郦食其说："昔日商汤征讨夏桀，把夏朝后人封在杞国。周武王讨伐商纣，把商朝后人封在宋国。如今秦朝失德政、弃道义，侵伐诸侯各国，消灭了六国的后代，使他们没有立锥之地。陛下如果能够重新封立六国的后代，使他们都接受陛下的印信，这样六国的君臣百姓一定都对陛下感恩戴德，无不归从，仰慕陛下道义，甘愿做陛下的臣民。随着恩德道义的施行，陛下就可以面南称霸，楚王一定整好衣冠恭恭敬敬地前来朝拜了。”汉王说：“好。赶快刻制印信，先生就可以带着这些印出发了。”

还没等郦食其动身，正巧张良从外面回来谒见汉王。汉王正在吃饭，说：“子房过来！有一个客人为我献计削弱楚国的势力。”接着把郦食其的计划都告诉了张良，然后问道：“您怎么看？”张良说：“是谁出的这个主意？陛下的大事要失败了。”汉王说：“为什么呢？”张良回答说：“请允许我借用您面前的筷子为大王说明一下形势。”接着说：“昔日商汤征讨夏桀，封夏朝的后代于杞国，那是估计到能消灭桀。当前陛下能置项籍于死地吗？”汉王说：“不能。”张良说：“这是第一个原因。周武王征讨商纣而封商朝的后代于宋国，那是估计到能砍了纣王的脑袋。现在陛下能砍了项籍的脑袋吗？”汉王说：“不能。”张良说：“这是第二个原因。武王攻入商的都城后，在商容居处的大门上表彰他，释放被囚禁的箕子，重新修葺比干的坟墓。如今陛下能重新修筑圣人的坟墓，在贤人住处的大门表彰他，在有智慧的人们面前向他致敬吗？”汉王说：“不能。”张良说：“这是第三个原因。周武王曾打开巨桥粮仓的存粮发放给百姓，将鹿台府库的钱财赏赐给贫苦的百姓。目前陛下能散发仓库的财物来周济穷人吗？”汉王说：“不能。”张良说：“这是不能那样做的第四个原因。周武王灭掉商朝以后，废止战车，改为乘车，把兵器倒置，盖上虎皮，用以向天下表明不再动用武力。现在陛下能停止战争，推行文治，不再打仗了吗？”汉王说：“不能。”张良说：“这是第五个原因。周武王在华山的南面放牧战马，以此表明战马已经没有用武之地。眼下陛下能让战马休息不再使用它们吗？”汉王说：“不能。”张良说：“这是第六个原因。周武王把牛放牧在桃林的北面，以此表明不再运送储存作战用的粮草。而今陛下能不再用牛群运输、积聚粮草了吗？”汉王说：“不能。”张良说：“这是第七个原因。再说天下从事游说的人离开他们的亲人，背井离乡，告别了故交，跟随陛下各处奔走，只是日夜期盼着得到一块微不足道的封地。假如恢复六国，封立韩、魏、燕、赵、齐、楚的后代，天下从事游说活动的人各自回去辅佐他们的主公，陪伴他们的亲人，返回他们的故乡，还有谁帮助陛下夺取天下呢？这是第八个原因。当前只有抑制楚国的强大才行，否则六国被封立的后代重新屈从楚国，陛下怎么能够使他们臣服？如果真的要采用此人的计策，陛下的大事就完了。”汉王饭也不吃了，吐出口中的食物，骂道：“这个书呆子，差一点坏了我的大事！”于是下令赶快销毁那些印信。

汉四年（前203），韩信攻下齐国想自立为齐王，汉王大怒。张良劝说汉王，汉王才派张良授予韩信“齐王信”的印信。

这年秋天，汉王追击楚军到阳夏南面，战事失利，坚守固陵营垒不出。诸侯本来约好前来，但没有到。张良向汉王献策，汉王采用了他的谋略，诸侯才都来到。

汉六年（前201）正月，封赏功臣。张良没有战功，高帝说：“在营帐之中出谋划策，而能决定千里之外的胜负，这就是子房的功劳。让张良自己从齐国选择三万户作为封邑。”张良说：“当初我起事于下邳，与主上在留县会合，这是上天把我交给陛下。陛下采纳我的计谋，幸而经常生效，我只愿受封留县足矣，不敢承受三万户。”于是封张良为留侯，同萧何等人一起受封。

皇上封赏了二十多个大功臣，其余的人日夜争功，分不出高下，没有封赏。皇上在洛阳南宫，从桥上常常望见一些将领坐在沙地上议论。皇上说：“这些人在说什么？”留侯说：“陛下不知道吗？这是在商议造反呀。”皇上说：“天下就要安定了，为什么还要谋反呢？”留侯说：“陛下以平民身份起事，依靠这些人夺取了天下，现在陛下做了天子，而所封赏的都是萧何、曹参这些陛下亲近的老臣，所诛杀的都是仇恨的人。如今军官们计算功劳，认为天下的土地不够一一封赏的，这些人怕得不到陛下的封赏，又怕被怀疑到平生的过失而至于遭受诛杀，所以就聚在一起图谋造反了。”皇上于是忧心忡忡地说：“这件事该怎么办呢？”留侯说：“众所周知的皇上平生最憎恨谁？”皇上说：“雍齿与我有宿怨，曾多次使我受窘受辱。我原想杀掉他，因为他的功劳多，所以不忍心。”留侯说：“现在赶紧先封赏雍齿来给群臣看，群臣见雍齿都被封赏，那么每人对自己能受封就坚信不疑了。”于是皇上便摆设酒宴，封雍齿为什方侯，并紧迫地催促丞相、御史评定功劳，施行封赏。群臣吃过酒后，都高兴地说：“雍齿尚且被封为侯，我们这些人就不担忧了。”

刘敬劝谏高帝说：“要以关中为都城。”皇上对此疑虑重重。左右的大臣都是关东地区的人，多数劝皇上定都洛阳，他们说：“洛阳东面有成皋，西面有崤山、渑池，背靠黄河，面向伊水、洛水，它的险要和坚固也足可以依靠。”留侯说：“洛阳虽然有这样险固，但它中间的地域狭小，不过几百里，土地贫瘠，四面受敌，这里不是用武之地。关中东面有崤山、函谷关，西面有陇山、岷山，肥沃的土地方圆千里，南面有富饶的巴、蜀两郡，北面有利于放牧的胡苑，依靠三面的险阻来固守，只用东方一面控制诸侯。如果诸侯安定，可由黄河、渭河运粮食供给京都；如果诸侯发生变故，可顺流而下运送物资。这正是所谓‘金城千里，天府之国’，刘敬的建议是对的。”于是高帝当即决定往西定都关中。

留侯跟随高帝入关。他身体多病，便施行道术，不食五谷，有一年多闭门不出。

皇上打算废掉太子刘盈，立戚夫人的儿子赵王如意为太子。很多大臣进谏劝阻，都没能改变高帝坚定不移的想法。吕后很忧恐，不知如何是好。有人对吕后说："留侯善于谋略，皇上信任他。"吕后就派建成侯吕泽威逼留侯说："您一直是皇上的心腹谋臣，现在皇上打算废立太子，您怎么能高枕无忧呢？"留侯说："当初皇上多次临难，采用了我的计谋。如今天下太平，由于偏爱而想废立太子，这些家务事，即使有一百个谋士进谏又有什么用处。"吕泽要挟说："一定得给我出个主意。"留侯说："这件事是很难争辩清楚的。皇上不能招致而来的，天下有四个人。这四个人已经上了年纪了，都认为皇上对人骄慢，所以躲藏在山中。他们遵循道义不肯在汉朝为官。但是皇上很敬重这四贤翁。现在您如果不惜重金，让太子写一封信，言辞谦恭，并预备车马，再派能言善辩的人恳切地邀请，他们应当会来。来了以后，把他们当贵宾一样款待，让他们时常跟着入朝，叫皇上见到他们，那么皇上一定会感到惊诧并询问。一问，皇上知道四翁贤能，那么这对太子一定有所帮助。”于是吕后让吕泽派人携带太子的书信，用谦恭的言辞和丰厚的礼品迎请四翁前来。四翁来了，就住在建成侯的府第中，被视为上宾。

汉十一年（前196），黥布造反，重病在床的皇上打算派太子率兵前往讨伐叛军。这四个人互相商议说：“我们之所以来，是为了要保全太子，太子如果领兵平叛，事情就危险了。”于是劝告建成侯说：“太子率兵出战，如立了功，那么权位也不会高过太子；如无功而返，那么从这以后就遭受祸患了。再说跟太子一起出征的将领都是曾经同皇上一起打天下的猛将，如今让太子统率这些人，这和让羊指挥狼一样，他们决不肯为太子卖力，太子不能建功是必定的了。我们听说‘爱其母必抱其子’，现在戚夫人日夜侍奉皇上，赵王如意常被抱在皇上面前，皇上说‘终归不能让不成器的儿子居于我的爱子之上’，显然，赵王如意取代太子的宝位是无疑的了。您何不赶紧请吕后借机会向皇上哭诉：‘黥布是天下的猛将，很会将兵作战，现今的各位将领都是同陛下出生入死的，您却让太子统率这些人，这和让羊指挥狼没有两样，不会有人肯为太子效力，而且如让黥布听说这个情况，就会大举向西进犯。皇上虽然患病，还可以勉强地乘坐辎车，躺着统辖军队，众将不敢不尽力。皇上虽然受些辛苦，为了妻儿还是要自己努力一下。’”于是吕泽当夜晋见吕后，吕后找机会向皇上哭诉，说了四个人授意的那番话。皇上说：“我就想到这小子不行，本来不能派遣他，老子自己去吧。”于是皇上亲自带兵东征，群臣留守，都送到霸上。留侯患病，自己勉强支撑起来，送到曲邮，谒见皇上说：“我本应跟从前往，但病势沉重。楚国人马迅捷，希望皇上不要跟楚国人相争高下。”留侯又趁机规劝皇上说：“让太子做将军，监守关中的军队吧。”皇上说：“子房虽然患病，也要勉强在病榻中辅佐太子。”这时叔孙通做太傅，留侯任少傅之职。

汉十二年（前195），击败黥布之后，皇上随着军队回来，病势加重，想要更换太子的心情更加迫切。留侯劝谏，皇上不听，留侯就托病不再理事。叔孙太傅引证古今事例进行劝说，死命争保太子。皇上假装答应，但还是想更换太子。等到闲下来的时候，设置酒席，太子在旁侍候。四翁跟着太子，他们的年龄都已八十多岁，须发皆白，衣服庄重。皇上感到奇怪，问道："他们是干什么的？"四翁向前对答，各自说出姓名，叫东园公、角里先生、绮里季、夏黄公。皇上于是大惊说："我访求各位好几年了，各位都躲着我，现在你们为何自愿辅佐我儿呢？"四翁都说："陛下轻慢读书人，我们讲求义理，不愿受辱，所以惶恐地隐居起来。我们私下闻知太子宅心仁厚而且孝顺，谦恭有礼，敬爱士人，天下人争相为太子效力。因此我们就来了。"皇上说："烦劳诸位始终如一地好好辅佐太子吧。"

四翁敬酒已毕，小步快走离去。皇上目送他们，召唤戚夫人过来，指着那四翁给她看，说道："我想废立太子，他们四个人辅佐他，太子的羽翼已丰，难以动摇了。吕后真是你的主人了。"戚夫人哭泣起来，皇上说："你为我跳楚舞，我为你唱楚歌。"皇上唱了几遍，戚夫人流泪不止，皇上起身离去，酒宴结束。皇上最终没废立太子，应该是留侯招致四翁的方法奏效了。

留侯跟随皇上攻打代国，在马邑城下出绝妙好计，劝皇上立萧何为相国。留侯宣称道：“我家世代为韩相，到韩国灭亡，不惜万金，替韩国向强秦报仇，天下为此震动，如今凭借三寸之舌封邑万户，位居列侯，对一个平民来说，这是至高无上的荣誉，我张良已经非常满足了。我愿抛却人世间的一切，随赤松子去遨游。”张良于是学辟谷轻身之道。正值高帝驾崩，吕后感激留侯，便竭力让他进食，说：“人生一世，时光有如白驹过隙一样流逝，何必自己苦行到这种地步啊！”留侯不得已，勉强听命进食。

过后八年，留侯去世，定谥号叫文成侯。他儿子张不疑袭封为侯。

当初，张子房在下邳桥上遇见那个给他《太公兵法》的老者，在分别十三年后，他跟从高帝经过济北时，果然看到谷城山下有一块黄石，便把它带回，每日祭祀它，奉若至宝。留侯去世，一起安葬了黄石。以后每逢祭祀张良的时候，也同时祭祀黄石。

留侯张不疑，在孝文帝五年（前175）因犯了不敬之罪，封号被废除。

太史公说：学者大多说没有神鬼，然而又说有精怪存在。至于像留侯遇见老者赠书的事，真是神奇。高祖多次遭遇围困的情况，而留侯常于危急时刻出谋划策，难道这不是天意吗？皇上说："于营帐之中出谋划策，决定千里之外的胜负，我不如子房。"我原以为此人大概是高大威猛的样子，看到他的画像，相貌却像女子般秀气。孔子说过："按照相貌来评判人，在对待子羽上就有所失。"对于留侯也可以这样说。

陈 平 传

【原文】

陈丞相平者，阳武户牖乡人也。少时家贫，好读书，有田三十亩，独与兄伯居。伯常耕田，纵平使游学。平为人长美色。人或谓陈平曰："贫何食而肥若是？"其嫂嫉平之不视家生产，曰："亦食糠核耳。有叔如此，不如无有。"伯闻之，逐其妇而弃之。

及平长，可娶妻，富人莫肯与者，贫者平亦耻之。久之，户牖富人有张负，张负女孙五嫁而夫辄死，人莫敢娶。平欲得之。邑中有丧，平贫，侍丧，以先往后罢为助。张负既见之丧所，独视伟平，平亦以故后去。负随平至其家，家乃负郭穷巷，以弊席为门，然门外多有长者车辙。张负归，谓其子仲曰："吾欲以女孙予陈平。"张仲曰："平贫不事事，一县中尽笑其所为，独奈何予女乎？"负曰："人固有好美如陈平而长贫贱者乎？”卒与女。为平贫，乃假贷币以聘，予酒肉之资以内妇。负诫其孙曰：“毋以贫故，事人不谨。事兄伯如事父，事嫂如母。”平既娶张氏女，赍用益饶，游道日广。

里中社，平为宰，分肉食甚均。父老曰：“善，陈孺子之为宰！”平曰：“嗟乎，使平得宰天下，亦如是肉矣！”

陈涉起而王陈，使周市略定魏地，立魏咎为魏王，与秦军相攻于临济。陈平固已前谢其兄伯，从少年往事魏王咎于临济。魏王以为太仆。说魏王，不听；人或谗之，陈平亡去。

久之，项羽略地至河上，陈平往归之，从入破秦，赐平爵卿。项羽之东王彭城也，汉王还定三秦而东，殷王反楚。项羽乃以平为信武君，将魏王咎客在楚者以往，击降殷王而还。项王使项悍拜平为都尉，赐金二十镒。居无何，汉王攻下殷。项王怒，将诛定殷者将吏。陈平惧诛，乃封其金与印，使使归项王，而平身间行杖剑亡。渡河，船人见其美丈夫独行，疑其亡将，要中当有金玉宝器，目之，欲杀平。平恐，乃解衣裸而佐刺船。船人知其无有，乃止。

平遂至修武降汉，因魏无知求见汉王，汉王召入。是时万石君奋为汉王中涓，受平谒，入见平。平等七人俱进，赐食。王曰：“罢，就舍矣。”平曰：“臣为事来，所言不可以过今日。”于是汉王与语而说之，问曰：“子之居楚何官？”曰：“为都尉。”是日乃拜平为都尉，使为参乘，典护军。诸将尽讙，曰：“大王一日得楚之亡卒，未知其高下，而即与同载，反使监护军长者！”汉王闻之，愈益幸平。遂与东伐项王。至彭城，为楚所败。引而还，收散兵至荥阳，以平为亚将，属于韩王信，军广武。

绛侯、灌婴等咸谗陈平曰：“平虽美丈夫，如冠玉耳，其中未必有也。臣闻平居家时，盗其嫂；事魏不容，亡归楚；归楚不中，又亡归汉。今日大王尊官之，令护军。臣闻平受诸将金，金多者得善处，金少者得恶处。平，反覆乱臣也，愿王察之。”汉王疑之，召让魏无知。无知曰：“臣所言者，能也；陛下所问者，行也。今有尾生、孝己之行而无益于胜负之数，陛下何暇用之乎？楚汉相距，臣进奇谋之士，顾其计诚足以利国家不耳。且盗嫂受金又何足疑乎？”汉王召让平曰：“先生事魏不中，遂事楚而去，今又从吾游，信者固多心乎？”平曰：“臣事魏王，魏王不能用臣说，故去事项王。项王不能信人，其所任爱，非诸项即妻之昆弟，虽有奇士不能用，平乃去楚。闻汉王之能用人，故归大王。臣裸身来，不受金无以为资。诚臣计画有可采者，顾大王用之；使无可用者，金具在，请封输官，得请骸骨。”汉王乃谢，厚赐，拜为护军中尉，尽护诸将。诸将乃不敢复言。

其后，楚急攻，绝汉甬道，围汉王于荥阳城。久之，汉王患之，请割荥阳以西以和。项王不听。汉王谓陈平曰：“天下纷纷，何时定乎？”陈平曰：“项王为人，恭敬爱人，士之廉节好礼者多归之。至于行功爵邑，重之，士亦以此不附。今大王慢而少礼，士廉节者不来；然大王能饶人以爵邑，士之顽钝嗜利无耻者亦多归汉。诚各去其两短，袭其两长，天下指麾则定矣。然大王恣侮人，不能得廉节之士。顾楚有可乱者，彼项王骨鲠之臣亚父、钟离眛、龙且、周殷之属，不过数人耳。大王诚能出捐数万斤金，行反间，间其君臣，以疑其心，项王为人意忌信谗，必内相诛。汉因举兵而攻之，破楚必矣。”汉王以为然，乃出黄金四万斤与陈平，恣所为，不问其出入。

陈平既多以金纵反间于楚军，宣言诸将钟离眛等为项王将，功多矣，然而终不得裂地而王，欲与汉为一，以灭项氏而分王其地。项羽果意不信钟离眛等。项王既疑之，使使至汉。汉王为太牢具，举进。见楚使，即详惊曰：“吾以为亚父使，乃项王使！”复持去，更以恶草具进楚使。楚使归，具以报项王。项王果大疑亚父。亚父欲急攻下荥阳城，项王不信，不肯听。亚父闻项王疑之，乃怒曰：“天下事大定矣，君王自为之！愿请骸骨归！”归，未至彭城，疽发背而死。陈平乃夜出女子二千人荥阳城东门，楚因击之，陈平乃与汉王从城西门夜出去。遂入关，收散兵复东。

其明年，淮阴侯破齐，自立为齐王，使使言之汉王。汉王大怒而骂，陈平蹑汉王。汉王亦悟，乃厚遇齐使，使张子房卒立信为齐王。封平以户牖乡。用其奇计策，卒灭楚。常以护军中尉从定燕王臧荼。

汉六年，人有上书告楚王韩信反。高帝问诸将，诸将曰：“亟发兵坑竖子耳。”高帝默然。问陈平，平固辞谢，曰：“诸将云何？”上具告之。陈平曰：“人之上书言信反，有知之者乎？”曰：“未有。”曰：“信知之乎？”曰：“不知。”陈平曰：“陛下精兵孰与楚？”上曰：“不能过。”平曰：“陛下将用兵有能过韩信者乎？”上曰：“莫及也。”平曰：“今兵不如楚精，而将不能及，而举兵攻之，是趣之战也，窃为陛下危之。”上曰：“为之奈何？”平曰：“古者天子巡狩，会诸侯。南方有云梦，陛下第出伪游云梦，会诸侯于陈。陈，楚之西界，信闻天子以好出游，其势必无事而郊迎谒。谒，而陛下因禽之，此特一力士之事耳。”高帝以为然，乃发使告诸侯会陈，“吾将南游云梦”。上因随以行。行未至陈，楚王信果郊迎道中。高帝豫具武士，见信至，即执缚之，载后车。信呼曰：“天下已定，我固当烹！”高帝顾谓信曰：“若毋声！而反明矣！”武士反接之。遂会诸侯于陈，尽定楚地。还至洛阳，赦信以为淮阴侯，而与功臣剖符定封。

于是与平剖符，世世勿绝，为户牖侯。平辞曰：“此非臣之功也。”上曰：“吾用先生谋计，战胜克敌，非功而何？”平曰：“非魏无知臣安得进？”上曰；“若子可谓不背本矣。”乃复赏魏无知。其明年，以护军中尉从攻反者韩王信于代。卒至平城，为匈奴所围，七日不得食。高帝用陈平奇计，使单于阏氏，围以得开。高帝既出，其计秘，世莫得闻。

高帝南过曲逆，上其城，望见其屋室甚大，曰：“壮哉县！吾行天下，独见洛阳与是耳。”顾问御史曰：“曲逆户口几何？”对曰：“始秦时三万余户，间者兵数起，多亡匿，今见五千户。”于是乃诏御史，更以陈平为曲逆侯，尽食之，除前所食户牖。

其后常以护军中尉从攻陈豨及黥布。凡六出奇计，辄益邑，凡六益封。奇计或颇秘，世莫能闻也。

高帝从破布军还，病创，徐行至长安。燕王卢绾反，上使樊哙以相国将兵攻之。既行，人有短恶哙者。高帝怒曰：“哙见吾病，乃冀我死也。”用陈平谋而召绛侯周勃受诏床下，曰：“陈平亟驰传载勃代哙将，平至军中即斩哙头！”二人既受诏，驰传未至军，行计之曰：“樊哙，帝之故人也，功多，且又乃吕后弟吕嬃之夫，有亲且贵，帝以愤怒故，欲斩之，则恐后悔。宁囚而致上，上自诛之。”未至军，为坛，以节召樊哙。哙受诏，即反接载槛车，传诣长安，而令绛侯勃代将，将兵定燕反县。

平行闻高帝崩，平恐吕太后及吕嬃谗怒，乃驰传先去。逢使者诏平与灌婴屯于荥阳。平受诏，立复驰至宫，哭甚哀，因奏事丧前。吕太后哀之，曰：“君劳，出休矣。”平畏谗之就，因固请得宿卫中。太后乃以为郎中令，曰：“傅教孝惠。”是后吕嬃谗乃不得行。樊哙至，则赦，复爵邑。

孝惠帝六年，相国曹参卒，以安国侯王陵为右丞相，陈平为左丞相。

王陵者，故沛人，始为县豪，高祖微时，兄事陵。陵少文，任气，好直言。及高祖起沛，入至咸阳，陵亦自聚党数千人，居南阳，不肯从沛公。及汉王之还攻项籍，陵乃以兵属汉。项羽取陵母置军中，陵使至，则东乡坐陵母，欲以招陵。

陵母既私送使者，泣曰："为老妾语陵，谨事汉王。汉王，长者也，无以老妾故，持二心。妾以死送使者。"遂伏剑而死。项王怒，烹陵母。陵卒从汉王定天下。以善雍齿，雍齿，高帝之仇，而陵本无意从高帝，以故晚封，为安国侯。

安国侯既为右丞相，二岁，孝惠帝崩。高后欲立诸吕为王，问王陵，王陵曰："不可。"问陈平，陈平曰："可。"吕太后怒，乃详迁陵为帝太傅，实不用陵。陵怒，谢疾免，杜门竟不朝请，七年而卒。

陵之免丞相，吕太后乃徙平为右丞相，以辟阳侯审食其为左丞相。左丞相不治，常给事于中。

食其亦沛人。汉王之败彭城西，楚取太上皇、吕后为质，食其以舍人侍吕后。其后从破项籍为侯，幸于吕太后。及为相，居中，百官皆因决事。

吕媭常以前陈平为高帝谋执樊哙，数谗曰："陈平为相非治事，日饮醇酒，戏妇女。"陈平闻，日益甚。吕太后闻之，私独喜。面质吕媭于陈平曰："鄙语曰'儿妇人口不可用'，顾君与我何如耳。无畏吕媭之谗也。"

吕太后立诸吕为王，陈平伪听之。及吕太后崩，平与太尉勃合谋，卒诛诸吕，立孝文皇帝，陈平本谋也。审食其免相。

孝文帝立，以为太尉勃亲以兵诛吕氏，功多；陈平欲让勃尊位，乃谢病。孝文帝初立，怪平病，问之。平曰："高祖时，勃功不如臣平。及诛诸吕，臣功亦不如勃。愿以右丞相让勃。"于是孝文帝乃以绛侯勃为右丞相，位次第一；平徙为左丞相，位次第二。赐平金千斤，益封三千户。

居顷之，孝文皇帝既益明习国家事，朝而问右丞相勃曰："天下一岁决狱几何？"勃谢曰："不知。"问："天下一岁钱谷出入几何？"勃又谢不知，汗出沾背，愧不能对。于是上亦问左丞相平。平曰："有主者。"上曰："主者谓谁？"平曰："陛下即问决狱，责廷尉；问钱谷，责治粟内史。"上曰："苟各有主者，而君所主者何事也？"平谢曰："主臣！陛下不知其驽下，使待罪宰相。宰相者，上佐天子理阴阳，顺四时，下育万物之宜，外镇抚四夷诸侯，内亲附百姓，使卿大夫各得任其职焉。"孝文帝乃称善。右丞相大惭，出而让陈平曰："君独不素教我对！"陈平笑曰："君居其位，不知其任邪？且陛下即问长安中盗贼数，君欲强对邪？"于是绛侯自知其能不如平远矣。居顷之，绛侯谢病请免相，陈平专为一丞相。

孝文帝二年，丞相陈平卒，谥为献侯。子共侯买代侯。二年卒，子简侯恢代侯。二十三年卒，子何代侯。二十三年，何坐略人妻，弃市，国除。

始陈平曰："我多阴谋，是道家之所禁。吾世即废，亦已矣，终不能复起，以吾多阴祸也。"然其后曾孙陈掌以卫氏亲贵戚，愿得续封陈氏，然终不得。

太史公曰：陈丞相平少时，本好黄帝、老子之术。方其割肉俎上之时，其意固已远矣。倾侧扰攘楚魏之间，卒归高帝。常出奇计，救纷纠之难，振国家之患。及吕后时，事多故矣，然平竟自脱，定宗庙，以荣名终，称贤相，岂不善始善终哉！非知谋孰能当此者乎？

《史记·陈丞相世家》

【译文】

陈丞相陈平，是阳武户牖乡人，小时候家里贫穷，喜欢读书。他家里有三十亩田地，和哥哥陈伯相依为命。哥哥陈伯总是在田间耕作，听任弟弟陈平出外游学。陈平身材高大、仪表堂堂。常有人问陈平：

“家里那么穷，你是怎么吃得这么壮实的？”他嫂子恼恨陈平不顾家、不劳动，抱怨道：“同样是吃糠咽菜，有这样的小叔子，还不如没有。”陈伯听了这样的抱怨之后，便将妻子赶出了家门。

陈平长大了，该成家了。富人都不愿意将女儿嫁给他，穷人家也耻于和他结亲。过了很长时间，有个叫张负的富人，他孙女嫁了五次，每次嫁过去不久丈夫就死了。人们都不敢再娶她。陈平想娶她。乡里有人家办丧事。陈平家困难，于是他就去帮忙料理丧事，早来晚走多得些酬劳以补贴家用。张负在办丧事的人家看到了高大魁梧的陈平，相中了他。陈平也因为这个缘故，很晚才离去。张负随陈平来到陈家。陈家住在穷巷，用一张破席子当门，然而门外却留有很多富贵人家的车轮印。张负回家后对儿子张仲说：“我想将孙女嫁给陈平。”张仲说：“陈平家里贫困，他又整天无所事事，已经成了全县的笑柄，为什么偏偏把孙女嫁给他？”陈负说：“哪里有像陈平这样相貌堂堂的人会长久贫贱下去的呢？”于是将孙女嫁给他。因为陈平家穷，于是张家借钱给陈平作聘礼，还给他钱操办婚礼。张负告诫孙女说："不要因为陈家穷就不恭敬侍奉长辈。要像侍奉父母一样侍奉兄嫂。"陈平娶了张氏女之后，家用日益宽裕，交游也越来越广泛。

乡里祭祀，陈平主持宰牲仪式，祭肉分得非常均匀。乡亲们都说："好啊，陈家小子真适合作分配祭肉的人！"陈平说："哎呀，要是让我分割天下，我也能做得像分肉一样合适！"

陈涉起义在陈县称王，派遣周市平定魏地，立魏咎为魏王，与秦军交战于临济。在这以前陈平已经辞别哥哥陈伯，与几名年轻人结伴投奔临济魏王咎谋事。魏王任命他为太仆。陈平给魏王出谋划策，魏王不听，还有人诬陷他，于是陈平离开了魏王咎。

过了很久，项羽攻占黄河上游。陈平投奔他，跟随项羽攻破秦。项羽赐陈平爵卿之位。项羽在东部彭城称王，汉王刘邦向东平定三秦，殷王反叛楚国。项羽封陈平为信武君，带领魏王咎留在楚地的兵士前往进攻殷王。降服殷王之后回师。项王让项悍任命陈平为都尉，赐金二十镒。不久，汉王攻下殷地。项王大怒，要杀掉之前平定殷地的将吏。陈平害怕被杀，于是将项王所赐金与印封好，派人将其归还项王。陈平则只身一人拿着剑抄小路逃跑了。陈平渡河，船家见陈平相貌堂堂，只身一人，遂怀疑他是逃将，腰中肯定藏有金玉宝器。船家看着陈平，意欲杀他。陈平很害怕，就脱下衣服帮助船家划船。船家看到他身上啥也没有，才打消了杀他的念头。

陈平于是到了修武，投降汉王。通过魏无知求见汉王。汉王召见他。当时万石君石奋任汉王中涓，接过陈平的名帖，引他入见汉王。陈平等七人都进来了，汉王赐给他们食物。汉王说：“用完餐，就去休息吧。”陈平说：“臣此次来有事要和大王说，必须今天说。”于是汉王与他交谈并且喜欢上了他，问道：“你在楚地做什么官职？”回答说：“当都尉。”当日就拜陈平为都尉，让他做参乘，主管监督军队的工作。诸将哗然，说：“大王刚刚得到这个楚地的逃亡之将，还不知道他水平的高下，就与他同乘一车，甚至让他监督我们这些老兵！”汉王听到了之后，对陈平更加恩宠。于是汉王与陈平一起向东攻打项王。到了彭城，被楚军打败。汉王带兵而归，收复散兵来到荥阳，封陈平为亚将，归韩王信所属，驻军广武。

绛侯、灌婴等都诋毁陈平说：“陈平虽然长得不错，面如冠玉，未必有真才实学。臣听说陈平在家的时候，与他的嫂嫂私通；魏王那里不相容，他就逃到楚；在楚地不随心，又逃到汉。如今大王封他官位，让他监督军士。臣听说陈平收受诸将的贿赂，行贿多的得到好处，行贿少的就没有好事。陈平，就是一个反复无常的乱臣贼子，大王可要明察啊。”汉王听后开始起了疑心，召见魏无知。无知说：“臣所说的是能力；陛下所问的是品行。如今这个时局，即便有尾生、孝己那样的贤德品行对大事的成败无济于事，陛下哪有工夫等待贤德的品行发挥作用？楚汉相持不下，臣举荐奇谋之士，只考虑他的计谋是不是足以让汉王取胜。况且盗嫂受金之类的事情又有什么值得怀疑的？”汉王召见陈平说：“先生起初在魏王那里做事，后又去楚王项羽那里，结果又半道离开。如今又来跟从我，讲信用的人应该是这样三心二意吗？”

陈平说："我在魏王那里做事，魏王不能采用我的建议，所以我离开他到项王那里。项王又不信任我，我这才离开他。听说刘邦能够用人，所以来归附大王。如果我的计谋确有值得采纳的，希望大王采用；假若没有值得采用的，请允许我归还金钱，并辞职回家。"刘邦于是向陈平道歉，丰厚地赏赐了他，并开始重用他。

后来，楚军切断了汉军的甬道，把刘邦围困在荥阳城。刘邦十分忧虑，请求割让荥阳以西的地区来讲和。项王不同意。刘邦对陈平说："天下如此纷乱，什么时候才能安定呢？"陈平说："项王为人谦恭有礼，清廉，有节操。礼仪之士多归附他。但到了论功行赏时，项王又很吝啬。士人因此又不愿归附他。如今大王傲慢又缺乏礼仪，具有清廉节操的士人不来归附；但是大王能够舍得给人爵位、食邑，那些好利无耻之徒又多归附您。你们两人谁能取长补短，谁就是最终的赢家。据我了解，楚军方面有薄弱的地方可以攻破。项王那里刚直的臣子像亚父范增、钟离眛、龙且、周殷之辈，不过几个人罢了。项王为人猜忌多疑，听信谗言，大王如果能舍得拿出几万斤黄金，施行反间的计谋，离间楚国的君臣，他们内部定会互相残杀。汉军可趁机发兵攻打他们，击败楚军是一定的。”刘邦认为陈平说得对，于是拿出黄金四万斤给陈平，听凭他使用。

陈平用了很多黄金在楚军中进行离间活动，在众将中扬言钟离昧等人作为项王的将领，功高盖主，但始终不能划地封王，他们打算跟刘邦联合起来，消灭项王，分地为王。项羽果然猜疑起来，不再信任钟离昧等人。项王已经怀疑上钟离昧等人以后，派遣使者到汉军那里打探。刘邦备下丰盛的酒宴，命人端进。见到楚王的使者，刘邦就佯装吃惊地说：“我还以为是亚父的使者，原来竟是楚王的使者！”又让人把酒肴端走，换上粗劣的饭菜端给楚王的使者。楚王使者回去以后，把这些情况禀告给项王。项王果然对亚父范增起了疑心。范增想急速攻下荥阳城，项王不信任他，不肯听从。范增闻知项王在怀疑自己，就生气地说：“天下大局已定，君王自己干吧！我请求告老还乡！”在回乡的路上，范增因背上毒疮发作而死。陈平采取声东击西的计策，于夜里让两千名妇女出荥阳城东门引开楚君。陈平与刘邦从荥阳西门出城逃离。刘邦随即进入关中，收集败散的士兵再次东进。

第二年，淮阴侯韩信攻破了齐国，自立为齐王，派使者告诉汉王。汉王生气，大骂韩信。陈平暗暗踩汉王脚。汉王这才醒悟过来，于是厚待齐使，派张子房立即封韩信为齐王，并将户牖乡封给陈平。汉王用陈平的奇谋妙计，很快灭了楚。陈平曾经以护军中尉的身份跟随汉王平定了燕王臧荼。

汉六年，有人上书告发楚王韩信谋反。高帝问诸将，诸将说："赶紧发兵坑杀这小子。"高帝默然不语。问陈平，陈平一再推辞不发言，反问道："诸将怎么说？"皇上如实相告。陈平说："告发韩信反叛这件事，有外人知道吗？"皇上回答："没有。"陈平问："韩信知道吗？"皇上回答："不知。"陈平问："陛下精兵与楚军相比，哪个厉害？"皇上回答："不如楚军。"陈平问："陛下手下的大将有比韩信更会用兵的吗？"皇上回答："没有。"陈平说："如今咱们，兵不如楚精，而将领又赶不上韩信，这时举兵进攻，是逼着韩信和我们作战啊，臣以为陛下这样做很危险。”皇上说：“那该怎么办？”陈平说：“古时候天子巡狩，会见诸侯。南方有个地方叫云梦，陛下假意游云梦，在陈地会见诸侯。陈地在楚的西界，韩信听说天子善意出游，必然不会防备而到郊外迎谒。陛下可以借谒见之机将他擒拿，这不过一个大力士就能办到了。”高帝觉得计谋不错，于是派使者告诉诸侯要在陈地会盟，“我将到南方云梦游玩”。皇上随即出发。还未到陈，就看到楚王韩信果然在郊外的大道上迎接。高帝告诉众武士，韩信过来了，上前抓住，放到车上。韩信大喊道：“天下已定，就要将我烹杀！”高帝回看韩信说：“别出声了！你造反，很明显了！”武士将韩信反绑。随后皇上在陈地会见诸侯，全部平定了楚地。回到洛阳，释放了韩信，降封他为淮阴侯，又与有功之臣剖符确定封赏。

当时与陈平剖符，世代相传而不断绝，封为户牖侯。陈平辞谢说：“这不是臣的功劳。”皇上说：“我采纳了先生的计谋，克敌制胜，不是功劳是什么？”陈平说：“如果不是魏无知，臣怎么能得以辅佐皇上？”皇上说：“您可谓是不忘本啊。”于是重赏魏无知。第二年，陈平以护军中尉的身份随高帝攻伐谋反者韩王信于代地。匆忙行军到了平城，被匈奴围困，七天吃不上饭。高帝采用陈平的奇谋妙计，派使者到单于阏氏那里打点疏通，得以解围。高帝脱身后，陈平的计策秘而不宣，世间人没人知道。

高帝南归经过曲逆，登上城楼，望见县城的房屋很大，说：“壮观的县城啊！我行遍天下，只见过洛阳有这样的规模。”回头问御史说：“曲逆有多少户人家？”回答说：“当初秦朝时有三万多户，战乱期间，逃跑了好多，如今有五千户。”于是皇帝诏令御史，封陈平为曲逆侯，尽享全县各户的赋税收入，取消以前所封的户牖乡。

此后陈平曾以护军中尉的身份随高帝攻打陈豨及黥布。他曾经六次献出妙计，每一次都得到封邑，一共增封六次。这些妙计都很隐秘，世人都不知道。

高帝攻破黥布后回朝，因受伤病倒了，慢慢行至长安。燕王卢绾造反，皇上让樊哙以相国的身份带兵进攻他。启程后，有人中伤樊哙。高帝大怒，说：“樊哙看我病倒了，盼我早死啊。”便采用陈平的计策，召绛侯周勃来到病榻前受命，说：“陈平速驾车马载着周勃代替樊哙领兵，陈平到了军中立即斩下樊哙的头！”二人随即接受诏命，驾着车马，还未赶至军中，边走边商议计策：“樊哙是皇上的旧故，立过很多功勋，而且又是吕后妹妹吕媭的丈夫，有亲属关系而且地位尊贵，皇上气头上要杀了他，就怕事后后悔。不如绑了他交给皇上，皇上自己去处理吧。”还未到军中，设立土坛，用符节召樊哙。樊哙接受诏命，立即被反绑起来装上囚车，由驿站送往长安，而令绛侯周勃代樊哙为将，率兵平定燕地反叛的各县。

陈平返回时听到高帝驾崩的消息。他害怕吕后听信吕媭谗言而发怒，于是驾驿站马车先行。路上遇到使者诏令陈平和灌婴驻守荥阳。陈平接受诏命，马上又驱车回宫，哭得非常伤心，趁机在高帝灵堂内向吕后禀奏处理樊哙一事的经过。吕太后哀怜陈平，说：“您辛苦了，去好好休息一下吧。”陈平害怕谗言加身，于是坚决请求住在宫中当警卫。吕太后于是任命他为郎中令，说："请好好教导辅佐孝惠皇帝。"这之后，吕媭的谗言没有奏效。樊哙到了宫中，被释放并恢复爵位和封邑。

孝惠帝六年，相国曹参去世，安国侯王陵被任为右丞相，陈平被任为左丞相。

王陵原是沛县人，当时是县里的豪绅。高祖位卑时，像侍奉兄长一样侍奉王陵。王陵没什么文化，爱意气用事，比较直率。直到高祖在沛县起兵，进入关中抵达咸阳时，王陵也自招党羽几千人，驻在南阳，不肯跟从沛公。等汉王回军攻打项籍时，王陵才带兵归属汉王。项羽抓来王陵的母亲安置在军中。王陵的使者来的时候，项羽就让王陵的母亲朝东坐着，打算以此招降王陵。王陵的母亲送使者走的时候，私下对他哭着说："请替我转告王陵，要谨慎小心地侍奉汉王。汉王是个宽厚的长者，不要因为我的缘故而有二心。我以一死来给你送行吧。"说罢，拔剑自刎。项王大怒，烹了王陵的母亲。王陵最终跟随汉王平定天下。王陵跟雍齿关系很好。雍齿是高帝的仇人。王陵原本无意跟从高帝。由于这些缘故王陵受封较晚，被封为安国侯。

安国侯任右丞相两年，孝惠帝驾崩。高后想要立诸吕为王，问王陵，王陵说："不可。"问陈平，陈平说："可。"吕太后大怒，于是让王陵任皇帝太傅，实际是将王陵弃用。王陵大怒，借口生病而辞职，大门紧闭不上朝，七年之后去世。

王陵辞了丞相一职之后，吕太后任命陈平为右丞相，任命辟阳侯审食其为左丞相。左丞相不设办公的处所，常在宫中处理政务。

食其也是沛人。汉王战败于彭城西，楚国抓了太上皇、吕后为人质。食其以家臣的身份侍候吕后。这之后因随从皇帝攻破项籍，而拜为侯，得到吕太后的恩宠。等到他做了左丞相，住在宫中，百官都得通过他才能决断事情。

吕媭常因为之前陈平为高帝抓樊哙的事情而几次三番地进谗言，说："陈平作为宰相，不理政事，日夜饮酒作乐，调戏妇女。"陈平听说后，饮酒作乐日益加剧。吕太后听说后，暗自高兴。她当着吕媭的面对陈平说："俗语说'小孩和女人的话不可信'，就看你对我怎么样了。不要怕吕媭说你的坏话。”

吕太后立吕氏宗族的人为王，陈平假意顺从。等到吕太后死了，陈平与太尉周勃合谋，立即诛杀吕氏宗亲，立孝文皇帝。此事陈平是主要策划者。审食其被免去左丞相一职。

孝文帝继位后，认为太尉周勃亲自带兵诛伐吕氏，功劳大；陈平想要把尊位让给周勃，于是称病辞职。孝文帝刚刚继位，觉得陈平这时候称病很奇怪，就问他怎么回事。陈平说：“高祖时，周勃的功劳不如我。等到诛杀诸吕，我的功劳也不如周勃。愿意将右丞相的位置让给周勃。”于是孝文帝任命绛侯周勃为右丞相，位次第一；任命陈平改任左丞相，位次第二。赏赐陈平金千斤，加封三千户。

过了一段时间，孝文皇帝已经渐渐明了熟悉国家大事，一次上朝时问右丞相周勃：“全国一年审判案件多少？”周勃谢罪说：“不知道。”又问：“全国一年收入是多少？”周勃又谢罪说不知，汗都出来了，惭愧不能应对。于是皇上又问左丞相陈平。陈平说：“有主管的人。”皇上说：“主管是谁？”陈平说："案件的事情，陛下可以问廷尉；财务的事情，陛下可以问治粟内史。"皇上说："既然什么事情都有主管，那么您管什么？"陈平谢罪说："为臣诚惶诚恐！陛下不知我才疏学浅，勉为其难让我担任宰相的职位。宰相一职，对上辅佐天子调理阴阳，顺应四时，对下养育万物适时生长，对外镇抚四夷和诸侯，对内爱护百姓，使公卿大夫各自能够胜任他们的职责。"孝文帝说他讲得好。右丞相十分惭愧，下朝后埋怨陈平说："您平时怎么不教我这样应对！"陈平笑说："您身居相位，不知道丞相的职责吗？陛下如若问起长安城中盗贼的数目，您也要勉强凑数来对答吗？"于是绛侯自知能力远不如陈平。不久，周勃称病辞去宰相一职。陈平独自担任丞相职务。

孝文帝二年，丞相陈平去世，谥为献侯。他的儿子恭侯陈买接替侯位。陈买为侯二年去世，他的儿子简侯陈恢接替侯位。陈恢为侯二十三年去世，他的儿子陈何接替侯位。陈何为侯二十三年时，犯了夺人妻的罪，处以死刑，封国被废除。

陈平曾经评价自己说："我经常使用诡秘的计

谋，这是道家所禁忌的。我的后代如果被废黜，便不可能再兴旺，因为我暗中积下了很多祸因。”此后陈平的曾孙陈掌靠着是卫家亲戚的关系，希望能够接续陈家原来的封号，但终究未能实现。

太史公司马迁评价说：陈丞相陈平年轻的时候，原本喜欢黄老学说。当他分割祭肉的时候，他的志向本来已经很远大了。他彷徨于楚魏之间，最终归附高帝。他常常想出妙计，消除国家的祸患。到吕后执政时期，虽然诸事多有变故，但陈平仍能自免于祸，安定汉室，保持荣耀的名望终身，被称为贤相，难道不是善始善终吗？假若没有智谋，谁能做到这一步呢？

诸葛亮传

【原文】

诸葛亮字孔明，琅邪阳都人也。汉司隶校尉诸葛丰后也。父珪，字君贡，汉末为太山都丞。亮早孤，从父玄为袁术所署豫章太守，玄将亮及亮弟均之官。会汉朝更选朱皓代玄。玄素与荆州牧刘表有旧，往依之。玄卒，亮躬耕陇亩，好为《梁父吟》。身高八尺，每自比于管仲、乐毅，时人莫之许也。惟博陵崔州平、颍川徐庶元直与亮友善，谓为信然。

时先主屯新野。徐庶见先主，先主器之，谓先主曰："诸葛孔明者，卧龙也，将军岂愿见之乎？"先主曰："君与俱来。"庶曰："此人可就见，不可屈致也。将军宜枉驾顾之。"由是先主遂诣亮，凡三往，乃见。因屏人曰："汉室倾颓，奸臣窃命，主上蒙尘。孤不度德量力，欲信大义于天下，而智术浅短，遂用猖獗，至于今日。然志犹未已，君谓计将安出？”亮答曰：“自董卓已来，豪杰并起，跨州连郡者不可胜数。曹操比于袁绍，则名微而众寡，然操遂能克绍，以弱为强者，非惟天时，抑亦人谋也。今操已拥百万之众，挟天子而令诸侯，此诚不可与争锋。孙权据有江东，已历三世，国险而民附，贤能为之用，此可以为援而不可图也。荆州北据汉、沔，利尽南海，东连吴会，西通巴、蜀，此用武之国，而其主不能守，此殆天所以资将军，将军岂有意乎？益州险塞，沃野千里，天府之土，高祖因之以成帝业。刘璋暗弱，张鲁在北，民殷国富而不知存恤，智能之士思得明君。将军既帝室之胄，信义著于四海，总揽英雄，思贤如渴，若跨有荆、益，保其岩阻，西和诸戎，南抚夷越，外结好孙权，内修政理；天下有变，则命一上将将荆州之军以向宛、洛，将军身率益州之众出于秦川，百姓孰敢不箪食壶浆以迎将军者乎？诚如是，则霸业可成，汉室可兴矣。”先主曰：“善！”于是与亮情好日密。关羽、张飞等不悦，先主解之曰：“孤之有孔明，犹鱼之有水也。愿诸君勿复言。”羽、飞乃止。

刘表长子琦，亦深器亮。表受后妻之言，爱少子琮，不悦于琦。琦每欲与亮谋自安之术，亮辄拒塞，未与处画。琦乃将亮游观后园，共上高楼，饮宴之间，令人去梯，因谓亮曰：

“今日上不至天，下不至地，言出子口，入于吾耳，可以言未？”亮答曰：“君不见申生在内而危，重耳在外而安乎？”琦意感悟，阴规出计。会黄祖死，得出，遂为江夏太守。俄而表卒，琮闻曹公来征，遣使请降。先主在樊闻之，率其众南行，亮与徐庶并从，为曹公所追破，获庶母。庶辞先主而指其心曰：“本欲与将军共图王霸之业者，以此方寸之地也。今已失老母，方寸乱矣，无益于事，请从此别。”遂诣曹公。

先主至于夏口，亮曰：“事急矣，请奉命求救于孙将军。”时权拥军在柴桑，观望成败，亮说权曰：“海内大乱，将军起兵据有江东，刘豫州亦收众汉南，与曹操并争天下。今操芟夷大难，略已平矣，遂破荆州，威震四海。英雄无所用武，故豫州遁逃至此。将军量力而处之：若能以吴、越之众与中国抗衡，不如早与之绝；若不能当，何不案兵束甲，北面而事之！今将军外托服从之名，而内怀犹豫之计，事急而不断，祸至无日矣！”权曰：“苟如君言，刘豫州何不遂事之乎？”亮曰：“田横，齐之壮士耳，犹守义不辱，况刘豫州王室之胄，英才盖世，众士仰慕，若水之归海，若事之不济，此乃天也，安能复为之下乎！”权勃然曰：“吾不能举全吴之地，十万之众，受制于人。吾计决矣！非刘豫州莫可以当曹操者，然豫州新败之后，安能抗此难乎？”亮曰：“豫州军虽败于长坂，今战士还者及关羽水军精甲万人，刘琦合江夏战士亦不下万人。曹操之众，远来疲敝，闻追豫州，轻骑一日一夜行三百余里，此所谓‘强弩之末，势不能穿鲁缟’者也。故兵法忌之，曰‘必蹶上将军’。且北方之人，不习水战；又荆州之民附操者，逼兵势耳，非心服也。今将军诚能命猛将统兵数万，与豫州协规同力，破操军必矣。操军破，必北还，如此则荆、吴之势强，鼎足之形成矣。成败之机，在于今日。”权大悦，即遣周瑜、程普、鲁肃等水军三万，随亮诣先主，并力拒曹公。曹公败于赤壁，引军归邺。先主遂收江南，以亮为军师中郎将，使督零陵、桂阳、长沙三郡，调其赋税，以充军实。

建安十六年，益州牧刘璋遣法正迎先主，使击张鲁。亮与关羽镇荆州。先主自葭萌还攻璋，亮与张飞、赵云等率众溯江，分定郡县，与先主共围成都。成都平，以亮为军师将军，署左将军府事。先主外出，亮常镇守成都，足食足兵。二十六年，群下劝先主称尊号，先主未许，亮说曰：“昔吴汉、耿弇等初劝世祖即帝位，世祖辞让，前后数四。”耿纯进言曰：“天下英雄喁喁，冀有所望。如不从议者，士大夫各归求主，无为从公也。‘世祖感纯言深至，遂然诺之。今曹氏篡汉，天下无主，大王刘氏苗族，绍世而起，今即帝位，乃其宜也。士大夫随大王久勤苦者，亦欲望尺寸之功如纯言耳。”先主于是即帝位，策亮为丞相曰：“朕遭家不造，奉承大统，兢兢业业，不取康宁，思靖百姓，惧未能绥。于戏！丞相亮其悉朕意，无怠辅朕之阙，助宣重光，以照明天下，君其勖哉！”亮以丞相录尚书事，假节。张飞卒后，领司隶校尉。

章武三年春，先主于永安病笃，召亮于成都，嘱以后事，谓亮曰：“君才十倍曹丕，必能安国，终定大事。若嗣子可辅，辅之；如其不才，君可自取。”亮涕泣曰：“臣敢竭股肱之力，效忠贞之节，继之以死！”先主又为诏敕后主曰：“汝与丞相从事，事之如父。”建兴元年，封亮武乡侯，开府治事。顷之，又领益州牧。政事无巨细，咸决于亮。南中诸郡，并皆叛乱，亮以新遭大丧，故未便加兵，且遣使聘吴，因结和亲，遂为与国。

三年春，亮率众南征，其秋悉平。军资所出，国以富饶，乃治戎讲武，以俟大举。

五年，率诸军北驻汉中，临发，上疏曰：“先帝创业未半而中道崩殂，今天下三分，益州疲敝，此诚危急存亡之秋也。然侍卫之臣不懈于内，忠志之士忘身于外者，盖追先帝之殊遇，欲报之于陛下也。诚宜开张圣听，以光先帝遗德，恢宏志士之气，不宜妄自菲薄，引喻失义，以塞忠谏之路也。宫中府中俱为一体，陟罚臧否，不宜异同。若有作奸犯科及为忠善者，宜付有司论其刑赏，以昭陛下平明之理，不宜偏私，使内外异法也。

“侍中、侍郎郭攸之、费祎、董允等，此皆良实，志虑忠纯，是以先帝简拔以遗陛下。愚以为宫中之事，事无大小，悉以咨之，然后施行，必能裨补阙漏，有所广益。将军向宠，性行淑均，晓畅军事，试用于昔日，先帝称之曰能，是以众议举宠以为督。愚以为营中之事，事无大小悉以咨之，必能使行阵和睦，优劣得所也。亲贤臣，远小人，此先汉所以兴隆也；亲小人，远贤臣，此后汉所以倾颓也。先帝在时，每与臣论此事，未尝不叹息痛恨于桓、灵也。侍中、尚书、长史、参军，此悉贞良死节之臣，愿陛下亲之信之，则汉室之隆，可计日而待也。

“臣本布衣，躬耕于南阳，苟全性命于乱世，不求闻达于诸侯。先帝不以臣卑鄙，猥自枉屈，三顾臣于草庐之中，咨臣以当世之事，由是感激，遂许先帝以驱驰。后值倾覆，受任于败军之际，奉命于危难之间，尔来二十有一年矣。先帝知臣谨慎，故临崩寄臣以大事也。受命以来，夙夜忧叹，恐托付不效，以伤先帝之明，故五月渡泸，深入不毛。今南方已定，兵甲已足，当奖率三军，北定中原，庶竭驽钝，攘除奸凶，兴复汉室，还于旧都。此臣所以报先帝，而忠陛下之职分也。

“至于斟酌损益，进尽忠言，则攸之、祎、允之任也。愿陛下托臣以讨贼兴复之效；不效，则治臣之罪，以告先帝之灵。若无兴德之言，则责攸之、祎、允等之慢，以彰其咎。陛下亦宜自谋，以咨诹善道，察纳雅言，深追先帝遗诏。臣不胜受恩感激，今当远离，临表涕零，不知所言。”遂行，屯于沔阳。

六年春，扬声由斜谷道取郿，使赵云、邓芝为疑军，据箕谷，魏大将军曹真举众拒之。亮身率诸军攻祁山，戎阵整齐，赏罚肃而号令明，南安、天水、永安三郡叛魏应亮，关中响震。魏明帝西镇长安，命张郃拒亮，亮使马谡督诸军在前，与郃战于街亭。

谡违亮节度，举动失宜，大为郃所破。亮拔西县千余家，还于汉中，戮谡以谢众。上疏曰：“臣以弱才，叨窃非据，亲秉旄钺以历三军，不能训章明法，临事而惧，至有街亭违命之阙，箕谷不戒之失，咎皆在臣授任无方。臣明不知人，恤事多暗，《春秋》责帅，臣职是当。请自贬三等，以督厥咎。”于是以亮为右将军，行丞相事，所总统如前。

冬，亮复出散关，围陈仓，曹真拒之，亮粮尽而还。魏将王双率骑追亮，亮与战，破之，斩双。七年，亮遣陈式攻武都、阴平。魏雍州刺史郭淮率众欲击式，亮自出至建威，淮退还，遂平二郡。诏策亮曰：“街亭之役，咎由马谡，而君引愆，深自贬抑，重违君意，听顺所守。前年耀师，馘斩王双；今岁爰征，郭淮遁走；降集氐、羌，兴复二郡，威镇凶暴，功勋显然。方今天下骚扰，元恶未枭，君受大任，干国之重，而久自挹损，非所以光扬洪烈矣。今复君丞相，君其勿辞。”

九年，亮复出祁山，以木牛运，粮尽退军，与魏将张郃交战，射杀郃。十二年春，亮悉大众由斜谷出，以流马运，据武功五丈原，与司马宣王对于渭南。亮每患粮不继，使己志不申，是以分兵屯田，为久驻之基。耕者杂于渭滨居民之间，而百姓安堵，军无私焉。相持百余日。其年八月，亮疾病，卒于军，时年五十四。及军退，宣王案行其营垒处所，曰：“天下奇才也！”

亮遗命葬汉中定军山，因山为坟，冢足容棺，敛以时服，不须器物。诏策曰：惟君体资文武，明睿笃诚，受遗托孤，匡辅朕躬，继绝兴微，志存靖乱；爰整六师，无岁不征，神武赫然，威震八荒，将建殊功于季汉，参伊、周之巨勋。如何不吊，事临垂克，遘疾殒丧！朕用伤悼，肝心若裂。夫崇德序功，纪行命谥，所以光昭将来，刊载不朽。

令使使持节左中郎将杜琼，赠君丞相武乡侯印绶，谥君为忠武侯。魂而有灵，嘉兹宠荣。

呜呼哀哉！呜呼哀哉！

初，亮自表后主曰："成都有桑八百株，薄田十五顷，子弟衣食，自有余饶。至于臣在外任，无别调度，随身衣食，悉仰于官，不别治生，以长尺寸。若臣死之日，不使内有余帛，外有赢财，以负陛下。"及卒，如其所言。

亮性长于巧思，损益连弩，木牛流马，皆出其意；推演兵法，作八阵图，咸得其要云。亮言教书奏多可观，别为一集。

《三国志·蜀书·诸葛亮传》节选

【译文】

诸葛亮，字孔明，琅玡郡阳都县人，汉朝司隶校尉诸葛丰的后人。

诸葛亮的父亲诸葛珪，字君贡，汉朝末年担任太山郡郡丞。诸葛亮少年的时候，父亲去世了。叔父诸葛玄任豫章郡太守，诸葛玄带着诸葛亮、诸葛均兄弟俩前往任职。正逢东汉朝廷改派朱皓顶替诸葛玄的职位。诸葛玄与荆州牧刘表交情一向很好，因此前往投奔刘表。诸葛玄去世后，诸葛亮寄住隆中以农耕为业，喜欢吟诵曲调忧愁的古代乱世歌谣《梁父吟》。

诸葛亮身高八尺，常自喻为管仲、乐毅，当时常人都不以为然。唯有博陵人崔州平、颍川人徐庶与诸葛亮交情深厚，认为他确实具备管、乐的才能。其时刘备正驻军在新野县。徐庶谒见刘备。刘备对他十分器重。徐庶对刘备说：“诸葛孔明是‘卧龙’啊！将军想不想面见他，和他谈一谈？”刘备说：“你带他来吧！”徐庶说：“此人只能拜访，不可召他来。将军需要屈尊前去拜访他为好。”于是刘备亲自前往拜访诸葛亮，一连去了三次，才得以相见。刘备屏退左右，对诸葛亮说：“汉室朝纲倾覆，奸臣窃取权柄，皇上在外避乱。鄙人自不量力企图为天下伸张正义，却苦于自己才智短浅，因而屡遭挫败，以致今日这种状况。但我矢志不渝，您说我该如何是好？”诸葛亮回答说：“自董卓作乱以来，天下豪杰群起。曹操相较袁绍，名望低而兵势弱，但曹操却能转弱为强，打败袁绍，这不仅是占尽天时，更重要的是有得力的谋臣。现在曹操已拥有百万大军，挟天子以令诸侯，对他决不能正面冲突。孙权占据江东，已经营三代之久，地势险要，民心归向，贤能之士都为其所用，只能将他用作外援，不可意图吞并。荆州地方，北有汉、沔二水据险，南边有南海物产可以作为物资，东边与吴郡、会稽相连，西进可入巴、蜀之地，这是兵家必争的战略要地，可是当今荆州的主人却守不住它，这可是上天赐给将军的礼物，将军有意夺取荆州吗？益州地势险要，沃野千里，堪称天府之国，从前汉高祖就是依靠这方土地而成就的帝业。

刘璋懦弱昏庸，北边又有张鲁的威胁，虽说民殷国富，但他不知体恤百姓，智谋之士都希望能辅佐贤明的君主。将军您不仅是汉室宗亲，而且以信义著称天下，广纳天下英雄，渴望贤才，如果占据荆、益二州，凭险据守，西部与戎族各部和平友好共处，南面对夷越各族实行安抚政策，对外与孙权友好结盟，对内施行德政，天下一旦发生变故，即派一员上将统率荆州士卒向宛城、洛阳一带进军。将军您则亲率益州军马出兵秦川，百姓怎么能不箪食瓢浆来迎接您呢？如果真能这么做，那么成就霸业指日可待，汉王朝复兴有望了。”刘备说：“太好了！”于是与诸葛亮情谊日笃。这还引起了关羽、张飞的不满。刘备向关张二位解释说：“我得到了孔明便如鱼得水，请你们不要再说了。”关羽、张飞这才停止了非议。

刘表长子刘琦，也十分器重诸葛亮。刘表却因后妻的原因，偏爱小儿子刘琮，不喜欢刘琦。刘琦常想与诸葛亮商讨自我保全的办法，但诸葛亮总是拒绝，不与他谋划。于是刘琦请诸葛亮游览自家的后园，一同登上高楼饮酒。中途，他派人将楼梯搬走，然后对诸葛亮说：“现在上不着天，下不着地，从您口中出来的话，只有我能听见，可以指点我了吧？”诸葛亮说：“您没有看到晋公子申生留在宫内遭受谋害，而重耳逃亡在外却安然无恙吗？”刘琦茅塞顿开，于是便私下里谋划逃出襄阳。时逢黄祖去世，刘琦借机脱身，在江夏任太守。不久刘表去世，刘琮听说曹操前来讨伐，即派使者向曹操请降。刘备在樊城听到这一消息后，赶忙率领樊城的军民向南行进。诸葛亮与徐庶随行。刘备被曹军追击。曹军俘获了徐庶的母亲。徐庶只得拜辞刘备。他以手指心说："我本想与将军共谋大业，是凭此心。现在失去了老母，这颗心烦乱不已，对将军的霸业恐怕不会再有帮助了，请您允许我就此告别。"于是来到曹操大营。刘备行至夏口，诸葛亮说："现在形势危急，请将军派我前往东吴向孙权将军求援。"这时孙权正屯兵柴桑，在一旁坐观曹、刘战局的胜负。诸葛亮前往游说孙权说："天下大乱，将军您拥有江东，刘豫州也在汉南招兵买马，共同与曹操争夺天下。现在曹操平定内患，基本上稳定了北方的局势，接着向南进军取得荆州，威震天下。

英雄无用武之地，因此刘豫州逃到这里躲避。希望将军您能量力考虑对策：如果能起用东吴的军队与中原的曹军相抗衡，就应该及早与曹操绝交；假若无力与之抗衡，何不就此放下武器、脱下盔甲，臣服于对方呢！现在您表面服从曹操，内心又犹豫不决，形势危急而不当机立断，就要大祸临头啊！”孙权说：“假如情况如你所说，刘豫州为什么不投降曹操？”诸葛亮说：“田横，不过是齐国一个壮士，尚且坚守节操而不投降受辱，何况刘豫州。他可是汉室宗亲，英才盖世，受人仰慕，犹如百川归海。如果霸业不成，也是天意啊，岂可再臣服于曹操！”孙权大怒，说：“我决不能将整个东吴的土地和十万的军队举手奉上，受制于人。我的主意已定！你说除刘豫州外便无人能对抗曹操，可是刘豫州最近刚败，又怎能对抗得了如此强敌呢？”诸葛亮说：“刘豫州的军队虽败于长坂，但陆续回来的兵卒加上关羽的水军，目前仍有上万人马；刘琦召集的江夏兵卒亦不下万人。曹操的兵马远途奔波，疲惫不堪，听说他们为了追击刘豫州，轻骑一昼夜走了三百多里，这就是常言说的‘强弩发出的箭，在射程之末连鲁地的薄绢都无法穿透’，所以兵法忌讳这种战略，并说‘必会导致主将失败’，况且北方人不擅长水战；另外荆州百姓归顺曹操，实为曹操的兵势所迫，并非心甘情愿归顺的。现在将军如真能派出猛将统率数万兵马，与刘豫州同心协力破曹。曹操一定战败。他一败，必然退归北方，这样荆州、东吴的势力就强大起来，三分天下的局面也就形成了。成败在此一举。”孙权闻言大喜，即派周瑜、程普、鲁肃等率三万水军，随诸葛亮赶到刘备那里，同心协力对抗曹操。曹操在赤壁战败后，领军退归邺城。刘备于是占领了江南之地，封诸葛亮为军师中郎将，派他督守零陵、桂阳、长沙三郡，征调三郡的赋税补充军需。

汉献帝建安十六年（211），益州牧刘璋派法正迎请刘备，让刘备去攻打张鲁。诸葛亮与关羽镇守荆州。后来刘备从葭萌返回进攻刘璋，诸葛亮与张飞、赵云等率领军队沿江逆流而上，分头平定沿江两岸各郡、县，然后与刘备军队会师共同围攻成都。平定成都后，刘备封诸葛亮为军师将军，并代理左将军府的事务。刘备领兵外出期间，便让诸葛亮留守成都，士兵粮草充足。

建安二十六年（221），大家都劝刘备称帝。刘备不同意。诸葛亮劝谏说："从前吴汉、耿弇等人劝世祖光武皇帝登基称帝，世祖先后四次推辞不同意，耿纯于是进言说：'天下英雄十分仰慕您，希望追随您实现个人的理想。如果您不采纳众人的建议，大家就会各择新主，没人再追随您了。'世祖感到耿纯的话很有道理，于是答应了大家的请求。现在曹丕篡汉，天下无主，大王是汉室宗亲，承汉室世系登基，这是天经地义的事啊。群臣长期追随大王，历经艰辛，也是希望如耿纯所说的那样能立下尺寸之功啊！"于是刘备即位称帝，封诸葛亮为丞相，说："朕家遭罹难，故谨承王位，一定兢兢业业，不敢贪图享乐，一心为百姓安乐着想，唯恐百姓不得安居乐业。呜呼！丞相诸葛亮可要体察朕的心意，不知疲倦地帮助朕改正缺点，协助我布施恩泽，让日月之光普照天下，请尽心竭力啊！"诸葛亮以丞相身份总理尚书事，并享"假以符节"的权力。张飞死后，又兼职司隶校尉。

章武三年（223）春，刘备在永安病危，将诸葛亮从成都召回，将后事托付于他。他对诸葛亮说："论才干，你胜过曹丕十倍，一定能完成安邦定国的统一大业。如果刘禅可以辅佐，你就辅佐他；如果他扶不起，您就取代他吧。”诸葛亮痛哭回禀道：“臣愿尽心竭力辅佐太子，鞠躬尽瘁，死而后已！”刘备又诏告刘禅：“你与诸葛丞相共掌国事，一定要像对待父亲那样对待他。”

建兴元年（223），刘禅封诸葛亮为武乡侯，设立丞相府署，让诸葛亮自选属吏，将国事交给诸葛亮全权处理。不久，又让诸葛亮兼任益州牧。朝中政事，不分大小，都由诸葛亮一人裁决。其时南方几郡同时起兵反叛，诸葛亮考虑到先帝刚刚去世，故此不便派兵镇压，且派人出使吴国，加强与吴国的友好关系，于是两国结为同盟。

建兴三年（225）春，诸葛亮率军向南征讨，秋天，彻底平定南方叛乱。军需费用都由这些新平定的地方承担，国家逐渐富强起来。于是诸葛亮整顿操练全军，伺机出兵伐魏。

建兴五年（227），诸葛亮率领军队北上，驻扎在汉中。临行之前，他向刘禅呈上一篇奏折，恳切地阐述了北伐的必要性以及对后主刘禅治国寄予的期望，言辞感人肺腑，写出了诸葛亮的一片忠诚之心。（这篇奏折就是后世广为流传的名篇《出师表》）。于是，诸葛亮率军启程，前至沔阳扎营。

建兴六年（228）春，诸葛亮要从斜谷道攻取郿县，并派赵云、邓芝大军占据箕谷，以虚张声势。魏国大将军曹真率军前来抵抗。诸葛亮亲率各军攻击祁山，军容、军纪整齐严明，南安、天水、安定三郡叛魏归蜀，整个关中地区为之震惊。魏明帝御驾亲征，坐镇长安，命令张郃率军对抗诸葛亮。诸葛亮派马谡率军与张郃大战于街亭。由于马谡没有遵照诸葛亮的作战部署，用兵失策，被张郃打败。诸葛亮将西县百姓千余户迁出，退军汉中，处死马谡，向全军认错，并向后主上奏说：“臣下才能浅薄，担当了无法胜任的职务，亲受君令和所赐锦旗斧钺以激励三军，却未能严明军纪，临事优柔寡断，以致发生了街亭违令失误的事，箕谷发兵失败，因为处事不谨慎，其责任都由于为臣用人失察。臣下既无知人之明，考虑问题又多有不周之处，依据《春秋》军事失利先罚主帅的典则，此次作战失误的主要责任在臣。自请降职三级，作为惩罚。”于是后主改任诸葛亮为右将军，代行丞相的职务，仍如以前一样总管全国军政。同年冬天，诸葛亮再次出兵散关，围攻陈仓。魏国派曹真率军抵抗。后诸葛亮因军粮用尽而返还。魏将王双率骑兵追击诸葛亮。诸葛亮列阵与魏军交战，打败魏军，斩杀王双。

建兴七年（229），诸葛亮派遣陈式率军攻打武都、阴平。魏国雍州刺史郭淮领军准备攻打陈式。诸葛亮亲率部队进取建威。郭淮只得退守雍州。诸葛亮于是平定武都、阴平二郡。后主刘禅下诏册封诸葛亮说：“街亭一仗，主要归罪于马谡，而您将罪责全部承担下来，深深贬责自己，当时难违您的心愿，只好答应您自贬三级的请求。去年您率兵斩杀王双，扬我军威；今年再次率兵出征，郭淮逃遁；招降安抚氐、羌各部，收复武都、阴平二郡，威震凶敌，功著天下。如今天下尚未平定，元凶首恶仍未铲除，您重任在肩，主持军政，长期贬损自己，对成就先帝的伟业极为不利，现在恢复您的丞相职务，请您不要推辞。”

建兴九年（231），诸葛亮再次出兵祁山，用木牛作为运输工具，粮尽退军。与魏将张郃交战，张郃死于蜀军箭下。

建兴十二年（234）春，诸葛亮率全军从斜谷出兵，用流马运送物资，进军占领武功县五丈原。魏军主将司马懿与之在渭南对垒相持。诸葛亮常常担心因粮草不济，而不能实现自己的志愿，于是将部队一分为二，一部分开荒种地，作为长期驻扎的基础。垦荒的兵卒与渭河附近的百姓杂居在一起。百姓生活安定，军卒所种不存私心。蜀、魏两军相持一百多天。当年八月，诸葛亮在军中因病去世，年仅五十四岁。等到蜀军撤走，司马懿巡检蜀军的驻地，感叹道："孔明真是天下贤士啊！"诸葛亮遗命让部下将自己葬在汉中定军山，依山修建坟墓，墓穴能容下棺材即可，穿平时的衣服入殓，不用殉葬品。后主刘禅下诏祭奠诸葛亮说："您天生异禀、文武双全，英明睿智、忠厚诚实，受先帝托孤遗命，竭尽心力辅佐寡人，复兴衰微的汉室，立志平定天下，整治六军，岁岁出战，英武盖世，威镇天下，将为蜀汉建成伟大功业，立有如伊尹、周公般的功勋。何此不幸，大业即成，您却染疾归天！朕痛悼您的逝世，心肝欲裂。……根据您生前事迹追封谥号，……赠给您丞相武乡侯印绶，追谥您为忠武侯。英魂有知，对此亦感宠荣。悲痛至极！悲痛至极！”当初，诸葛亮曾向后主表明自己心愿：“臣在成都有桑树八百棵，薄田十五顷，子孙们的日常衣食费用已绰绰有余。至于臣在朝任职，没有额外的花销，随身衣食住行有国家安排，无需再治产业，来增添财产。待臣离开人世时，不让家有余物，外有余财，那样会辜负陛下对自己的恩宠和信任。”及至去世，真就如他所说。诸葛亮天生擅长钻研，曾改进弓弩使之连射，制造木牛流马作为运输工具；他推演兵法，设计八卦阵图，无不深得要领。他留世的议论、教令、书信、奏疏都很值得一读，有《诸葛氏集》传世。

赵普传

【原文】

赵普字则平，幽州蓟人。后唐幽帅赵德钧连年用兵，民力疲敝。普父迥举族徙常山，又徙河南洛阳。普沉厚寡言，镇阳豪族魏氏以女妻之。

周显德初，永兴军节度刘词辟为从事，词卒，遗表荐普于朝。世宗用兵淮上，太祖拔滁州，宰相范质奏普为军事判官。宣祖卧疾滁州，普朝夕奉药饵，宣祖由是待以宗分。太祖尝与语，奇之。时获盗百余，当弃市，普疑有无辜者，启太祖讯鞫之，获全活者众。淮南平，调补渭州军事判官。太祖领同州节度，辟为推官；移镇宋州，表为掌书记。

太祖北征至陈桥，被酒卧帐中，众军推戴，普与太宗排闼入告。太祖欠伸徐起，而众军擐甲露刃，喧拥麾下。及受禅，以佐命功，授右谏议大夫，充枢密直学士。

车驾征李筠，命普与吕余庆留京师，普愿扈从，太祖笑曰：“若胜胄介乎？”从平上党，迁兵部侍郎、枢密副使，赐第一区。建隆三年，拜枢密使、检校太保。

乾德二年，范质等三相同日罢，以普为门下侍郎、平章事、集贤殿大学士。中书无宰相署敕，普以为言，上曰：“卿但进敕，朕为卿署之可乎？”普曰：“此有司职尔，非帝王事也。”令翰林学士讲求故实，窦仪曰：“今皇弟尹开封，同平章事，即宰相任也。”令署以赐普。既拜相，上视如左右手，事无大小，悉咨决焉。

是日，普兼监修国史。命薛居正、吕余庆参知政事以副之，不宣制，班在宰相后，不知印，不预奏事，水押班，但奉行制书而已。先是，宰相兼敕，皆用内制，普相止用敕，非旧典也。

太祖数微行过功臣家，普每退朝，不敢便衣冠。一日，大雪向夜，普意帝不出。久之，闻叩门声，普亟出，帝立风雪中，普惶惧迎拜。帝曰：“已约晋王矣。”已而太宗至，设重裀地坐堂中，炽炭烧肉。普妻行酒，帝以嫂呼之。因与普计下太原。普曰：“太原当西北二面，太原既下，则我独当之，不如姑俟削平诸国，则弹丸黑子之地，将安逃乎？”帝笑曰：

“吾意正如此，特试卿尔。”

五年春，加右仆射、昭文馆大学士。俄丁内艰，诏起复视事。遂劝帝遣使分诣诸道，征丁壮籍名送京师，以备守卫；诸州置通判，使主钱谷。由是兵甲精锐，府库充实。

开宝二年冬，普尝病，车驾幸中书。三年春，又幸其第抚问之。赐赉加等。六年，帝又幸其第。时钱王俶遣使致书于普，及海物十瓶，置于庑下。会车驾至，仓促不及屏，帝顾问何物，普以实对。上曰：“海物必佳。”即命启之。皆瓜子金也。普惶恐顿首谢曰：“臣未发书，实不知。”帝叹曰：“受之无妨，彼谓国家事皆由汝书生尔！”

普为政颇专，廷臣多忌之。时官禁私贩秦、陇大木，普尝遣亲吏诣市屋材，联巨筏至京师治第，吏因之窃货大木，冒称普市货鬻都下。权三司使赵玭廉得之以闻。太祖大怒，促令追班，将下制逐普，赖王溥奏解之。

故事，宰相、枢密使每候对长春殿，同止庐中；上闻普子承宗娶枢密使李崇矩女，即令分异之。普又以隙地私易尚食蔬圃以广其居，又营邸店规利。卢多逊为翰林学士，因召对屡攻其短。会雷有邻击登闻鼓，讼堂后官胡赞、李可度受赇骫法及刘伟伪作摄牒得官，王洞尝纳赂可度，赵孚授西川官称疾不上，皆普庇之。太祖怒，下御史府按问，悉抵罪，以有邻为秘书省正字。普恩益替，始诏参知政事与普更知印、押班、奏事，以分其权。未几，出为河阳三城节度、检校太傅、同平章事。

太平兴国初入朝，改太子少保，迁太子太保。颇为卢多逊所毁，奉朝请数年，郁郁不得志。会柴禹锡、赵镕等告秦王廷美骄恣，将有阴谋窃发。帝召问，普言愿备枢轴以察奸变，退又上书，自陈预闻太祖、昭宪皇太后顾托之事，辞甚切至。太宗感悟，召见慰谕。俄拜司徒兼侍中，封梁国公。先是，秦王廷美班在宰相上，至是，以普勋旧，再登元辅，表乞居其下，从之。及涪陵事败，多逊南迁，皆普之力也。

八年，出为武胜军节度、检校太尉兼侍中。帝作诗以饯之，普奉而泣曰："陛下赐臣诗，当刻石，与臣朽骨同葬泉下。"帝为之动容。翌日，谓宰相曰："普有功国家，朕昔与游，今齿发衰矣，不容烦以枢务，择善地处之，因诗什以导意。普感激泣下，朕亦为之堕泪。"宋琪对曰："昨日普至中书，执御诗涕泣，谓臣曰：'此生余年，无阶上答，庶希来世得效犬马力。'臣昨闻普言，今复闻宣谕，君臣始终之分，可谓两全。"

雍熙三年春，大军出讨幽蓟，久未班师，普手疏谏曰：“伏睹今春出师，将以收复关外，屡闻克捷，深快舆情。然晦朔屡更，荐臻炎夏，飞挽日繁，战斗未息，老师费财，诚无益也。伏念陛下自翦平太原，怀徕闽、浙，混一诸夏，大振英声，十年之间，遂臻广济。远人不服，自古圣王置之度外，何足介意。窃虑邪谄之辈，蒙蔽睿聪，致兴无名之师，深蹈不测之地。臣载披典籍，颇识前言，窃见汉武时主父偃、徐乐、严安所上书及唐相姚无崇献明皇十事，忠言至论，可举而行。伏望万机之暇，一赐观览，其失未远，虽悔可追。

“臣窃念大发骁雄，动摇百万之众，所得者少，所丧者多。又闻战者危事，难保其必胜；兵者凶器，深戒于不虞。所系甚大，不可不思。臣又闻上古圣人，心无固必，事不凝滞，理贵变通。前书有“兵久生变”之言，深为可虑，苟或更图稽缓，转失机宜。旬朔之间，时涉秋序，边庭早凉，弓劲马肥，我军久困，切虑此际，或误指踪。臣方冒宠以守藩，曷敢兴言而沮众。盖臣已日薄西山，余光无几，酬恩报国，正在斯时。伏望速诏班师，无容玩敌。

“臣复有全策，愿达圣聪。望陛下精调御膳，保养圣躬，挈彼疲氓，转之富庶。将见边烽不警，外户不扃，率土归仁，殊方异俗，相率向化，契丹独将焉往？陛下计不出此，乃信邪谄之徒，谓契丹主少事多，所以用武，以中陛下之意。陛下乐祸求功，以为万全，臣窃以为不可。伏愿陛下审其虚实，究其妄谬，正奸臣误国之罪，罢将士伐燕之师。非特多难兴王，抑亦从谏则圣也。古之人尚闻尸谏，老臣未死，岂敢百谀为安身之计而不言哉？”

帝赐手诏曰：“朕昨者兴师选将，止令曹彬、米信等顿于雄、霸，裹粮坐甲以张军声。俟一两月间山后平定，潘美、田重进等会兵以进，直抵幽州，然后控扼险固，恢复旧疆，此朕之志也。奈何将帅等不遵成算，各骋所见，领十万甲士出塞远斗，速取其郡县，更还师以援辎重，往复劳敝，为辽人所袭，此责在主将也。

“况朕踵百王之末，粗致承平，盖念彼民陷于边患，将救焚而拯溺，匪黩武以佳兵，卿当悉之也。疆场之事，已为之备，卿勿为忧。卿社稷元臣，忠言苦口，三复来奏，嘉愧实深。”

普表谢曰：“昨以天兵久驻塞外，未克恢复，渐及炎蒸，事危势迫，辄陈狂狷，甘俟宪章。

“陛下特鉴衷诚，亲纡宸翰，密谕圣谋。臣窃审命师讨罪，信为上策，将帅能遵成算，必可平定。惟其不副天心，由兹败事。今既边鄙有备，更复何虞。况陛下登极十年，坐隆大业，无一物之失所，见万国之咸宁。所宜端拱穆清，啬神和志，自可远继九皇，俯观五帝。岂必穷边极武，与契丹较胜负哉？臣素亏壮志，矧在衰龄，虽无功伐，愿竭忠纯。”

观者咸嘉其忠。四年，移山南东道节度，自梁国公改封许国公。会诏下亲耕籍田，普表求入觐，辞甚恳切。上恻然谓宰相曰：“普开国元臣，朕所尊礼，宜从其请。”既至，慰抚数四，普呜咽流涕。

陈王元僖上言曰：“臣伏见唐太宗有魏玄成、房玄龄、杜如晦，明皇有姚崇、宋璟、魏知古，皆任以辅弼，委之心膂，财成帝道，康济九区，宗祀延洪，史策昭焕，良由登用得其人也。

“今陛下君临万方，焦劳庶政，宵衣旰食，以民为心。历考前王，诚无所让，而辅相之重，未偕曩贤。况为邦在于任人，任人在乎公正，公正之道莫先于赏罚，斯为政之大柄也。苟赏罚匪当，淑慝莫分，朝廷纪纲，渐致隳紊。必须公正之人典掌衡轴，直躬敢言，以辨得失，然后彝伦式序，庶务用康。

“伏见山南东道节度使赵普，开国元老，参谋缔构，厚重有识，不妄希求恩顾以全禄位，不私徇人情以邀名望，此真圣朝之良臣也。窃闻憸巧之辈，朋党比周，众口嗷嗷，恶直丑正，恨不斥逐遐徼，以快其心。何者？盖虑陛下之再用普也。然公谠之人，咸愿陛下复委以政，启沃君心，羽翼圣化。国有大事，使之谋之；朝有宏纲，使之举之；四目未察，使之明之；四聪未至，使之达之。官人以材，则无窃禄，致君以道，则无苟容。贤愚洞分，玉石殊致，当使结朋党以驰骛声势者气索，纵巧佞以援引侪类者道消。沈冥废滞得以进，名儒懿行得以显，大政何患乎不举，生民何患乎不康，匪逾期月之间，可臻清静之治。臣知虑庸浅，发言鲁直。伏望陛下旁采群议，俯察物情，苟用不失人，实邦国大幸。”

籍田礼毕，太宗欲相吕蒙正，以其新进，藉普旧德为之表率，册拜太保兼侍中。

帝谓之曰：“卿国之勋旧，朕所毗倚，古人耻其君不及尧、舜，卿其念哉。”普顿首谢。

时枢密副使赵昌言与胡旦、陈象舆、董俨、梁颢厚善。会旦令翟马周上封事，排毁时政，普深嫉之，奏流马周，黜昌言等。郑州团练使侯莫陈利用骄肆僭侈，大为不法，普廉得之，尽以条奏，利用坐流商州，普固请诛之。其嫉恶强直皆此类。

李继迁之扰边，普建议以赵保忠复领夏台故地，因令图之。保忠反与继迁同谋为边患，时论归咎于普，颇为同列所窥，不得专决。

旧制，宰相以未时归第，是岁大热，特许普夏中至午时归私第。明年，免朝谒，止日赴中书视事，有大政则召对。冬，被疾请告，车驾屡幸其第省之，赐予加等。普遂称疾笃，三上表求致仕，上勉从之，以普为西京留守、河南尹，依前守太保兼中书令。普三表恳让。赐手诏曰："开国旧勋，惟卿一人，不同他等，无至固让，俟首涂有日，当就第与卿为别。"普捧诏涕泣，因力疾请对，赐坐移晷，颇言及国家事，上嘉纳之。普将发，车驾幸其第。

淳化三年春，以老衰久病，令留守通判刘昌言奉表求致政，中使驰传抚问，凡三上表乞骸骨。拜太师，封魏国公，给宰相奉料，令养疾，俟损日赴阙，仍遣其弟宗正少卿安易赍诏书赐之。又特遣使赐普诏曰："卿顷属微痾，恳求致政，朕以居守之重，虑烦耆耋，维师之命，用表尊贤。伫闻有瘳，与朕相见。今赐羊酒如别录，卿宜爱精神，近医药，强饮食，以副朕眷遇之意。"七月卒，年七十一。

卒之先一岁，普生日，上遣其子承宗赍器币、鞍马就赐之。承宗复命，未几卒。次岁，普已罢中书令。故事，无生辰之赐，特遣普侄婿左正言、直昭文馆张秉赐之礼物。普闻之，因追悼承宗，秉未至而普疾笃。先是，普遣亲吏甄潜诣上清太平宫致祷，神为降语曰："赵普，宋朝忠臣，久被病，亦有冤累耳。"潜还，普力疾冠带，出中庭受神言，涕泗感咽，是夕卒。

上闻之震悼。谓近臣曰："普事先帝，与朕故旧，能断大事，向与朕尝有不足，众所知也。朕君临以来，每优礼之，普亦倾竭自效，尽忠国家，真社稷臣也，朕甚惜之。"因出涕，左右感动。废朝五日，为出次发哀。赠尚书令，追封真定王，赐谥忠献。上撰神道碑铭，亲八分书以赐之。遣右谏议大夫范杲摄鸿胪卿，护丧事，缚绡布各五百匹，米面各五百石。葬日，有司设卤簿鼓吹如式。

二女皆笄，普妻和氏言愿为尼，太宗再三谕之，不能夺。赐长女名志愿，号智果大师；次女名志英，号智圆大师。

初，太祖侧微，普从之游，既有天下，普屡以微时所不足者言之。太祖豁达，谓普曰："若尘埃中可识天子、宰相，则人皆物色之矣。"自是不复言。普少习吏事，寡学术，及为相，太祖常劝以读书。晚年手不释卷，每归私第，阖户启箧取书，读之竟日。及次日临政，处决如流。既薨，家人发箧视之，则《论语》二十篇也。

普性深沉有岸谷，虽多忌克，而能以天下事为己任。宋初，在相位者多龌龊循默，普刚毅果断，未有其比。尝奏荐某人为某官，太祖不用。普明日复奏其人，亦不用。明日，普又以其人奏，太祖怒，碎裂奏牍掷地，普颜色不变，跪而拾之以归。

他日补缀旧纸，复奏如初。太祖乃悟，卒用其人。又有群臣当迁官，太祖素恶其人，不与。普坚以为请，太祖怒曰："朕固不为迁官。卿若之何？"普曰："刑以惩恶，赏以酬功，古今通道也。且刑赏天下之刑赏，非陛下之刑赏，岂得以喜怒专之。"太祖怒甚，起，普亦随之。太祖入宫，普立于宫门，久之不去，竟得俞允。

太宗入弭德超之谗，疑曹彬有轨，属普再相，为彬辩雪保证，事状明白。太宗叹曰："朕听断不明，几误国事。"即日窜逐德超，遇彬如旧。

祖古守郡为奸利，事觉下狱，案劾，爰书未具。郊礼将近，太宗疾其贪墨，遣中使谕旨执政曰："郊赦可特勿贷祖吉。"普奏曰："败官抵罪，宜正刑辟。然国家卜郊肆类，对越天地，告于神明，奈何以吉而隳陛下赦令哉？”太宗善其言，乃止。

真宗咸平初，追封韩王。二年，诏曰：“故太师赠尚书令、追封韩王赵普，识冠人彝，才高王佐，翊戴兴运，光启鸿图，虽吕望肆伐之勋，萧何指纵之效，殆无以过也。自辅弼两朝，周旋三纪，茂岩廊之硕望，分屏翰之剧权，正直不回，始终无玷，谋猷可复，风烈如生。宜预享于大烝，永同休于宗祏，兹为茂典，以答旧勋，其以普配飨太祖庙庭。”

普子承宗，羽林大将军，知潭、郓二州，皆有声；承煦，成州团练使。弟固、安易。固至都官郎中。

《宋史·列传第十五·赵普传》节选

【译文】

赵普字则平，幽州蓟人。后唐时幽州主将赵德钧连年发动战争，人民疲敝。赵普的父亲赵回带领族人迁居常山，又迁居河南洛阳。赵普为人忠厚，少言寡语，镇阳豪族魏氏把女儿嫁给他为妻。

周显德初年，永兴军节度刘词任命他为从事。

刘词死后，上奏遗表向朝廷举荐赵普。周世宗在淮上作战，太祖攻占滁州，宰相范质奏请任命赵普为军事判官。宣祖（宋太祖之父）在滁州养病，赵普朝夕奉侍左右，端药送饭。宣祖于是把赵普当作宗族兄弟看待。太祖曾经与他交谈，发觉他不同寻常。有一回官府拘捕一百多盗贼，依律当斩。赵普怀疑其中有无辜蒙冤的人，请太祖查问他们。经盘查，很多人得以存活。淮南平定后，调赵普补任渭州军事判官。太祖领任同州节度时，招募他为推官；太祖移驻宋州后，又上书朝廷举荐他任掌书记。

太祖北征到陈桥，酒后醉卧帐中，众军拥戴他称帝，赵普与太宗开门进去将此事禀报他。太祖打着呵欠，伸着懒腰慢慢起床。此时，众军已经披盔戴甲，喧哗着簇拥在旗帜下。太祖即位后，因为辅佐有功，赵普被封为右谏议大夫，充任枢密直学士。

太祖亲征李筠，命赵普与吕余庆留守京师。赵普请求跟从太祖出征，太祖笑着说：“作战的事你能胜任吗？”赵普随从太祖平定上党，迁升为兵部侍郎、枢密副使，朝廷赐给他宅地一处。建隆三年（962），任命赵普为枢密使、检校太保。

乾德二年（964），范质等三位宰相同日被罢免。赵普被任命为门下侍郎、平章事、集贤殿大学士。中书省没有宰相签署敕令，赵普以此为由上奏太祖。太祖说："卿只管上呈敕令，朕来为卿签署，可以吗？"赵普说："这是相关职能部门的责任，不是帝王的分内事。"太祖命翰林学士讲求旧制，窦仪说："现在皇弟任开封尹、同平章事，正是宰相的职任。"太祖下令签署权赐给赵普。赵普任宰相后，皇上把他当作左膀右臂，事无巨细，都向他请教。当时，赵普兼任监修国史。太祖命令薛居正、吕余庆为参知政事以辅助赵普，不能宣布皇帝的诏谕，位列宰相之后，不掌印，不参与上奏议事，朝会时不领班，只是奉命写作敕令而已。原先，宰相副署敕令，都用内制，赵普任宰相后只有敕，不是原来的典章制度。

太祖常穿着便装外出，往来于功臣之家。赵普每次退朝，不敢着便服。一天，黄昏时分下大雪，赵普以为皇帝不会出宫了。没想到，不多时响起叩门声，赵普急忙开门。皇帝立于风雪中，赵普惶恐拜迎。皇帝说："已经和晋王约好了。"不多时太宗来到。赵普在地上铺上厚垫子，他们围坐堂中，在烧得红红的炉火上烧肉吃。赵普的妻子敬酒，皇帝尊称她为嫂。于是太祖与赵普商议攻伐太原的事。赵普说："太原地当西、北二面，如果攻下太原，则我国须独挡西、北两面，不如等削平诸国后，再进攻太原。到时候，太原这一弹丸之地，能逃到哪里呢？"皇帝笑着说："所见略同，特地来试你一试。"

乾德五年（967）春，朝廷加封赵普为右仆射、昭文馆大学士。不久，赵普母丧，还未守丧完毕，太祖就诏令起用赵普执政。赵普劝谏皇帝派使者分赴诸道，征召壮丁编好名册送到京师，以做军备；各州设置通判一官，主管钱粮。从此军备精锐，府库充实。

开宝二年（969）冬，赵普生病，皇帝到中书省来探病。三年（970）春，皇帝又去赵普家里慰问，并加倍赏赐。六年（973），皇帝又来到赵普家。当时钱王俶派人送信给赵普，还送来十瓶海物。赵普把瓶子放在廊房下。适逢皇帝来到，匆忙之间来不及掩藏，皇帝问是何物，赵普据实以答。皇上说"海物一定很好”，就命打开瓶子，一看，都是瓜子金。赵普惶恐叩头谢罪说：“臣没有打开书信，实在不知实情。”皇帝叹道：“受之无妨，他们认为国家政事由你一个书生全权决断罢了！”

赵普行事专断，朝廷大臣多忌惮他。当时官府禁止私人贩卖秦、陇二地的大树木。赵普曾派亲信去市场上购买木材，编大筏运往京师建房。小吏于是偷取大木材，以赵普的名义在京师附近贩卖。权三司使赵玭查访并告诉皇上。太祖非常生气，下令追夺班位，准备下诏驱逐赵普，幸得王溥上奏解救。

旧制，宰相、枢密使每次在长春殿等候召问，一起在庐中等候；皇上听说赵普的儿子赵承宗娶枢密使李崇矩的女儿为妻，于是命令他们分列等候。赵普又用空地私自换取皇家菜地来扩建自己的宅邸，又经营店铺牟利。卢多逊任翰林学士，曾多次在皇上召见时攻击赵普。正好雷有邻敲响登闻鼓，告发堂后官胡赞、李可度贪腐以及刘伟伪造官牒而得官，王洞曾经收受李可度的贿赂，赵孚除授西川官却称病不到任，这些人都受到赵普的庇护。太祖大怒，下令御史府严加查问，他们都受到惩处。太祖任命雷有邻为秘书省正字。太祖对赵普渐渐疏远了，下诏参知政事与赵普交替掌印、领班、奏事，来分夺赵普的权力。不久，把赵普调出京师任河阳三城节度、检校太傅、同平章事。

太平兴国初期赵普进入朝廷，改任太子少保，迁升为太子太保，常遭到卢多逊诋毁，在朝廷任官几年，郁郁不得志。正逢柴禹锡、赵镕等人告发秦王廷美骄慢，阴谋反叛。太祖就此事咨询赵普，赵普表示希望在机要部门观察事变，退朝后又上书太宗，自陈知道太祖、昭宪皇太后临终托付之事，言辞非常恳切。太宗为之感动，幡然醒悟，召赵普晋见，加以慰谕。不久任命赵普为司徒兼侍中，封为梁国公。原先，秦王赵廷美位列宰相之上。至此，因为赵普是勋旧大臣，又任宰相，秦王上表请求位列赵普之下，太宗同意了。到涪陵事败，卢多逊迁往南方，都是赵普的功劳。

八年（983），赵普被外调出任武胜军节度、检校太尉兼侍中。皇帝作诗为他饯行。赵普捧诗而哭说：

"陛下赐臣诗，应当刻在石头上，与臣朽骨一并葬于地下。"皇帝听后十分感动。第二天，皇帝对宰相说："赵普对国家有功，朕先前与他同游，看到他牙齿头发都脱落了，不能用政务来烦扰他，选择一处好地方来安置他，因此作诗来表达我的心意。赵普感激涕零，朕也为之垂泪。"宋琪回答说："昨天赵普到中书省，手捧御诗哭泣，对我说：'此生余年，无法报答皇上隆恩，希望来世能为皇上效犬马之力。'臣昨天听到赵普的话，今天又听到皇上的宣谕，君臣之间的这份善始善终的情分，可以说是两全啊！"

雍熙三年（986）春，大军征伐幽蓟，过了很久都没有获胜回师。赵普上手疏劝谏皇上说：

"臣看大军今年春出师征讨，将要收复关外，克敌的捷报频频传来，深感快慰。但是时间流逝，转眼炎夏就要来临，军事日渐繁忙，战争没有停息，军队疲敝而钱财耗费，实在无益。

"臣认为，陛下自从平定太原以来，闽、浙归服，华夏一统，英名威震四方，十年之间，就名满天下，偏远的人不归顺，这种事不足介意，自古圣王并不将它放在心上。臣以为奸佞谄媚的人，蒙蔽皇上的聪敏睿智，以致发动师出无名的不义之战，令军队陷入渊薮之境。臣遍读经典，对以往的事十分了解，我认为汉武帝时主父偃、徐乐、严安的上书及唐朝宰相姚崇上书唐明皇十件事，都是忠言至论，可以参照实行。希望陛下万忙之中，有幸读一读，过失还不严重，来得及追悔。

“臣以为发动骁勇善战的部队，动辄出动百万雄兵，这样做事倍而功半。臣又听说战争是危险的事，难以保证一定获胜；战争是不祥的事，最忌讳的是不测。关系重大，不能不三思而行。我又听说上古圣人，不固执己见，能够做到通权达变。前人的书上有‘兵久生变’的话，实在值得借鉴。如果拖延计划，会失去机会。十天半月过去，就到了秋季，北方转入秋凉，弓弩强劲，战马膘肥，我军久困疲敝。到时候，可能会导致指挥失当。臣刚刚蒙皇上恩宠驻守地方，不敢妄言阻止军队。因为臣年事已高，剩余的时间不多，想趁余生报答国家和皇帝的隆恩。希望皇帝尽早诏令班师，切不能轻敌。

“臣还有万全之策，愿进献给皇上。希望陛下精心调理饮食，保重身体，帮扶贫民，使他们由贫转富。将来会出现边疆无战事，夜不闭户，天下归仁的局面，风俗相异的地区，也都向慕归化，归顺朝廷，如此一来契丹一地又能奈何呢？陛下不为此考虑，而相信奸佞谄媚之徒，以为契丹皇帝年少而国务繁多，所以诉诸武力，以迎合陛下的心意。陛下以祸为乐，求功心切，以为万全之策，臣认为万万不可。希望陛下明察虚实，追究妄谬，治奸党以误国之罪，停止伐燕行动。不仅可以兴国于危难，而且可成就善于纳谏的圣人美名。古人曾经讲过尸谏的事，老臣还未入土，哪能为了自保而阿谀奉承不进谏呢？”

皇帝赐给他手书的诏令说：

“朕原来部军择将，只令曹彬、米信等人驻守雄、霸二地，积存粮食、携带兵器以彰显军威。等一两个月山后平定后，潘美、田重进等人合兵进讨，直到幽州，然后控制险隘，恢复原来的疆域，这是朕的意愿。无奈将领们不遵照原来的谋划行事，各持己见，率十万大军出塞远征，迅速攻占契丹的郡县，又返师来取回辎重，往复疲敝，被辽人攻击，这个责任在于主将。

“况且朕继承百王的事业，刚刚使天下初享太平，考虑百姓为边患所苦，本意是想救民于水火，并非想穷兵黩武。这一点卿应当是了解的。作战的事，已经安排好了，卿不必为此担忧。卿是国家的元勋大臣，忠言苦口，三次上奏，忠心实在可嘉。”

赵普上表谢说：

“昨天因为军队久驻塞外，没能恢复疆土，慢慢又到了酷暑季节，情势危急，就上书陈述妄见，等待皇上宣谕。陛下特别体察忠诚，手书翰章，秘密宣谕皇帝圣谋。臣以为兴师伐罪，诚信为上，将帅如果能依循已有的谋略，一定可以平定祸乱。正因为将帅们没有遵照皇上的意志行事，因此导致事败。如今既然边疆已有防备，哪里还需要忧虑？况且陛下登极十年，使基业得以兴隆，无一事失当，只见家国安宁。陛下应当端身拱手，保养精神，清静心志，自然可以上继九皇，下观五帝。哪里需要穷兵黩武，与契丹一较高下呢？臣素来缺乏壮志，况且人已年迈，虽然没有功劳值得夸耀，但愿意竭尽忠纯之心。”

看到的人都赞许他的忠诚。四年（987），赵普改任山南东道节度，从梁国公改封为许国公。适逢皇上下诏亲自耕种籍田，赵普上表请求晋见，言辞非常恳切。皇上诚恳地对宰相说：“赵普是功勋元老，朕所尊重礼敬的人，应当听从他的请求。”赵普来到后，皇上对他再三抚慰，赵普感激涕零。

陈王元僖上书皇帝说：

“臣见唐太宗有魏玄成、房玄龄、杜如晦，唐明皇有姚崇、宋璟、魏知古。这些人都被任命为宰相，成为皇帝的心腹。如此才成就帝王之道，普济天下，国祚绵延。史书记载彰明，确实由于用人得当所至啊！现在陛下一统天下，劳心政事，勤于政务，心里想着人民。遍考古圣先贤，确实当仁不让，但就宰相一职来说，不如以往的贤臣。况且治理国家关键在于用人，用人关键在于公正，公正之道首先在于赏罚，这是执政的大事。如果赏罚不当，忠奸不分，就会渐渐导致朝廷纲纪的紊乱。必须由公正之人出任宰相，直言敢谏，以辨别得失，然后常伦有道，记功有序，处理政事自然得宜。

“我认为山南东道节度使赵普，身为开国元老，参谋政事，沉稳有见识，不妄求恩宠以保爵禄，不徇私情以沽名钓誉，这真是圣明的良臣啊！我听说曲意逢迎的人，结党营私，大造舆论，厌恶并陷害正直之士，恨不得将忠直的大臣排斥放逐到远方，以快其心，为什么呢？原因是害怕陛下再次起用赵普啊。但是公正之士都希望陛下再次重用赵普，委以政事，让他以治国的道理开导皇上，帮助皇上教化百姓。国家有重大决策，让他谋划；朝廷有重大举措，让他施行；各地情况没有察明的，让他查明；各方策略没有呈上的，让他代为传达。以才德作为官员任免的依据，那么就没有窃取禄位的事情发生。统治有道就没有苟且通融的。贤明和愚钝加以辨别，宝玉和石头不同对待，应当使那些结党营私、造势弄权的人气焰熄灭，奸佞弄巧而拉帮结派的人道路堵塞。隐退废黜的贤人得到进用，善行正身的儒士得以彰显才能。如此，哪里还怕不能振兴国政？百姓怎么会不富裕？不超过一个月，就可以实现清静之治。臣见识浅薄，出言鲁直。希望陛下采纳众议，审察事势，如果用人得当，实在是国之大幸。”

皇帝亲耕仪式完毕后，太宗想任用吕蒙正为宰相，因为他是新提拔上来的人，太宗想借赵普昔日的品行作为他的表率，颁册任命赵普为太保兼侍中。皇帝对赵普说：“卿是国家的勋旧大臣，朕所倚重的人，古人常以其君贤德不如尧、舜为耻，卿应当考虑啊！”赵普叩头拜谢。

当时枢密副使赵昌言与胡旦、陈象舆、董俨、梁颢等人交情甚好。正好胡旦命翟马周上书言事，诋毁时政。赵普很嫉恨他们，上书奏请流放马周、黜除昌言等人。郑州团练使陈利用骄横过度，不守法纪。赵普查知实情之后，把他的事情详细上奏皇上。利用因罪被流放商州后，赵普还再三奏请诛杀他。赵普疾恶如仇，刚正不阿达到这样的程度。

李继迁侵扰边境。赵普建议让赵保忠接管夏台故地。皇上于是命他趁机图谋攻伐李继迁。赵保忠反而与李继迁合谋制造边患。当时舆论归咎于赵普，同僚们伺机图谋赵普，赵普不能专断。

旧制，宰相于未时退朝回家。这一年，天气非常炎热，皇上特准赵普午时归家。第二年（988），免除赵普朝见的礼节，只是每天到中书省办理政务，遇有重大政事就召见他问对。这年冬天，赵普病倒，请假休息。皇帝多次到他家探望，赏赐加倍。赵普于是声称病重，三次上表请求辞官卸任。皇上勉强同意，任命赵普为西京留守、河南尹，仍旧兼任太保兼中书令。赵普三次上表恳辞，皇上赐他手写诏书说："开国旧勋，只有你一个人，与他人不能同日而语，不要再推让，等出发那天，我亲临府邸与您道别。"赵普捧着手诏哭泣，于是请求带病与皇上面谈。皇上赐座与他谈了很久，主要是谈论国家大事。皇上赞许并采纳他的意见。赵普即将出发，皇帝来到他的府邸。

淳化三年（992）春，因年老久病，赵普命留守通判刘昌言送呈上表请求卸任。朝廷派使者驾驿站车马来慰问。赵普先后共三次上表请求罢仕。皇上任命他为太师，封为魏国公，赐给宰相俸禄，让他养病，等有朝一日能回朝廷，仍派赵普的弟弟宗正少卿赵安易持诏书赐给他。皇上又专门派遣使者赐给赵普诏书说："卿前段时间小恙，恳求致仕，朕委以居守的重任，怕叨扰老臣，我把您当老师一样看待，特下表尊重贤臣。待您康复，就来与朕相见。现在赐给你羊酒如别录，卿应养精蓄锐，注意医药，加强饮食，不要辜负朕眷念的心意。"七月，赵普去世，终年七十一岁。

赵普去世前一年的生日当天，皇上派遣他的儿子承宗持器币、鞍马来赐给他。承宗复命后不久，就去世了。第二年，赵普已辞去中书令一职。按旧制，生辰之日没有赏赐，皇上特地派赵普的侄女婿左正言、直昭文馆张秉带封赏给他。赵普听说后，因追悼承宗过度悲痛，未及张秉赶到，他的病情就加重了。在此之前，赵普派亲信甄潜到上清太平宫祈祷，神仙降语说："赵普，宋朝忠臣，长期患病，也有冤累。"甄潜回来后，赵普急忙脱下官帽，到中庭受听神言，感激流涕，当天傍晚就去世了。

皇上闻听赵普去世的消息非常悲痛，对近臣说："赵普奉侍先帝，与朕是故旧之交，有决断大事的能力。以前与朕曾有过不愉快，大家也都知道。朕继位以来，每次都以厚礼优待他。赵普也竭尽全力为朕效力，对国家尽忠，真是国家栋梁啊！对于他的死，朕很痛惜。”说罢，皇帝泪流不止，左右大臣深为感动。皇帝罢朝五天，为赵普举行哀悼仪式，赠尚书令，追封为真定王，赐谥号为忠献。皇上撰写神道碑铭文，亲自用八分书体书写赐给赵家，并派右谏议大夫范杲代行鸿胪卿之职，护送丧事，赐绢布五百匹，米面各五百石。赵普下葬那天，官府设卤簿鼓吹仪式。

赵普的两个女儿都已成年，赵妻和氏声称要出家为尼。太宗再三规劝她，却始终无法改变她的初衷。赐长女名志愿，号为智果大师；次女名志英，号为智圆大师。

当初，太祖地位低下，赵普与他交好。等太祖得到天下后，赵普常以太祖卑贱时的短处为话柄加以谈论。太祖很豁达，对赵普说：“如果在尘世中可以辨别天子、宰相，那么人人都会去寻找啊！”从此赵普再也不提这些事。赵普从小就学过处理政事，对系统的学问涉猎不多。当宰相后，太祖劝他多读些圣贤书。赵普晚年手不释卷，每次回家后，便关门闭户，从书柜取书来读，直到夜深。到第二天处理政事时，赵普可以做到得心应手、顺利流畅。赵普死后，家人打开他的书柜一看，是《论语》二十篇。

赵普性格深沉，城府很深，虽然多有刻薄嫉恨的情况，但能以天下大局为己任。宋初，官居宰相的人大多谨小慎微，循规蹈矩。赵普却刚毅果决，无人能比。他曾经上奏推举某人任某官，太祖驳回。赵普第二天又上奏推荐此人，太祖又驳回。第三天，赵普又荐举此人。太祖大怒，将奏折撕碎扔在地上。赵普面不改色，跪在地上拾起撕碎的奏折。回家以后，他把碎奏折重新粘好，再次像第一次那样上奏。太祖终于醒悟，最终录用了此人。又有一个大臣应当晋升，太祖向来讨厌这个人，不予以升迁。赵普坚持请求给予升迁。太祖怒道："朕坚决不给他升迁，卿又奈何啊？"赵普说："刑罚用来惩恶，赏赐用来酬功，这个道理古今皆通。况且刑罚赏赐是国家的刑罚赏赐，不是陛下个人的，怎么能因为您个人的喜怒而独断专行呢？"太祖震怒，起身就走。赵普跟在后面。太祖进入内宫，赵普立于宫门口，久久不肯离开，最终得到允许。

太宗听信弭德超的谗言，怀疑曹彬有不轨行为。适值赵普再次任职宰相。赵普替曹彬辩白担保，事情得以澄清。太宗叹道：“朕听断不明，险些误了国事。”当天斥逐弭德超，对待曹彬一如既往。

祖吉在郡守任上干了坏事。事发后被关进监狱，审察查办，记录囚犯口供的文书没有具结。郊礼将要临近，太宗痛恨祖吉贪暴，派中使下令执政官说：“郊赦不宽恕祖吉。”赵普上奏说：“干好事的官员抵偿所负罪责，依律处以死刑。但是国家举行郊祀，德配于天地，祀告于神明，怎么能因为祖吉而破坏陛下的赦令呢？”太宗认为赵普说得有理，于是收回不赦祖吉的命令。

真宗咸平初年，追封赵普为韩王。二年（999），皇上下诏说：“已故太师赠尚书令、追封韩王赵普，学冠群儒，才能高于帝王的辅佐大臣，拥戴兴运，开创宏图，即使吕望、萧何都不能超过他。辅佐两朝先帝，为官三十余年，赢得朝廷的崇高名望，分担国家重任。刚正不阿，从始至终没有污点，谋略可以反复使用，遗风如生。应当配享皇庙祀祠，神位永远放在宗庙。在举行盛典的时候，以报答旧勋大臣，让赵普配享太祖庙庭。”

赵普儿子赵承宗，任羽林大将军，知潭、郓二州，都有良好的声望。儿子赵承煦，任成州团练使。赵普两个兄弟：赵固、赵安易。赵固官做到都官郎中。

刘 基 传

【原文】

刘基，字伯温，青田人。曾祖濠，仕宋为翰林掌书。宋亡，邑子林融倡义旅。事败，元遣使簿录其党，多连染。使道宿濠家，濠醉使者而焚其庐，籍悉毁。使者计无所出，乃为更其籍，连染者皆得免。基幼颖异，其师郑复初谓其父爚曰："君祖德厚，此子必大君之门矣。"元至顺间，举进士，除高安丞，有廉直声。行省辟之，谢去。起为江浙儒学副提举，论御史失职，为台臣所阻，再投劾归。基博通经史，于书无不窥，尤精象纬之学。西蜀赵天泽论江左人物，首称基，以为诸葛孔明俦也。

方国珍起海上，掠郡县，有司不能制。行省复辟基为元帅府都事。基议筑庆元诸城以逼贼，国珍气沮。及左丞帖里帖木儿招谕国珍，基言方氏兄弟首乱，不诛无以惩后。国珍惧，厚赂基。基不受。国珍乃使人浮海至京，贿用事者。遂诏抚国珍，授以官，而责基擅威福，羁管绍兴，方氏遂愈横。亡何，山寇蜂起，行省复辟基剿捕，与行院判石抹宜孙守处州。经略使李国凤上其功，执政以方氏故抑之，授总管府判，不与兵事。基遂弃官还青田，著《郁离子》以见志。时避方氏者争依基，基稍为部署，寇不敢犯。

及太祖下金华，定括苍，闻基及宋濂等名，以币聘。基未应，总制孙炎再致书固邀之，基始出。既至，陈时务十八策。太祖大喜，筑礼贤馆以处基等，宠礼甚至。初，太祖以韩林儿称宋后，遥奉之。岁首，中书省设御座行礼，基独不拜，曰："牧竖耳，奉之何为！"因见太祖，陈天命所在。太祖问征取计，基曰："士诚自守虏，不足虑。友谅劫主胁下，名号不正，地据上流，其心无日忘我，宜先图之。陈氏灭，张氏势孤，一举可定。然后北向中原，王业可成也。"太祖大悦曰："先生有至计，勿惜尽言。"会陈友谅陷太平，谋东下，势张甚，诸将或议降，或议奔据钟山，基张目不言。太祖召入内，基奋曰："主降及奔者，可斩也。"太祖曰："先生计安出？"基曰："贼骄矣，待其深入，伏兵邀取之，易耳。天道后举者胜，取威制敌以成王业，在此举矣。"太祖用其策，诱友谅至，大破之，以克敌赏赏基。基辞。友谅兵复陷安庆，太祖欲自将讨之，以问基。基力赞，遂出师攻安庆。自旦及暮不下，基请径趋江州，捣友谅巢穴，遂悉军西上。友谅出不意，帅妻子奔武昌，江州降。其龙兴守将胡美遣子通款，请勿散其部曲。太祖有难色。基从后蹋胡床。太祖悟，许之。美降，江西诸郡皆下。

基丧母，值兵事未敢言，至是请还葬。会苗军反，杀金、处守将胡大海、耿再成等，浙东摇动。基至衢，为守将夏毅谕安诸属邑，复与平章邵荣等谋复处州，乱遂定。国珍素畏基，致书唁。基答书，宣示太祖威德，国珍遂入贡。太祖数以书即家访军国事，基条答悉中机宜。寻赴京，太祖方亲援安丰。基曰："汉、吴伺隙，未可动也。"不听。友谅闻之，乘间围洪都。太祖曰："不听君言，几失计。"遂自将救洪都，与友谅大战鄱阳湖，一日数十接。太祖坐胡床督战，基侍侧，忽跃起大呼，趣太祖更舟。太祖仓促徙别舸，坐未定，飞炮击旧所御舟立碎。友谅乘高见之，大喜。而太祖舟更进，汉军皆失色。时湖中相持，三日未决，基请移军湖口扼之，以金木相犯日决胜，友谅走死。其后太祖取士诚，北伐中原，遂成帝业，略如基谋。

吴元年以基为太史令，上《戊申大统历》。荧惑守心，请下诏罪己。大旱，请决滞狱。即命基平反，雨随注。因请立法定制，以止滥杀。太祖方欲刑人，基请其故，太祖语之以梦。基曰："此得土得众之象，宜停刑以待。"后三日，海宁降。太祖喜，悉以囚付基纵之。寻拜御史中丞兼太史令。

太祖即皇帝位，基奏立军卫法，初定处州税粮，视宋制亩加五合，惟青田命毋加，曰："令伯温乡里世世为美谈也。"帝幸汴梁，基与左丞相善长居守。基谓宋、元宽纵失天下，今宜肃纪纲。令御史纠劾无所避，宿卫宦侍有过者，皆启皇太子置之法，人惮其严。中书省都事李彬坐贪纵抵罪，善长素昵之，请缓其狱。基不听，驰奏。报可。方祈雨，即斩之。由是与善长忤。帝归，诉基僇人坛壝下，不敬。诸怨基者亦交谮之。会以旱求言，基奏："士卒物故者，其妻悉处别营，凡数万人，阴气郁结。工匠死，胔骸暴露，吴将吏降者皆编军户，足干和气。"帝纳其言，旬日仍不雨，帝怒。会基有妻丧，遂请告归。时帝方营中都，又锐意灭扩廓。基濒行，奏曰："凤阳虽帝乡，非建都地。王保保未可轻也。"已而定西失利，扩廓竟走沙漠，迄为边患。其冬，帝手诏叙基勋伐，召赴京，赐赉甚厚，追赠基祖、父皆永嘉郡公。累欲进基爵，基固辞不受。

初，太祖以事责丞相李善长，基言："善长勋旧，能调和诸将。"太祖曰："是数欲害君，君乃为之地耶？吾行相君矣。"基顿首曰："是如易柱，须得大木。若束小木为之，且立覆。"及善长罢，帝欲相杨宪。宪素善基，基力言不可，曰："宪有相才无相器。夫宰相者，持心如水，以义理为权衡，而己无与者也，宪则不然。"帝问汪广洋，曰："此褊浅殆甚于宪。"又问胡惟庸，曰："譬之驾，惧其偾辕也。"帝曰："吾之相，诚无逾先生。"基曰："臣疾恶太甚，又不耐繁剧，为之且孤上恩。天下何患无才，惟明主悉心求之，目前诸人诚未见其可也。"后宪、广洋、惟庸皆败。三年授弘文馆学士。十一月大封功臣，授基开国翊运守正文臣、资善大夫、上护军，封诚意伯，禄二百四十石。明年赐归老于乡。

帝尝手书问天象。基条答甚悉而焚其草。大要言霜雪之后，必有阳春，今国威已立，宜少济以宽大。基佐定天下，料事如神。性刚嫉恶，与物多忤。至是还隐山中，惟饮酒弈棋，口不言功。邑令求见不得，微服为野人谒基。基方濯足，令从子引入茆舍，炊黍饭令。令告曰："某青田知县也。"基惊起称民，谢去，终不复见。

其韬迹如此，然究为惟庸所中。

初，基言瓯、括间有隙地曰谈洋，南抵闽界，为盐盗薮，方氏所由乱，请设巡检司守之。奸民弗便也。会茗洋逃军反，吏匿不以闻。基令长子琏奏其事，不先白中书省。胡惟庸方以左丞掌省事，挟前憾，使吏讦基，谓谈洋地有王气，基图为墓，民弗与，则请立巡检逐民。帝虽不罪基，然颇为所动，遂夺基禄。基惧入谢，乃留京，不敢归。未几，惟庸相，基大戚曰："使吾言不验，苍生福也。"忧愤疾作。八年三月，帝亲制文赐之，遣使护归。抵家，疾笃，以《天文书》授子琏曰："亟上之，毋令后人习也。"又谓次子璟曰："夫为政，宽猛如循环。当今之务在修德省刑，祈天永命。诸形胜要害之地，宜与京师声势连络。我欲为遗表，惟庸在，无益也。惟庸败后，上必思我，有所问，以是密奏之。"居一月而卒，年六十五。基在京病时，惟庸以医来，饮其药，有物积腹中如拳石。其后中丞涂节首惟庸逆谋，并谓其毒基致死云。

基虬髯，貌修伟，慷慨有大节，论天下安危，义形于色。帝察其至诚，任以心膂。每召基，辄屏人密语移时。基亦自谓不世遇，知无不言。遇急难，勇气奋发，计画立定，人莫能测。暇则敷陈王道。帝每恭己以听，常呼为老先生而不名，曰："吾子房也。"又曰："数以孔子之言导予。"顾帷幄语秘莫能详，而世所传为神奇，多阴阳风角之说，非其至也。所为文章，气昌而奇，与宋濂并为一代之宗。所著有《覆瓿集》《犁眉公集》传于世。子琏、璟。

《明史·列传·卷十六》节选

【译文】

刘基，字伯温，青田人。曾祖父刘濠曾在宋朝任翰林掌书。大宋灭亡之后，林融倡导义旅。事情败露，元朝派使臣将其同伙列成名册，许多人因此被株连。使臣于旅途中在刘濠家借宿。刘濠便灌醉使臣，然后制造火灾，名册全被烧毁。使臣无计可施，只得更改名册，被株连者都得以幸免。刘基自幼天生异禀，他的老师郑复初曾对其父刘爚说："您的祖先积德深厚，庇荫了后代子孙；这个孩子如此出众，将来一定能成就大事、光耀门楣。"元至顺年间，刘基考中进士，授为高安丞，因廉洁正直而著称。行省要提升他，刘基谢绝了。后来刘基出任江浙儒学副提举，上奏御史失职之罪，遭到台臣阻拦。刘基两次上奏弹劾御史，后弃官还乡。刘基精通经史，博览群书，尤其对天文研究颇深。西蜀赵天泽在评价江左人物时，首推刘基，将他比作诸葛孔明。

方国珍于海上起兵，抢劫郡县，相关官员无法控制他。当时，行省复任刘基在元帅府任都事。刘基建议修建庆元诸城用以逼迫方国珍，方国珍非常生气。等到左丞帖里帖木儿招降方国珍时，刘基说方氏兄弟首先作乱，不杀他们无以惩后。方国珍心里恐惧，用重金贿赂刘基，刘基拒绝不受。于是，方国珍派人从海路乘船至京，贿赂掌权者。于是朝廷下诏招抚方国珍，授予他官职，而诘责刘基滥用职权，擅作主张，并将刘基调离京城，让他去管理绍兴，方氏于是愈发骄纵。不久，山贼蜂拥而起，行省又召刘基前去剿匪，与行院判石抹宜孙一起驻守在处州。经略使李国凤将刘基的功劳上奏，主政者因方氏的原因压制刘基，授他为总管府判，却不让他掌握兵权。刘基于是弃官归隐乡间，著《郁离子》一书以明志。当时为躲避方氏侵扰，人们纷纷来投靠刘基，刘基稍做安排，贼寇便不敢嚣张。

朱元璋攻占金华，平定括苍，得闻刘基及宋濂等人的威名，便以财务招揽，刘基没有答应。总制孙炎两次写信诚意邀请，刘基才肯出山。到了应天，刘基阐述了“时务十八策”。朱元璋非常高兴，马上命人为刘基等建造礼贤馆居住，对他们加以厚待。当初，因为韩林儿自称宋朝之后，朱元璋对其遥相尊奉。每年年初中书省设御座行礼时，只有刘基不拜，并说：“韩林儿不过一个牧童罢了，尊奉他是何道理？”因此刘基去拜见朱元璋，陈述天命之所在。朱元璋向他征求建议，刘基说道：“张士诚只顾保全自身，不足为虑。陈友谅则劫主胁下，名号不正，又地处上游，其心没有一天忘记打败我们，应当先谋取陈友谅。灭了陈氏，张氏便势单力孤，一举即可平定。然后向北夺取中原，王业可成。”朱元璋大喜地说：“先生有什么妙计，请统统说出来吧。”当时陈友谅正攻陷太平，谋求东下，以极快的速度进行势力扩张。朱元璋手下有人主张投降，有的主张逃往钟山。只有刘基瞪着双眼不作声。朱元璋便将他召入内室。刘基愤然说道：“主张投降或逃走的那帮人，应该被斩首。”朱元璋便问：“先生有什么计策？”刘基回答：“陈贼骄横，我们可以待其深入，伏兵袭击，打败他，这很容易啊。天道后举者胜，取威制敌以成王业，在此一举了。”朱元璋采纳了刘基的计策，引诱陈友谅军深入，然后伏击大败陈军。朱元璋以克敌之功赏赐刘基，刘基推辞没有接受。不久陈友谅军复陷安庆。朱元璋打算亲自率军讨伐他，就此事咨询刘基的建议。刘基非常赞成，于是朱元璋率军攻打安庆，从早晨打到傍晚，仍未攻下。刘基请求径直奔江州，直捣陈友谅的巢穴，于是全军西上。陈友谅始料不及，只得携妻儿逃往武昌，江州遂降。其龙兴守将胡美派他的儿子前来投诚，请求朱元璋保全他的部队。朱元璋面有难色。刘基从背后踢胡床暗示。朱元璋顿时醒悟，答应了胡美的请求。于是胡美投降，江西诸郡全被攻下。

刘基母亲去世时，正值战事紧张，因此他没敢说，直到这时才请求还乡祭奠母亲。恰好又逢苗军反叛，杀害金华、处州守将胡大海、耿再成等，浙东形势动荡。刘基赶到衢州，首先为守将夏毅安抚诸属城，再与平章邵荣等商议收复处州，于是叛乱平定。方国珍一向对刘基忌惮几分，便给刘基写信，对其母去世表示吊唁。刘基给方国珍回信，向他表明朱元璋的威德。方国珍于是向朱元璋进贡。朱元璋多次致信刘基请教军国大事，刘基都一一详细作答，都能一语中的。不久，刘基返京，朱元璋正要亲自率军支援安丰，刘基劝谏道："汉、吴都在等待时机进攻，我们现在不可轻举妄动。"朱元璋不听劝谏。而陈友谅得知这个情况后，乘机围攻洪都，朱元璋这才说道："我没听先生的意见，险些乱了大谋。"然后亲率部队援救洪都，与陈友谅交战于鄱阳湖，一天交战数十回合。朱元璋坐在胡床上督战，刘基随侍身旁，忽然跳起来大叫，催促朱元璋赶快转移到其他船上去。朱元璋急匆匆转移到另一小船上，还未坐稳，飞炮便将他之前所乘御船击得粉碎。站在高处的陈友谅见御船被击碎，大喜。而朱元璋所乘之船只进不退，汉军都大惊失色。当时湖战相持了三日，胜负未决。刘基请求移军湖口以扼住汉军去路。在金木相克的这一天与陈友谅军决战。结果，陈友谅败逃，在途中毙命。其后朱元璋打败张士诚，北伐中原，终于完成帝业，其战略和刘基筹划的一样。

吴元年（1367），朱元璋任命刘基为太史令。刘基呈上《戊申大统历》。荧惑星出现在心宿位，预示有兵灾祸殃。刘基请求朱元璋下诏罪己。当年，天大旱，刘基请求处理积压已久的冤案。朱元璋当即命刘基予以平反，大雨跟着从天而降。刘基趁机请求立法定制，防止滥杀现象出现。这时，朱元璋正要处决囚犯，刘基便问是什么原因，朱元璋把自己梦到的事告诉他。刘基说："这是获得疆域和百姓的吉祥征兆，应当停刑等待。"三日之后，海宁归降，朱元璋很高兴，就将囚犯全部交给刘基释放了。不久，又授予刘基御史中丞兼太史令的官职。

朱元璋即皇帝位后，刘基上奏制定军卫法。当初确定处州税粮时，仿照宋朝的制度每亩加五合，唯独刘伯温家乡青田县例外。太祖说：“要让刘伯温家乡世代把此事传为美谈。”太祖巡幸汴梁。刘基与左丞相李善长一起留守京城。刘基认为宋、元两朝都因为宽纵而失天下，所以现在应该整肃纲纪，于是便下令御史检举弹劾，不要有所顾忌，宿卫、宦官、侍从中，凡犯有过错的，一律奏明皇太子，依法处置，因此人人畏惧刘基的威严。中书省都事李彬因贪图私利，纵容下属而获罪。李善长一向与李彬亲近，故请求从宽处理。刘基不允，并派人骑马速报太祖，请求批示。太祖批准。于是刘基在祈雨时，将李彬斩首。因为这件事，刘基与李善长不睦。太祖返京后，李善长便向太祖状告刘基，说他在祭坛下杀人，是不敬之举。那些与刘基有宿怨的人也纷纷借机诬陷刘基。当时适逢天旱，太祖召集群臣，听取他们的建议。刘基上奏说：“士卒亡故者，他们的妻子全部移居他营，共有数万人，导致阴气郁结。工匠死后，腐尸骨骸暴露在外。将投降的吴军将吏都编入军户，便足以协调阴阳之气。”

太祖采纳了他的意见。过了十天，仍不见下雨，太祖故而发怒。此时恰好刘基的妻子死了，所以刘基请辞还乡。太祖正在营建中都，又积极筹备消灭扩廓。刘基临走上奏说：“凤阳虽是皇上的故乡，但不宜在此建都。王保保不可轻视。”不久，定西之役失利，扩廓逃往沙漠，自此，成为边患。这年冬天，太祖亲自下诏，叙说刘基征伐的功勋，召他赴京，赏赐甚厚，追封刘基的祖父、父亲为永嘉郡公，并多次要封刘基爵位。刘基都坚决不受。

当初，太祖因事要责罚丞相李善长，刘基劝说道：“善长虽有过失，但他是老臣，功劳又很大，颇有威望，能调和众将。”太祖说：“他三番两次陷害于你，你还设身处地为他着想？我想拜你为丞相。”刘基叩首说道：“改任丞相如同更换梁柱，必须用粗壮结实的大木料，如用细木，房屋就会立即坍塌。”后来，李善长辞官回家，太祖想任命杨宪为丞相。杨宪平日与刘基关系很好，可刘基却极力反对，说：“杨宪具备当丞相的能力，却没有做丞相的度量。做宰相的人，一定要心静如水，将义理作为权衡的标准，而不能掺杂自己的主观意见，杨宪做不到这一点。”太祖又问汪广洋如何，刘基回答：“他比杨宪气量更小。”太祖接着问胡惟庸，刘基又回答道：“丞相好比驾车的马，我担心他会弄翻马车。”太祖于是说道：“丞相的人选，确实只有先生你最合适了。”刘基谢绝说：“我太疾恶如仇了，又没有耐心处理繁杂事务，如果勉强承担重任，恐怕要辜负皇上的信任。天下何患无才，只要皇上留心物色就是了。目前这几个人确实不适合担任丞相之职。”后来，杨宪、汪广洋、胡惟庸都因事被治罪。三年（1370），太祖授予刘基弘文馆学士职位，十一月，大封功臣，又授刘基为开国翊运守正文臣、资善大夫、上护军，封诚意伯，食禄二百四十石。第二年，赐刘基告老还乡。

太祖经常写信给刘基，咨询天象的问题。刘基都逐条详细作答，然后将草稿烧掉。刘基大致说，霜雪之后，必有阳春，现国威已立，应采用宽大政策来治理天下。刘基辅佐太祖平定天下，料事如神。他性情刚烈，疾恶如仇，常常与人发生冲突。直到现在，他归隐山中，只是饮酒下棋，从不说自己的功劳。县令求见刘基，却被他拒绝。于是县令穿着便服，打扮成乡野之人去见刘基。刘基当时正在洗脚，便让堂侄将他接引进茅舍，以黄米饭招待他。县令这时才告诉刘基："我是青田知县啊。"刘基大惊，马上起身称民，然后谢罪离去，终不相见。刘基的行踪如此隐秘，却终为胡惟庸所害。

当初，刘基说瓯、括之间有空地叫谈洋，南到闽界，是盐盗的巢穴，方氏乱贼便由此发起。故请设巡检司守卫，奸民为乱便不那么方便了。时逢茗洋逃兵反叛，官吏都隐瞒不报。刘基便令长子刘琏将此事上奏，但未先通报中书省。胡惟庸当时正以左丞相的身份主管中书省，因与刘基有宿怨，对他怀恨在心，于是便派手下人攻击刘基，说谈洋这个地方有帝王之相。刘基想将它作为自己的墓地。因为当地百姓不同意，刘基便想借设巡检司将百姓驱赶走。太祖虽然没有因此加罪于刘基，但颇受这些言论的影响，因而削夺了刘基的俸禄。刘基心中畏惧，入朝谢罪，然后呆在京城，不敢返乡。不久，胡惟庸当了丞相，刘基悲叹道：“如若我的话不应验，那真是老百姓有福了。”遂因忧愤交加而发病。洪武八年（1375），太祖亲自撰文赐给刘基，并派专人护送刘基返乡。到家后，刘基病情加重，便将《天文书》授给长子刘琏，说：“赶快呈给皇上，千万不要让后人学习这本书中的内容。”又对次子刘璟说：“治国，要宽猛交替。如今朝廷的当务之急在于修养德行，减省刑罚，才能祈求上天保佑国祚绵长。那些战略要塞，应当与京都遥相呼应，连成一体。我本想上奏一份遗表，但因胡惟庸当权，这么做没有意义。等胡惟庸下台后，皇上必然会想起我，到时候如果他问你什么的话，便将我所说的密奏皇上。”回家住了仅一个月，刘基便去世了，终年六十五岁。刘基在京城生病时，胡惟庸曾派医生来给他治病。刘基服药后，腹中便出现了一个拳头般大小的石头。后来胡惟庸谋反一案由中丞涂节首先揭发，并且说刘基是被胡惟庸下毒害死的。

刘基虬髯，相貌堂堂，慷慨而有大节，每当论及天下大事，便义形于色。太祖了解到他是至诚之人，将他当成心腹。太祖每次召见刘基，都要屏退他人，将其引入内室，与之长时间密谈。刘基也自认为自己得不世之遇，所以对太祖知无不言。每到危急关头，刘基总是勇气奋发，计谋定立，人莫能测。闲暇之时，刘基陈述为王之道，太祖每次都洗耳恭听，常常称刘基为老先生而不称其名，并说："你就是我的张子房啊。"又说："老先生多次以孔子之言来教导我。"所以，太祖与刘基的帐中密语，世人不知其详。而那些流传于民间的神奇故事，大多只是一些阴阳风水之说，并非刘基的真实学问。刘基的文章气势浩大而奇崛，与宋濂同为一代宗师，他有著作《覆瓿集》《犁眉公集》流传于世。刘基有二子：刘琏、刘璟。